도덕경

도덕경

노태준 譯解

홍신문화사

　중국의 사상계를 대별하면 공자와 맹자를 중심으로 하는 유교사상과 노자와 장자를 중심으로 하는 도교사상으로 나눌 수 있을 것이다. 유교사상은 수신제가(修身齊家) 치국평천하(治國平天下)의 도인데, 이는 박학다문의 군자가 백성을 다스리고, 예악(禮樂)에 의한 제도를 완비하고 백성 위에 군림하여 천하에 평화를 유지하자는 것이다.

　이에 반하여 노장의 도교사상은 유교적인 지식이나 제도를 도외시하였으니, 따라서 위정자들의 번거로운 간섭을 일체 배제하였다. 그리고 모든 사람으로 하여금 천지 만물의 생성자인 도(道)의 뜻을 체득하여 유약하고 비천하고 겸손하면서도 또 한편 강인하고 무불위하는 능력으로써 이 세계를 자치해 나가자는 것이다.

　중국 역사에 있어서 유교사상은 공자와 맹자의 사후 얼마 뒤에 그들의 후계자들에 의하여 빛을 보아 치국평천하의 기준이 되어 왔다.

　한편 노장의 도의 사상은 유교적인 작위(作爲)를 강력히 견제하는 세력으로서 일반 서민층에 깊숙이 뿌리를 내렸으며, 당시 중국 정치의 담당자로서의 유교 세력에 부단한 비판을 가해 왔다.

　〈노자〉는 이러한 노장의 도를 주장하고 풀이한 책이다. 이 책을 통하여 우리는 중국 서민들의 사상과 생활의 일면을 엿볼 수 있을 뿐만 아니라, 유교사상 중에 얼마나 많은 모순과 맹점이 있는가를 알 수 있을 것이다. 또한 독자들은 이 책에서 심원한 노장의 도를 배우는 동시에, 이와는 여러 면에서 대립상태에 있는 유교의 진리까지도 이해할 수 있게 될 것이다. 이것이 감히 이 책의 일독(一讀)을 천하에 권면(勸勉)하는 이유이다.

譯者 識

차　례

上篇 ｜ **道 經**

차　례

해 제

　유교 이외의 중국 고전으로서 〈노자〉만큼 그 본문에 서로 다른 부분이 많고 해석이 여러 갈래로 나누어져 있는 책은 극히 드물 것이다. 그러므로 〈노자〉를 번역하자면 첫째 어떠한 본문을 선택할 것인가, 둘째 어떠한 해석을 따를 것인가, 셋째 어떻게 번역할 것인가 하는 삼단의 연구가 필요하다.

　〈노자〉의 본문은 그 종류가 매우 많지만 가장 근본적인 이본(異本)은 첫째 〈왕필본(王弼本)〉, 둘째 〈하상공본(河上公本)〉, 셋째 〈부혁본(傅奕本)〉, 넷째 〈개원어주본(開元御註本)〉 등 네 종인데, 후세 사람들의 해석상의 차이는 이들 네 가지 책의 선택에 따라 생겼던 것이다.

　이 중에서 〈부혁본〉은 당나라 초기의 도사 부혁이 〈하상공본〉과 〈왕필본〉 등 몇 가지 책을 비교하여 만든 책이라고 하므로, 역시 하상공과 왕필의 두 책에 바탕을 둔 것이라고 생각된다. 다음에 〈개원어주본〉은 당나라 현종(玄宗)이 개원 20년에 몸소 〈노자〉를 주석하고 각 주(州)의 도관(道觀 : 도교의 절)에 석비를 만들어 이것을 새기도록 한 책인데, 역주(易州 : 지금의 하북성, 북경 서남쪽 100킬로미터 지점)의 용흥관(龍興觀)과 순덕부(順德府)에는 지금도 당시의 석당(石幢)이 남아 있다. 또한 프랑스 파리의 국민 도서관에는 돈황(敦煌)에서 출토된 당초(唐鈔 : 당나라 때 쓰여진 사본이라는 뜻) 몇 권이 소장되어 있다.

원래 현종이 〈노자〉를 주석하게 된 동기는 당시 이미 〈노자〉의 본문에 앞뒤가 모순되는 부문이 매우 많았으므로 이것을 통일시키려는 목적과, 왕필과 하상공의 두 주(註)의 우열문제가 상당히 시끄러웠으므로 이것을 가리는 데 있었다.

이 두 가지 목적을 달성하기 위하여 황제는 먼저 천태산(天台山)에 은거하고 있었던 도사 사마승정(司馬承禎)을 궁중으로 불러들여 〈노자〉의 본문을 교열케 하였으며, 또한 스스로 주석을 써서 천하에 널리 공포하였는데, 좌상시(左常侍) 최면(崔沔)을 시켜 도사 왕허정(王虛正) · 조선보(趙仙甫)와 더불어 그 소문(疏文)을 만들게도 하였다. 그리고 나중에 두광정(杜光庭)이 이 주를 다시 부연하여 〈광성의(廣聖義)〉 30권을 만들었을 만큼 한때 천하를 휩쓸다시피 널리 성행된 노자의 경서이고 주석이었지만, 이것 역시 〈왕필본〉과 〈하상공본〉을 기초로 한 것이기 때문에 현존하는 〈노자〉의 여러 책은 결과적으로 왕필과 하상공의 두 책에서 비롯되었다고 해도 좋을 것이다.

이른바 〈왕필본〉이란 위(魏)나라의 왕필(서기 226~249)이 주석한 책으로서, 현존 〈노자〉의 모든 주(註) 가운데 가장 오래된 것이며 가장 뛰어난 주석이라고 일컬어진다. 따라서 이 책도 이 〈왕필본〉을 저본(底本)으로 삼았다.

〈하상공본〉은 한(漢)나라 문제(文帝) 때 하상에 살았던 은둔 선비의 작품이라고 전해지고 있지만 그 해석으로 미루어 볼 때 6조(六朝)시대 초기의 것으로 믿어지며, 따라서 〈왕필본〉보다도 후에 나온 책이다. 그러나 〈왕필본〉이 송나라 이후의 목판인쇄의 흐름에 따른 극히 조잡한 책밖에 남아 있지 않은 반면에 〈하상공본〉은 돈황 출토의 당초 본도 있고 또한 앞서 말한 역주 용흥관의 경룡비(景龍碑), 단도 초산(丹徒

蕉山)의 광명당(廣明幢)과 같은 당나라 때의 비석이나 석당 등 오히려 현행의 〈왕필본〉보다 더 옛날의 것이 남아 있다. 따라서 〈왕필본〉을 저본으로 하였지만, 〈하상공본〉을 참고로 한 것은 말할 필요도 없다.

송나라 사수호(謝守灝)의 〈노군실록(老君實錄)〉에 의하면 당의 부혁이 〈노자〉를 교열하였을 때 〈하상공본〉에는 5,355자(字)와 5,590자인 두 종의 책이 있었다고 한다. 또 어떤 고사본은 5,392자로 되어 있고 돈황 출토의 고사본에는 4,999자로 주석되어 있는데, 전자는 후자보다 토씨가 많고 또한 간혹 후자에 없는 글귀도 있으므로 당나라 이후 〈하상공본〉에 상략(詳略) 두 종류의 책이 있었던 것만은 확실하다.

그렇다면 어째서 똑같은 〈하상공본〉에 이렇듯 차이가 생겼던 것일까? 육덕명(陸德明)의 〈경전석문(經典釋文)〉에 의하면 남북조(南北朝)시대에 하북과 강남은 그 풍속과 언어가 달랐으며 그 배우는 책에도 서로 다른 것이 많았다고 한다. 다시 말해서 노자 〈하상공본〉에 상략 두 종류의 책이 생긴 것은 그 유포된 지방의 언어 관습의 영향을 받았기 때문인데, 북방은 어세(語勢)가 급하고 남방은 느리기 때문에 북방의 책은 자연히 토씨 같은 어구가 생략되어 간결해졌고, 남방의 책은 토씨가 늘어나 길어졌다고 볼 수 있을 것이다.

과연 노자의 사상은 어떠한 것일까?

흔히들 말하기를, "동양 문화의 밑바닥에는 형체 없는 것의 형체를 보고, 소리 없는 것의 소리를 듣는 따위의 것이 숨어 있지 않을까."라고 하는데, 〈노자〉에 있어서 형체 없는 형체와 소리 없는 소리란 그의 철학의 근본을 이루는 도(道)를 설명하는 말이었다. 그리하여 이른바 도란 형체 있고 소리 있는 모든 것이 그곳에서 생겨나고 또 그곳으로 돌아가는 이 세계의 근원에 있는 궁극적인 실재였다.

인간을 포함한 만물은 생멸 변화(生滅變化)를 되풀이하는 유한한 존재이지만, 도는 만물의 생멸과 변화를 초월하여 유구하며 무한하다. 유한한 존재인 인간이 유구무한의 실재인 이 도에 대하여 근원적인 눈을 뜨게 되고 그 형체 없는 형체를 지그시 바라보고 그 소리 없는 소리에 차분히 귀를 기울일 때, 자기가 본래 어떠한 존재이며 무엇을 해나가면 좋을까, 또 인간이 참으로 산다고 하는 일은 도대체 무엇일까 하는 것이 명백해진다고 가르치는 것이 노자 철학의 근본이다.

그렇기 때문에 그는 도가 어떠한 실재인지를 여러 가지 말로 표현하였다. 형체 없는 형체, 소리 없는 소리라는 것도 그 하나이거니와 요(窈)이며 명(冥)인 것, 황(恍)이며 홀(惚)인 것, 근원적으로 하나인 것 등이 그것이다. 혹은 영원히 차는 일이 없는 것, 무한이며 피로를 모르는 것, 만물을 낳은 이 세계의 어머니라고 부르는 것도 그것이며, 크나큰 것, 있는 그대로의 것, 가공되지 않은 원목과 같은 것, 아직 물들여지지 않은 흰 비단 같은 것, 인간처럼 욕망과 지식을 갖지 않은 것, 인간이 하는 것과 같은 일은 무엇이나 하지 않고 그러면서도 인간으로서는 미치지도 못할 위대한 일을 절로 해치우는 것 등으로 설명하는 게 그것이다. 노자의 가르침, 즉 〈노자〉라는 책의 대부분은 그러한 도를 설명하는 것으로서 직접적이고 간접적인 말로 채워져 있다.

다음 〈노자〉는 이 도에 눈을 뜨게 된 자의 평안한 자세와 도에 눈을 뜨지 못한 자의 위태로운 자세를 설명한다. 이 도에 눈뜬 자를 가리켜서 성인이라고 부르며, 혹은 도를 잘 다스리는 자, 하나를 품은 자, 박(樸)을 남김없이 하는 자, 정(靜)을 지키고 유(柔)를 지키는 자라고도 부른다. 노자의 성인 또는 유를 지키는 자는 천지만물의 근원에 있는 형체 없고 소리 없는 도에 깊은 깨달음을 갖고 있는 만큼, 모든 형체 있고 소리 있는 것은 마침내는 그곳으로 돌아간다고 하는 날카로운 통찰력을 갖는다.

　그는 형체 있고 소리 있는 것이란 유구하고 절대적인 것이 아니고, 유구하고 절대적인 것은 형체 없고 소리 없는 도라는 것을 체관하고 있으므로, 모든 형체 있는 것의 형체나 소리 있는 것의 소리에 사로잡히는 일이 없다. 형체 있는 것에 사로잡히는 일이 없기 때문에, 또한 형체 있는 것을 부르는 이름과 이름에 의하여 성립되는 세계에 사로잡히는 일도 없다. 그에게 있어서 이름의 세계는 형체의 세계와 마찬가지로 상대적인 것이다. 따라서 절대적인 존재는 아니었다.

　그는 단지 도의 세계를 궁극적으로 진실한 것이라고 보기 때문에 도의 자세를 그대로 자기의 자세로 삼는다. 도는 천지만물을 낳았으면서도 자기를 창조자로서 의식하는 일이 없고, 인간이나 새·짐승 또는 초목, 벌레, 물고기이든 간에 차별하는 일이 없다. 부자나 가난뱅이 또는 착한 사람이나 악한 사람을 한 가지로 받아들이기 때문에 도 앞에서는 온갖 존재가 평등하다.

　도는 또 천지만물을 포용하여 어떠한 것과도 대립하지 않을 뿐만 아니라, 어떠한 것에 대해서도 결코 다투지 않는다. 자기를 고립시키지 않고 스스로의 공을 자랑하지 않고 다만 호젓하고 조용하여 느긋한 것이 오직 있는 그대로이다. 그러면서도 만상(萬象)의 생멸 변화(生滅變化)·영허 성쇠(盈虛盛衰) 속에 절로 이룩되는 조화의 이법(理法)을 제시하고, 남는 것은 덜거나 모자라는 것은 채우거나 하면서 자기의 이법에 따르는 자는 두둔하고 자기의 이법에 거역하는 자는 모두 응징을 한다.

　그러므로 성인 또한 자기의 영지(英知)를 밖으로 드러내려고 하지 않고 그 빛을 누그러뜨려서 민중과 걸음을 함께하며, 뽐내거나 거드름 피우지 않으며 자기에 사로잡히는 일이 없다. 인간의 언어에 의한 가치 부여나 작위에 의한 질서 규정을 모두 상대적인 것으로 보고, 세상 사람이 아름답다고 하는 것도 실은 추악한 것이며 선이라고 하는 것도 사실은 불선이라는 것을 간파한다. 불선의 사람이라도 선인과 마찬가지로 받아들이고, 신의없는 자라도 신의있는 자와 마찬가지로 받아들이며, 이름의 세계에 사로잡히지 않고 고정관념에 얽매이는 일도 없이 자유롭게 사물을 구하고 또한 사람을 구한다.

그는 또 자기를 낮은 곳에 둠으로써 남과 더불어 승리를 다투지 않고, 그 다투지 않음을 자기 처세의 근본으로 삼는다. 다투지 않기 위해서는 어떠한 모멸이나 치욕이라도 참고, 어떠한 낮고 천한 지위라도 달게 여기며, 웅덩이에 괴는 흙탕물처럼 세상의 더러움을 한몸에 맡는다. 자기 생활을 검소하게 하고 교만과 자랑을 버리며, 문명의 허식에 현혹되지 않고 도적의 사치를 바라지도 않는다. 자기를 신의 자리에 올려놓고 타인의 죄를 심판하지 않으며, 사형을 부정하고 폭력을 미워하고 전쟁을 인류 최대의 불상사로 여긴다. 요컨대 그에게 있어서 근본적인 관심은 자기의 행동이 도의 자세에 어긋나지 않느냐에 있고, 도의 자세를 어기거나 혹은 그것을 왜곡 내지 해치는 것은 위(僞), 즉 인위(人爲)의 악덕으로서 엄격히 부정하는 것이다.

노자는 성인의 이와 같은 자세를 무위라고 불렀으며, 또한 덕[德: 유교의 덕과 구별할 경우에는 특별히 상덕(上德=常德)이라고 함]이라고도 한다. 덕이란 도의 자세를 자기의 몸에 지니고 있으면서 그것을 터득하고 있다는 뜻이며, 무위란 자기의 악덕을 버리고 작위를 버린 자세가 도의 본래적인 무작위(無作爲)와 같다는 것을 말한다.

아무튼 〈노자〉는 대부분 이와 같은 무위의 자세를 자기의 덕으로 삼는 자(도에 눈을 뜬 성인)의 처세철학의 근본을 설명하는 어구로 채워져 있다. 즉 일(一)을 품는 자와 유를 지키는 자는 인간의 작위가 도의 혼돈에 빠지는 것임을 알기 때문에 인간의 참된 위(爲 : 무너지지 않는 삶)를 생각한다. 형체 있는 것에 사로잡히지 않는다는 것이 그 처세의 근본이고, 형체 있는 것에 사로잡히지 않기 위하여 형체 있는 것이 무너지는 곳에서 무너지지 않는 삶을 생각하는 것이다.

그러므로 무위의 실천은 곧잘 물의 유연성을 전형으로 삼는다. 물은 그릇에 따라 자유롭게 자기 형체를 바꾸지만 어떠한 경우에도 무너지지 않는 자기를 가지고 있다. 또한 무위는 여성의 끈질김에도 비유된다. 여성은 언제든지 당하기만 하는데, 그러면서도 모든 것을 받아들이는 강인한 능동성이 있다. 그렇기 때문에 노자의 무위란 구체적으로 말한다면 물의 유연성과 여성의 강인함을 동경하는 사상이었다.

이 책은 이와 같은 도와 덕, 즉 일체의 존재 근원에 있는 진리와 그 진리에 바탕을 둔 인간의 무너지지 않는 자세를 주제로 하고서 노자라는 철학자의 체험적인 심리를 기록한 것이다. 그것은 철학적인 저서임과 동시에 실천적인 저서이고, 근원적인 진리를 이야기함과 동시에 처세의 방법에 대해서도 말해 준다. 심오한 이치가 여러 가지 말로 이야기되고 처세의 방법이 온갖 표현으로 설명되고 있지만 노자의 궁극적인 관심은 상도(常道)와 상덕(常德), 즉 무위 자연의 길과 무위 자연의 덕을 밝히는 데 있다. 이 책이 옛날부터 도덕경(道德經 : 참된 길과 참된 덕)에 관하여 설명하는 불멸의 고전이라고 불리고 있는 것도 우연은 아닌 것이다.

그리고 무위 자연의 처세를 가르치는 이 책은 그 내용에 고유명사가

한 번도 나타나지 않는다는 점에서 우리들의 관심을 끈다. 그것과 동시에 특이한 성격을 가진 나[我·吾]라는 일인칭 대명사가 돌연 나타난다. 이는 〈노자〉를 이해하는 데 있어서 매우 중요하다고 봐야 할 것이다.

고유명사가 시간(역사)과 공간(풍토)에 제약된 개별적이고 구체적인 존재를 나타내는 말이라고 한다면, 이 책에 고유명사가 전혀 나타나 있지 않다는 사실은, 그것이 시간과 공간을 초월한 영원하고도 보편적인 진리를 지향하는 저작이라고 이해되는 것이다. 노자에게 있어서 개개의 구체적인 인간과 한정된 지역의 이름 같은 것은 본질적인 관심사가 아니었다.

그에게 있어서 가장 본질적인 관심사는 그와 같은 개별적인 것과 구체적인 것 또는 역사적·풍토적인 특수성이 아니라, 그러한 이름을 갖고 이름으로 부를 수 있는 모든 존재의 근원에 있는 것이니, 즉 영원하고 보편적인 도의 진리였다. 여기서도 이 철학자의 제일의 관심사는 형체를 갖고 이름을 가진 만상의 세계보다도, 그 근원에 있는 형체를 갖지 않고 이름을 갖지 않은 도의 세계였음을 알 수가 있다.

그런데 고유명사는 또한 인간에 국한시켜 말한다면, 특정의 육체를 갖고 정신을 갖는 구체적인 인격을 가리킨다. 철학서적이나 종교서적에 있어서 고유명사가 커다란 비중을 차지한다는 것은 진리가 진리 자체보다도 그것을 말하는 구체적인 인격에 의하여 중시된다는 것을 의미한다. 따라서 진리보다도 그 진리를 몸으로 나타내고 말해 주는 구체적인 인격이 중요한 의미를 가지며, 그 인격에 대한 존경과 귀의, 그리고 열렬한 신앙이 결정적인 중요성을 갖는다.

그러므로 〈논어〉에 있어서의 공자와 〈성서〉에 있어서의 그리스도를 그 전형적인 보기로 들 수 있다. 그러나 〈노자〉는 그와 같은 인격적인 것을 모두 원리적인 것으로 환원시키고 진리와 자기를 연결짓는 매개자도 물리치고서, 자기가 직접 도의 진리 앞에 서도록 가르치고 있는 것이다. 노자에게 있어서는 저마다의 인간이 저마다 길을 얻는 것(깨우치는 것이 본질적인 문제였고 길을 깨우치는 절대적 지혜), 즉 앎을 갖는 것이 제일의 관심사였다.

이렇게 볼 때, 일인칭 대명사가 돌연 나타나는 것도 수긍이 간다. 나(我)란 도 앞에 오래 혼자 서는 자의 자기를 부르는 말인 것이다. 그러나 그 나는 도가 이름을 갖지 않는 것처럼 자기 또한 이름을 갖지 않는다. 이름을 갖지 않는 나와 이름을 갖지 않는 도가 이름을 초월한 곳에서 마주보고 서 있는 듯한 '나'이다. 더욱이 그 나는 단순히 추상적이고 관념적인 나가 아니라 근원적인 진리인 도를 응시하면서 자기의 삶의 우수와 환희를 혼자 말하는 실존적인 '나'이고, 이름을 갖지 않는 까닭에 오히려 이름을 갖는 서먹서먹함이 벗겨지고 도에 눈을 뜬 자의 벌거벗은 몸의 따뜻함이 직접 느껴지는 듯한 살아 있는 '나'인 것이다.

여기서는 현실의 자기를 살아 있는 개(個)로서 파악하는 인간이 도의 보편성과 그대로 연결되어 있다. 개와 보편성의 중간에 아무런 매개자도 필요하지 않고 자기가 도를 보고 도가 자기를 보고 있는 듯한 직절적(直截的)인 관계, 또는 자기가 도이고 도가 자기라는 일체적인 경지가 실현되어 있다. 이와 같은 관계 또는 경지라면 자기의 이름, 즉 고유명사는 필요가 없는 것이 된다.

노자에 있어서 도에 눈뜸을 가진 개(個)는 매개자를 두지 않고 직접 도인 보편 앞에 서서 단지 혼자서 도와 상대하여 무언의 대화를 주고받는 단독자였다. 자기가 직접 도 앞에 서고 개가 직절적으로 보편과 연결되는 곳에 노자 철학의 근본적인 특징이 엿보인다. 그것은 예수를 매개자로 하여 하느님의 나라에 들어가려고 하는 그리스도교, 또는 아미타불의 인도를 받아 극락왕생을 소원하는 불교와는 또 다르다.

동시에 개와 보편의 매개자, 종(種)으로서의 국가를 부정 또는 경시하고 모든 개인을 단숨에 인류의 보편적인 진리 앞에 세우려는 세계적인 경향을 다분히 가지며(그것이 때로는 무정부주의적인 사상의 경향을 지니는 점에 대해서는 〈노자〉 제53장을 참조할 것), 또 나아가서는 현상 상호간의 인과적인 관계에 주목하고 사상(事象)의 횡적 관계를 중시하는 유럽적인 과학적 사고와도 날카롭게 대립한다.

개(個)를 직접 보편과 연결시키려는 노자의 사고는 이러한 의미에서 철학으로서도 극히 주목할 만한 뜻을 갖지만, 그것이 훗날의 중국의 사상과 문화, 나아가서는 동양의 사상과 문화 전반에 커다란 영향력을 미쳤다는 점에서 간과할 수 없는 중요성을 갖는다. 노자의 이와 같은 사상은 그 공과(功過)를 포함하여 동양의 사상 문화의 한 특질을 가장 전형적으로 보여주고 있는 것이다.

거듭 말하지만 〈노자〉는 중국 최초로 부정의 정신과 논리를 확립한 주목할 만한 철학이고, 인간의 자세에 관하여 최초로 부정적인 경고를 한 문명의 저작물이다.

〈노자〉에 앞서는 중국의 고전, 이를테면 〈서경〉이나 〈시경〉에 부정사를 사용한 표현이나 논리가 전혀 없다는 것은 아니다. 그러나 그와 같은 부정이나 금지가 기존의 사회질서나 제도·규범을 근본적으로 긍정한 바탕에서의 훈계, 또는 그것들을 유지하고 강화하기 위한 인간의 행위에 대한 부정적인 훈계에 불과한 데 비하여 〈노자〉의 그것은 그와 같은 질서나 제도·규범을 뒷받침하고 있는 것, 그들의 인간관·

가치관이나 그들이 찬미하는 문명·문화 자체를 근본적으로 비판하고 부정하고 있는 것이다.

노자는 우선 그들의 문명이 현명한 지혜를 존중하고 욕망과 사치를 부채질하는 것을 비판한다. 그들은 주로 인간을 지적 능력에서 평가하여 그 능력이 뛰어난 자를 어질다 하고, 뒤떨어져 있는 자를 불초(不肖)라고 한다. 어진 인간이 되기 위해서는 옛 성인들의 책을 많이 읽고, 지식을 축적하여 사물을 잘 알 필요가 있다. 그들의 지적 호기심은 새로운 지적 호기심을 낳고 새로운 호기심은 다시 새로운 호기심을 낳아서, 그들의 눈은 밖에 있는 것을 끝없이 추구하게 되고 그들의 마음은 대상 세계를 향하여 무한히 확산된다.

이른바 눈을 위하여 사는 삶인 것이고, 그들의 영묘한 정신은 이 때문에 얕아지고 흐려지고 만다. 인간이 나면서부터 갖는 참된 영지(英知)—자연의 빛—는 그 때문에 어둠에 덮여서 그들이 넓음을 찾아 꿈틀거릴수록 근원적인 진리에 대해서 더욱더 눈이 멀게 된다. 노자는 그것을 비판하기를, "넓은 자는 모른다〔博者不知〕."라고 하였고, "그 나아가는 바가 더욱더 멀수록 그 아는 바는 더욱더 적은 것이다〔其出彌遠 其知彌少〕."라고 부정한다. 그는 밖에서 찾아 아는 것을 가지고 생명의 내적 충실을 해치는 위험한 폭주로 보았고, 밖에서 찾는 앎에 의하여 인간의 가치를 결정하고 평가하는 문명이나 문화의 자세에 부정적인 경고를 내렸다.

인간의 현명함과 지혜는 또한 이름의 세계를 허구화시키고 차별과 대립의 세계를 만들어 낸다는 점에서 위험성이 있다. 다시 말하면 참된 실재의 세계에 있어서는 만물이 근원적으로 하나이고 평등한데, 앎은 인간을 다른 동물과 구별하고 동물을 식물과 구별하며, 또한 같은 인간을 아름답고 추한 것으로 구분하고 선인과 불선인으로, 군자나 소인으로, 문명인과 야만인으로 나누고, 그 한쪽을 옳다고 하고 다른 한쪽을 그르다고 한다. 앎의 본질은 이름과 더불어 저것과 이것을 구별하는 데 있고, 그 구별을 상하로 나누고 좌우로 분류하여 온갖 차별과 대립의 세계를 허구화시켜 나가는 데 있다. 더욱이 한 번 허구화된 차별과 대립의 세계는 스스로의 허구성과 가설성(假設性)을 잊고 자기의 상대성을 절대성으로 대체시키며, 자기의 허구세계에 도의 세계와 똑같은 진실성이 있다고 착각한다.

인간이 참된 앎, 즉 도의 본래적인 하나에 눈뜬 '그 미묘한 것을 보는〔觀其妙〕' 영지에 되돌아가지 않고 '그 명백한 것(현상세계)을 보는〔觀其徼〕' 방자한 차별지(差別知)에 빠져 있는 한, 그의 눈에 비치는 세상의 모습은 다만 끝없이 분극(分極)되고 절단되는 차별과 대립의 세계에 불과하다. 노자는 이와 같이 차별하고 절단하는 것으로서의 앎의 위험성을 '박(樸)을 베는' 도끼로써 경고하는 것이다.

그러나 앎이 인간 정신의 내적 충실을 얇게 하고 더럽혀서 '눈을 위하여 사는' 인간을 사회에 범람시키는 것뿐이라면 죄는 그래도 가볍다. 또한 차별과 대립의 세계를 허구화시키고 '그 현상세계를 보는' 인간을 현자로서 횡행시킬 뿐이라면 아직도 구원할 길은 있다. 인간에게 있어서 앎이 참으로 가공할 만한 위험성을 갖는 것은 인간의 물질적인 욕망이 밖에서 찾고 남과 구별하는 앎의 활동에 의하여 조장되며, 조장된 욕망이 앎을 간사한 것으로 키우고 그것이 다툼의 무기가 되어 이 세상에 사람이 사람을 먹는 참극을 빚어내고, 사람이 사람을 죽이는 것을 즐기는 수라장을 만들어 낼 때이다.

앎에 의하여 돋우어진 욕망은 그 충족의 도수에 따라 부유한 자와 가난한 자를 분극(分極)한다. 그리하여 부유한 자는 명성을 얻고 권력을 가져서 귀하고, 가난한 자는 천대받고 권력을 갖지 못하여 천하다. 부유한 자는 부에 의하여 더욱더 부유해지고 가난한 자로부터 남김없이 수탈하기 때문에 노자는 말하기를, "모자라는 것을 더욱 줄여서 지나치게 많은 자를 기른다(損不足以奉有餘)."라고 하였다. 가난한 자는 가난하기 때문에 더욱더 궁핍하고, 그 궁핍이 한계를 넘으면 부자에게서 훔치고 귀인을 위협하게 된다. 그 도둑질과 위협을 방지하기 위하여 형리가 있고, 감옥이 마련되고, 죄인이 수용되고, 처형이 실시된다. 그리하여 자포자기한 난민과 빈민이 권력자를 습격하고 폭동이 각지에서 일어나는 것이다.

한편 부자나 귀인은 빈민이나 천민에게서 빼앗은 '도적의 사치'를 극대화시키려 하고, 자기의 부귀의 끝없는 확대를 나라 밖에서 찾아 침략과 전쟁을 기도한다. 그 야망과 잔학을 위하여 온갖 그럴듯한 구실이 붙여지고, 세상의 지식인과 현자들이 도리에 어긋난 그들의 행위에 아부하고 영합한다. 거기에서는 단지 힘만이 온갖 도리에 우선하고, 세력이 강하고 포악한 것이 최대의 미덕으로서 찬미된다. 이리하여 강한 자가 약한 자를 죽이고, 큰 것이 작은 것을 집어삼키며, 끝없는 투쟁과 살육이 인류를 멸망과 파멸의 구렁텅이로 치닫게 한다.

노자는 자기 눈앞에 전개된 춘추전국시대의 사회적 현실을 이렇게 보았다. 그리하여 힘을 바탕으로 하는 지금 세상의 자세는 어딘가에서 뒤틀려 있다고 반성하였고, 이 현실의 파멸적인 다툼이 대체 어디서 비롯되는 것인가를 생각하였다. 인간의 끝없는 욕망과 문명의 사치가 이 다툼을 낳고 있다는 것은 누구나 쉽게 생각할 수 있는 이치이고, 그 욕망을 부채질하는 앎의 방자(放恣)가 그 다툼을 흉악하게 만들고 있는 것도 또한 사실이다.

그 증거로 인류의 욕망이 아직 오늘날처럼 비대화되지 않고 사람의 지식이 현재처럼 간사하지 않았던 원시의 소박한 사회에서는 그 먹는 것을 맛있다 하였고, 그 옷을 아름답다 하였으며, 그 집에 안주하였고, 그 풍속을 즐겨서 다투는 일도 없었을 뿐 아니라 속이는 일도 없었다. 사람들의 행위는 단순하였고, 그 행동은 좁은 지역에 국한되어 있었다. 복잡하거나 정교한 기계의 조작법도 몰랐고, 그것에 의하여 도움을 받는 일이 없는 대신 위해(危害)를 받거나 살상되는 일도 없었다. 무엇보다도 사람들은 순박하고 성실하였으며, 어려운 이론을 내세우든가 그럴듯한 변명이 필요하지 않았다.

노자는 이 원시사회를 상덕(上德)의 세상, 즉 인간이 가장 인간다운 자세를 실현하고 있었던 이상의 시대로 보았고, 그 사회와 지금 사회와의 간격을 두고 진보의 관념이나 문명의 미명으로 호도(糊塗)하는 것을 부정하였다. 그는 오히려 지금 사회의 현실을 인류의 타락으로 보고, 인간이 불필요한 행위를 지나치게 많이 하고 있는 것이니, 과잉된 유위(有爲)의 장막에 가려서 본래의 위(爲)를 보지 못하게 된 것이라고 반성하였다.

인류가 다시금 다투지 않고 서로 죽이지 않는 평안한 사회를 실현시키기 위해서는 지금 사회의 욕망의 사치와 앎의 방자가 억눌려지고 인간의 불필요한 위(爲)가 철저하게 제거되지 않으면 안 된다. 인류에게 있어서 진보란 과연 어떠한 관념인가, 가치란 대체 뭐라고 부르는 말인가, 문명이란 인간이 가져야 할 자세에 있어서 과연 얼마만큼의 가치가 있는 것인가 하는 문제가 근본적으로 재검토되지 않으면 안 된다. 노자는 그것을 반문하고 이른바 진보 속에 인류의 파멸을 보아 그들이 자화자찬하는 문명을 자연의 '박(樸)을 베는' 인간의 기물화(器物化)라고 비판하였다. 그리하여 지금의 불필요한 위(爲)를 부정하는 참된 위(무위로의 복귀)를 그의 비판과 부정의 결론으로 삼고 있는 것이다.

노자의 부정은 단순한 부정이 아니라 인간이 참된 인간으로서 긍정되기 위한 지나친 것, 방자스러운 것, 불필요한 것에 대한 부정이었다. 그의 부정은 도의 무위(無爲)에 의하여 인간의 지나친 유위(有爲)를 부정하는 데 그 특질이 있는 것이다.

인간의 지나친 유위를 도의 무위에 의하여 부정하는 노자는 당연한 일이지만 인간적인 유위 속에서 만들어진 세속적인 가치관을 뒤엎는다. 그는 사람들이 절대라고 보는 것을 상대로 보고, 상덕(上德)이라고 보는 것을 하덕(下德)으로 보며, 선이라고 보는 것을 불선으로 본다. 세속의 사람들은 부귀를 최고의 가치로 삼고 지식과 욕심을 총동원하여 그것을 다투어 가지려고 하지만, 그는 다투지 않는 것을 상선(上善 : 최고의 가치)이라고 보므로 '족함을 알다〔知足〕.'를 부로 규정짓고 '욕을 지킨다〔守辱〕.'를 귀로 본다. 또 세속적인 앎을 갖지 않는 것을 참된 앎으로 보고, 세속적 사람들이 겁쟁이라고 부르는 것을 참된 용기라고 한다.

노자는 세속적인 가치관을 근본적으로 바꾸어버렸던 만큼, 그의 말은 흔히 역설적인 표현으로 나타난다. 그는 세속적 사람들이 물러간다〔退〕고 본 행위를 나아간다〔進〕하였고, 어둡다〔昧〕고 본 것을 밝다〔明〕하였고, 더럽혀져 있다〔辱〕고 본 것을 깨끗하다〔白〕하였다. 혹은 참으로 어진 것을 어리석다〔愚〕하였고, 참으로 차 있는〔盈〕것을 비어 있다〔沖〕고 하였다. 또 대음(大音)은 희성(希聲)이고, 대상(大象)은 무상(無

象)이며, 넓은 덕은 모자란 것처럼 보인다[廣德若不足]는 것 등, 〈노자〉
에서 역설적인 표현을 인용한다면 한이 없다. 그리고 무위를 말하고
다투지 않는 덕을 가르치는 그의 처세철학도 역시 이와 같은 역설의
진리를 몸으로써 실천하고, 세속적인 반가치(反價値) 속에 참된 가치를
실현하려고 하는 것이었다.

　그의 처세의 근본원리인 '약(弱)-유약(柔弱)'도 참된 강(强)을 역설적
으로 표현하고 있는 데 지나지 않고, 그는 참된 의미로 강한 것을 세속
적인 말로 '약'이라 부르고 있는 데 불과한 것이다. 또는 참된 의미로
이기는 것을 세속적 말로 지는 것이라 부르고, 참된 의미로 귀한 것을
세속적 말로 천한 것이라 부르는 데 불과하였다. 우리들은 노자가 쓰
는 이와 같은 역설적인 논리를 알지 못한다면 노자 철학을 충분히 이
해할 수 없을 것이다.

　〈노자〉를 잠언집(箴言集)이라고 부르는 사람이 있다. 확실히 〈노자〉
에는 잠언 또는 잠언으로서 통용되는 말이 많이 들어 있다. 이를테면
"말이 많음은 막힘의 원인이고, 중(中)을 지키니만 못하다[多言數窮 不
如守中]." "신(信)이 모자라면 불신이 있다[信不足焉 有不信焉]." "병이
강하면 이기지 못하고, 나무가 강하면 꺾인다[兵强則不勝 木强則共]."
등이 그것이다. 또한 명백한 잠언[건언(建言)]이라고 이름지어진 말도,
"밝은 도는 어두운 것처럼 보이고, 나아가는 도는 뒤로 물러나는 것처
럼 보인다[明道若昧 進道若退]." 이하의 12구로서 제41장에 인용되어
있고, '옛날의 이른바'로써 인용되고 있는 제22장의 "구부러진 것이
곧 온전하다[曲則全]." 따위도 그 당시 세상에 널리 유포된 일종의 잠
언이라고 볼 수 있을 것이다.

　이러한 말은 대개 외우기 쉽도록 운을 달고 있으며, 제56장의 "아는

사람은 말하지 않고, 말하는 사람은 알지 못한다〔知者不言 言者不知〕.”
라는 말처럼 동일한 주장을 상반되는 대우(對偶) 형식으로 강조하고
있는 것도 적지 않다. 아무튼 〈노자〉 문장의 대부분이 운문이고 짝귀
형식의 표현이 많이 쓰여지고 있다는 것을 역으로 말한다면 그 대부분
의 말이 잠언적인 성격을 갖는다고 말할 수 있으며, 이 책이 잠언집으
로서 불리는 까닭도 또한 여기에 있는 것이다.

　〈노자〉가 갖는 구도적(求道的)·종교적 성격 또한 무시할 수가 없다.
중국의 종교 사상사 중에서 노자를 시조로 떠받드는 도교는 물론이고
불교의 여러 종파가 항상 이 책을 그들의 구도의 반려로 삼았으며, 이
책에 의하여 그들이 추구하는 종교적인 진리의 험증(驗證)을 찾아왔던
것이다. 그 구체적인 예증은 본문의 풀이에 자세히 설명되어 있는데,
특히 이 책에서 반복하여 강조되고 있는 도(道)·무위(無爲)·자연(自
然)·지족(知足) 같은 개념은 중국 불교의 교리전개와 밀접한 관계를
지니고 있고, 따라서 우리나라 불교와도 밀접한 관계가 있다. 노자가
탐구한 형체 없고 소리 없는 도의 진리는 도교의 도의 진리임과 동시
에 불교에서 말하는 도의 진리이기도 하였다. 그러나 이것은 적어도
중국인에게 있어서는 불교가 그러하였다는 것이다.

　이 종교적 성격과 더불어 또 한 가지 간과할 수 없는 성격이 정치적
성격이다. 노자는 자주 정치적 인격으로서의 성인이나 후왕(侯王)에
관하여 말하고, 피통치자로서의 백성을 말한다. 또한 성인이 군림하는
천하에 대하여 말하고, 후왕이 통치하는 대국(大國)이나 소국(小國)에
관하여 말한다. 그것들이 지녀야 할 모습에 관한 이야기임과 동시에
지녀서는 안 될 모습에 관하여 이야기하고, “백성은 명령하지 않아도
저절로 다스려진다〔民莫之令而自均〕.”라는 이상정치를 제시하는 한편,

교만하여 스스로 화근을 남기고〔自遺其咎〕, 사람을 죽이는 것을 즐기는〔夫樂殺人〕 현실의 위정자의 사위(邪僞)를 비판한다.

그러나 노자는 현실의 사회에 강한 정치적인 관심을 갖고 때로는 현실의 위정자들의 자세에 날카로운 비난을 퍼붓지만, 그 정치적인 관심은 어디까지나 무위의 입장에 서는 것이고 유위의 입장에 서는 세속의 그것과는 근본적으로 성격을 달리한다. 그러므로 그는 힘을 원리로 하는 유위의 지배를 부정하고 온갖 제도와 규범을 마련하여 백성을 속박하는 작위(作爲)의 정치를 부정하는 것이다. 그에게 있어서 정치란 현실의 사회에 도의 무위를 실현하는 일이었고, 살고자 하고 살아 있는 일체의 것을 다투는 일 없고 해치는 일 없는 상덕(上德)의 세계에 안주시키는 무위의 위(爲)였다.

끝으로 〈노자〉의 저작 연대와 저자의 정체에 관하여 몇 마디 적겠다. 노자가 노담(老聃 : 담은 귀가 큰 사람이라는 뜻)이란 이름으로 전국시대에 실재하였을 것이라는 기록은 선진(先秦)의 문헌인 〈여씨춘추(呂氏春秋)〉의 불이편(不二篇)과 〈장자(莊子) – 내편〉의 양생주편(養生主篇) · 응제왕편(應帝王篇) 등을 통하여 널리 알려져 있다. 그러나 이 노담과 현재의 노자가 구체적으로 어떠한 관계에 있느냐 하는 문제에 이르러서는 학자마다 의견을 달리 한다.

노자(노담)라는 인물에 관하여 현존하는 가장 오래되고 간추려진 전기 자료는 한나라의 사마천(司馬遷)이 쓴 〈사기〉의 노자인데, 사마천의 시대에 이미 노자는 전설적인 인물이 되어 있어서 초나라 철학자인 노래자(老萊子)나 주나라 태사(太史 : 궁정의 기록관)인 담(儋)과 동일시하는 학설이 있을 정도였다. 하긴 같은 〈사기〉 속에는 노담에서부터 9대손인 해(解)에 이르는〔老聃-宗-注-宮-○-○-○-假-解〕족보가 실려 있고, 해라는 사람은 한나라의 교서왕(膠西王)인 공(卬 : 기원전 154년 사망)을 태부(大傅)로서 섬겼다고 하므로, 이것에 의하면 노자가 기원전 400년경의 묵자(墨子)나 공자의 손자인 자사(子思)하고 같은 시대에 살았던 셈이 된다.

그런데 공자가 노자에게 예(禮)를 배웠다는 것이 〈장자〉의 천운편(天運篇)에 기술되어 있고, 사마천도 〈사기〉의 노자전이나 공자 세기(孔子世記)에 그것을 기록하고 있으므로, 만일 이것이 사실이라고 한다면 공자(기원전 479년에 73세로 사망)의 선배인 셈이 되어 기원전 500년경에 살았던 인물로 볼 수 있다. 그러나 공자가 노자에게 배웠다고 하는 여러 책의 기록은 많은 사람들이 지적하듯 도저히 역사적 사실이라고 믿어지지 않지만, 아무튼 〈노자〉의 저자 정체는 〈논어〉의 저자만큼이나 명확지가 않은 것이다.

道 經

上篇

최상의 덕은 물과 같다.
물은 만물을 이롭게 하여 다투지 않으면서,
모든 사람들이 싫어하는 곳에 있다.
그러므로 도에 가깝다.
거처로는 땅을 좋다고 하고,
마음은 깊은 것을 좋다고 하고,
사귀는 데는 어진 것을 좋다고 하고,
말은 진실한 것을 좋다고 하고,
정치와 법률은 다스려짐을 좋다고 하고,
일에는 능숙한 것을 좋다고 하고,
움직임에는 때에 맞음을 좋다고 한다.
오직 싸우지 않으므로 허물이 없다.

제1장
도(道)의 본체

도를 도라고 할 수 있는 것은 참 도가 아니고, 이름을 이름이라고 할 수 있는 것은 참 이름이 아니다. 무명은 천지의 시작이요, 유명은 만물의 어머니이다. 그러므로 상무(常無)로써 그 묘(妙)를 보려 하고, 상유(常有)로써 그 요(徼)를 보려 한다. 이 양자는 같은 근본에서 나왔으나 그 이름을 달리하니, 이것을 한 가지로 말할 때 현(玄)이라고 한다. 현하고 현하니 중묘(衆妙)의 문이다.

| 풀이 | 도가 도로서의 구실을 하는 도, 예를 들면 유교에서 말하는 인륜의 도덕 같은 것은 참 도가 아니다. 또 이름이 이름으로서의 구실을 하는 이름, 예를 들면 유교의 인·의·예·지 같은 것은 참 이름이 아니다. 이름이 없는 것이 도이고 이 도가 천지의 시작이며, 처음으로 이름이 생긴 것은 천지이니 천지는 만물을 낳은 어머니이다. 그러므로 우리는 참으로 없는 것, 즉 도에 있어서 그 유현기묘(幽玄奇妙)한 작용을 볼 수가 있고, 참으로 있는 것, 즉 이 천지의 현상세계를 볼 수가 있는 것이다.

이들 유와 무는 같은 근본에서 나와 그 이름만을 달리한 것이기 때문에, 다시 그 근본으로 거슬러 올라가면 동일의 현(玄), 즉 도에서 나온 것이다. 상대적인 유나 무는 다 같

道可道는 非常道요 名可名은 非常名이니라 無名은 天地之始요 有名은 萬物之母니라 故로 常無로 欲以觀其妙하고 常有로 欲以觀其徼니라 此兩者는 同出而異名하니 同謂之玄이니라 玄之又玄하니 衆妙之門이니라

도가도(道可道) : 뒤의 도(道)는 유교에서 말하는 인륜의 도(道)를 가리킴.
상(常) : 변하지 않는 것. 여기서는 참(眞)을 말함.
명가명(名可名) : 앞의 명(名)은 개념, 또는 말이라는 뜻. 혹은 명성·명분(名分)의 뜻도 포함한다고 생각됨. 뒤의 명(名)은 유교에서의 도덕의 명목을 말함.
무명(無名) : 이름이 없는 것, 즉 도(道).
유명(有名) : 이름이 있는 것, 즉 천지(天地).
상무(常無) : 참으로 없는 것, 즉 도.
욕이관(欲以觀) : 볼 수 있는 것.
묘(妙) : 도의 심원유미(深

遠幽微한 실상.
요(徼) : 원래는 변새(邊塞)의 뜻이지만 여기서는 차별상(差別相)의 뜻. 즉 현상세계.
동위지현(同謂之玄) : 그 근본을 거슬러 올라가면 동일의 현(玄), 즉 도에서 나왔다는 뜻. 현은 색채로 말하자면 흑색이지만, 사실은 흑색도 적색도 아닌 오묘한 색을 말함.
현지우현(玄之又玄) : 현이면서 또 현이니, 참 현, 즉 도를 말하는 것.
중묘(衆妙) : 모든 기묘한 것, 즉 우주의 삼라만상을 말함.
문(門) : 근본.

이 도에서 나온 것이며, 그 상대적인 유와 무와의 근원인 절대적인 무를 감정적으로 현이라고 부른다. 그런데 이 현이야말로 우주의 삼라만상을 낳은 최초의 문인 것이다.

| 해설 | 이 글의 첫머리에서 노자가 주장하는 도는 유교에서의 도와 다름을 천명하였고, 그 도에 의하여 천지가 생겼으며 그 천지가 만물을 낳았다고 하여, 그 도가 천지만물의 본원이며 본체임을 밝혔다. 노자는 또 유와 무에 대한 지금까지의 생각을 뒤엎고 세상에 있는 것은 참된 무에서 나온다고 하였으며, 상대적인 의미에 있어서의 유와 무는 모두 참된 무에서 나왔는데, 이것을 현(玄)이라고 하였다. 〈노자〉의 제1장은 노자 철학의 근본인 도를 설명한 것이다. 그러므로 〈하상공본〉에서는 이 장을 체도장(體道章)이라고 명명하였다.

제2장
무위(無爲)로써 몸을 기르는 방법

天下가 皆知美之爲美하나 斯惡已요 皆知善之爲善하나 斯不善已니라 故로 有無相生하고 難易相成하고 長短相較하고 高下相傾하고 音聲相和하고 前後相隨니라 是以로 聖人은 處無爲之事하여 行

천하가 모두 미가 미임을 알지만 이는 악일 뿐이고, 모두 선이 선임을 알지만 이는 불선일 뿐이다. 그러므로 있고 없음이 서로 생기고, 어려움과 쉬움은 서로 이루고, 길고 짧음은 서로 비교되고, 높고 낮음은 서로 측정하고, 음성은 서로 화(和)하고, 앞과 뒤는 서로 따른다. 이러한 관계로 성인은 무위(無爲)의 일에 몸을 두고 무언의 가르침을 행한다. 만물이 일어나도 막지 않고, 생겨도 갖지 않으며, 어떠한 일을 하더라도 의지하지 않고, 공을 이루어도 (그 자리에) 앉지 않는다. 다만 앉지 않으니, 이로써 떠나지도 않는 것이다.

| 풀이 | 천하의 모든 사람들이 미를 미라고 인식하는 경우에는 반드시 악이 존재하며, 또 모든 사람들이 선을 선이라고 인식하는 경우에는 반드시 불선이 존재한다. 그런데 이것은 미·추·선·불선의 경우뿐만이 아니라 있고 없음에 대해서도 마찬가지이고, 어려움과 쉬움에 대해서도, 길고 짧고 높고 낮은 것에 대해서도, 혹은 음성이나 앞뒤에 대해서도 마찬가지이다. 이 상대의 세계에서 사는 한 모든 것이 대립하는 상을 가지고 있는 것이다.

그리하여 그 대립상 중에 살고 그 대립상만을 보고 있는 한, 참이라는 것은 이것을 파악할 수가 없는 것이다. 이와 같이 상대의 세계에 산다는 것은 무가치한 일이므로, 성인은 무위의 세계에 몸을 두고 가르침을 베풀 경우에도 말로 나타내지 않는 가르침을 행하는 것이다.

만물이 발흥해도 억지로 이것을 막아 그만두게 하려고 하지 않고, 또 만물이 자기의 힘에 의하여 생겨도 그것이 나의 덕이라고 생각하여 스스로 보전하여 지니려고도 하지 않는다. 일을 하더라도 능력을 뽐내지 않는다. 그뿐만 아니라 자기의 힘에 의해 어떠한 공이 이루어져도 자신을 그 공명의 지위에 두려고 하지 않는다. 이러한 것들이 인

不言之教니라 萬物作焉而不辭하고 生而不有하고 爲而不恃하고 功成而不居니라 夫唯不居라 是以로 不去니라

위미(爲美) : 미(美)라고 인식하는 것.
상생(相生) : 생기는 것.
상교(相較) : 서로 길이를 비교하는 것.
상경(相傾) : 땅의 경사의 정도를 측정하는 것.
음성(音聲) : 음(音)은 금(金)·석(石)·사(絲)·죽(竹)·포(匏)·토(土)·혁(革)·목(木) 등의 8음을 말하며, 성(聲)은 궁(宮)·상(商)·각(角)·치(徵)·우(羽) 등의 5성을 말함.
작(作) : 발흥(勃興)하는 것.
사(辭) : 막아서 그만두게 하는 것.
유(有) : 소유하는 것.
시(恃) : 의지하는 것.
거(居) : 어떠한 지위에 오르는 것.
부유불거 시이불거(夫唯不居 是以不去) : 어떠한 자리에 앉아 있지 않으므로, 그 자리에서 떠나야 하는 근심도 없다는 뜻.

간세상에 처하여 몸을 기르는 가장 좋은 방법이다. 모처럼 공을 이루어 놓고서도 그 지위에 앉지 않는다는 것은 언뜻 보면 부질없는 일처럼 보일지 모르나, 깊이 생각해 보면 그 자리에 앉아 있지 않았기 때문에 그 자리를 떠나야 한다는 걱정도 없어지는 것이다.

| 해설 | 제1장에서 이미 도가 절대임을 설명하였으므로, 이 장에서는 그것에 대하여 상대 세계에 사는 것이 잘못임을 말하고 있다. 그리고 상대 세계에 사는 것이 잘못임을 깨달았으면, 이른바 사려작위(思慮作爲)로 일을 하는 것도 잘못인 줄 알아야 한다고 하였다. 그래서 무위, 즉 하는 일이 없는 것, 혹은 남과 다투지 않는 것이 사람의 몸을 기르는 방법이 된다는 것을 알아야 한다. 그렇기 때문에 주로 개인의 몸을 기른다는 취지(趣旨)로 가르치는 것이 이 장의 목적이다. 그러므로 〈하상공본〉에서는 이 장을 양신장(養身章)이라고 하였다.

제3장
무위의 정치

不尙賢이면 使民不爭하고 不貴難得之貨면 使民不爲盜하고 不見可欲이면 使民心不亂이니라 是以로 聖人之治는 虛其心하여 實其

현능(賢能)을 숭상하지 않으면 백성들로 하여금 다투지 않게 하고, 얻기 어려운 재화를 귀하게 여기지 않으면 백성들로 하여금 도둑질하지 않게 하며, 갖고 싶어하는 것을 보이지 않으면 백성들로 하여금 마음을 어지럽게 하지 않을 것이다. 이 까닭에 성인의 다스림은 그 마음을 비게 하여 그 배를 채우고, 그 뜻을 약하게 하여 그 뼈를 튼튼하게 한다. 그리하여 항상 백성을 부지무욕(無知無欲)하게 하고, 이른바 아는 자로 하여금 아무것도 하지 못하게 한다. 이와 같이 무위를 행하면 다스려지지 않음이 없는 법이다.

腹하고 弱其志하여 强其骨이니라 常使民으로 無知無欲하고 使夫知者로 不敢爲也하나니 爲無爲면 則無不治니라

| 풀이 | 우리들이 꾀가 있는 사람이나 능력이 있는 사람을 소중히 여기므로, 백성들이 경쟁심을 일으키게 된다. 처음부터 꾀있는 자나 능력이 있는 자를 숭상하지 않는다면, 백성들의 경쟁심에 의한 폐해는 없어질 것이다. 또 우리가 손에 넣기 힘든 재화와 보물을 귀하게 여기니까 그것이 갖고 싶어서 도둑질을 하는 자도 생기므로, 그러한 물건을 애당초 귀하게 여기지 않으면 백성들은 도둑질을 하지 않는다. 그리고 우리가 가지고 싶어하는 물건을 전시하므로 백성들도 그것을 얻으려고 설치기 때문에 그 마음이 어지러워지는데, 만일 그렇게 하지 않으면 백성들의 마음도 어지러워지지 않을 것이다. 이는 이른바 교활한 지혜를 배척하고 욕망을 버리는 것이 이 세상의 죄악을 제거하는 지름길임을 주장한 것인데, 이것은 은근히 〈맹자(孟子)〉에 말한 "현(賢)을 귀히 여기고, 능(能)을 부린다."는 것에 반대한다는 뜻을 표명한 것이다.

그러므로 성인이 세상을 다스리는 방법은 백성들의 지식을 구하는 마음을 비게 하고 욕망을 다하려는 뜻을 약

불상현(不尙賢) : 꾀가 있거나 능력이 있는 사람을 소중히 여기지 않는다는 뜻.
난득지화(難得之貨) : 손에 넣기 힘든 재화나 보물을 말하는 것.
불견가욕(不見可欲) : 몹시 갖고 싶어하는 물건을 보이지 않는 것.
허기심(虛其心) : 여기의 심(心)은 대체로 지식을 구하는 마음을 말하는 것이니, 허기심이란 그 지식의 마음을 없게 하는 것. 즉 무지의 백성을 만듦.
실기복(實其腹) : 신체를 강건하게 한다는 뜻이지만, 또 한편 노자의 이른바 도를 체득하려는 구도심(求道心)을 충분하게 하여 거기에 틀을 넣는 것에 비유되기도 함.
약기지(弱其志) : 지(志)는 주로 욕망을 구하는 마음을 말함.
강기골(强其骨) : 앞의 실기복(實其腹)과 같은 비유임.
사부지자 불감위야(使夫知

者 不敢爲也) : 지식이 있는
자가 우쭐대면서 활동할 여
지가 없게 한다는 것.

하게 하여 신체를 강건하게 하는 동시에, 노자의 이른바
도를 체득하려는 마음을 왕성하게 하여, 그것을 튼튼하게
보강해야만 한다. 이와 같이 하여 언제나 백성을 무지무
욕의 상태에 두어 세상의 지식이 있다는 자들로 하여금
손을 쓸 수 없게 하는, 즉 지자(知者)의 활동이 필요없는
정치를 하는 것이다. 이렇게 위정자가 무위의 정치를 행
하기만 하면 천하는 저절로 잘 다스려지게 될 것이다.

| 해설 | 노자의 도를 무(無)라고 한다면, 이것을 정치에
적용할 경우에는 무위의 정치를 주장하게 되는 것은 지극
히 당연한 논리이다. 그런데 백성을 편안하게 하는 진정
한 정치가 무위라고 한다면, 백성들은 지능을 활용시키지
않는 것이 절대적으로 필요하게 된다. 이것을 가리켜서
후세의 사람들은 말하기를, "노자의 우민(愚民)의 도"라고
한다. 이 장은 주로 그러한 주장을 논한 것인데, 〈하상공
본〉에서는 이 장을 안민장(安民章)이라고 하였다.

제4장
허(虛)의 작용

道沖而用之나 或不盈
하니 淵兮하여 似萬物
之宗이로다 挫其銳하
여 解其紛하고 和其光
하고 同其塵하니 湛兮
하여 似或存이로다 吾

도는 텅 비었지만 이를 활용해도 항상 차지 않으며, 깊
고 깊어서 만물의 근본과 같다. 도는 만물의 예리한 끝을
꺾어 그 분(紛)을 풀고, 그 빛을 부드럽게 하여 그 티끌에
도 뒤섞이니, 깊고 깊어서 무엇인가가 있는 것 같다. 내가

누구의 아들인지 모르겠으나 천제보다 앞선 것 같다.

| 풀이 | 도(道)는 텅 빈 것이기는 하지만 이것을 활용한다고 해도 그 활동이 다하는 일은 결코 없다. 도는 참으로 깊고 깊어서 만물의 근본인 것처럼 보이고, 혹은 괴어 있는 물처럼 깊고 고요하여 그 가운데 무엇인가 있는 듯이 느껴진다. 또한 도는 누구의 자식인지 그 출처도 모른다. 그러나 도 자신이 최초의 산모이므로, 그것은 천제 이전의 존재인 듯하다.

이 글의 상(象)이나 사(似)는 '……인 듯하다.'의 뜻인데, 도의 실체를 파악하기 어려워서 이러한 표현방식을 취한 것이다. 도를 파악하기란 상당히 힘들지만 그것을 체득한 사람은 먼저 자기의 지능·재능 따위를 눌러야 하고, 또 실이 엉킨 것 같은 인간의 생각을 풀어야 한다. 즉 인간의 문명 같은 것에 기뻐하지 말아야 하고, 번쩍거리는 빛, 즉 자기의 재주·명예 등에 대하여 자랑하는 마음을 배척해야 하며, 티끌처럼 보이는 세상의 속된 무리와 발걸음을 맞추어 나아가야 하니, 독선적이며 고고(孤高)한 태도는 버려야 하는 것이다.

| 해설 | 이 장에서 노자는 도의 활동이 무한하고, 도의 깊이는 매우 깊으며, 도는 천지에 앞서서 있는 존재인데, 이와 같은 도를 체득한 사람이 마땅히 갖추어야 할 덕용(德容)에 대하여 논술하였다.

不知誰之子나　象帝之先이로다

충(沖) : 여기서는 허(虛)의 뜻. 텅 비어 차지 않은 것.
종(宗) : 본가라는 뜻으로서 근본을 의미함.
예(銳) : 자기의 재능·지능 등의 날카로움.
분(紛) : 인간의 복잡한 생각. 말하자면 문명 같은 것. 문명이란 단지 조리가 잘 정돈된 복잡성에 불과하기 때문임.
침혜(湛兮) : 물이 괴어 있는 것처럼 깊고 고요한 모양.
사혹존(似或存) : 깊은 산중에 있는 깊은 호수를 바라보면, 왠지 그 주인이 있는 듯이 느껴진다는 뜻. 도는 무이지만 그 밑바닥에는 무엇인가가 있는 것 같다는 말.
부지수지자(不知誰之子) : 그 어버이를 알 수가 없다는 것. 즉 도(道)가 최초의 어버이라는 뜻.
제(帝) : 천제(天帝).

도의 본체를 설명하여 그 도를 체득한 자가 어떠한 태도를 견지하고 있는가, 또는 견지할 것인가를 논술한 것이다. 도의 본체에 대하여, 도는 텅 빈 것이기는 하지만 그 활용에는 한도가 없다. 더욱이 이 도는 제1장에도 있듯이 우주의 근본이므로, 천지에 앞선 최초의 것임에 대한 것이다. 그리고 이 도를 체득한 자는 이른바 화광동진(和光同塵)이라 할 수 있으니, 결코 자기의 재주와 지혜 등을 과시하여 우쭐대고 있는 자가 아니라고 말하고 있다. 한편 문장의 구성으로 볼 때, 좌기예(挫其銳)에서 동기진(同其塵)까지의 4구를 생략하고 그 전후를 연결한 문구가 도 그 자체의 설명에 해당하는 것이다.

이 장은 전 장에 이어 무위 자연이 성인의 마음이고 또 천지의 정신임을 주장하고, 또 그의 무위의 작용은 진실로 무한한 것임을 주장하였다. 〈하상공본〉은 이 장을 허용장(虛用章)이라고 하였는데, 각 장마다 그 이름이 반드시 그 내용에 적합한 것만은 아니므로, 제5장 이후부터는 그러한 설명을 생략하고 나름대로 소제목을 붙이고자 한다.

제5장
인간 처세의 요령

天地不仁하여 萬物로 爲芻狗하고 聖人不仁하여 以百姓으로 爲芻狗니라 天地之間은 其

천지는 정이 없어서 만물을 추구(芻狗)로 삼았고, 성인은 정이 없어서 백성을 추구로 삼았다. 천지 사이는 풀무와 같은 것인가. 비었지만 다함이 없고, 움직일수록 더욱

나온다. 말이 많으면 반드시 막히니, 중(中)을 지키는 것이
좋다.

| 풀이 | 천지는 진실로 정을 모른다. 왜냐하면 만물을
제사지낼 때 사용되는 추구처럼 취급하며, 일이 끝나고
나면 사정없이 팽개쳐 버리기 때문이다. 성인 또한 정을
모른다. 왜냐하면 매우 소중한 백성을 그대로 내버려두기
때문이다. 천지·성인이 가장 어진 자라는 것을 모든 사
람들은 잘 알고 있다. 그런데 그들은 스스로 무위(無爲)하
여 만물이나 백성을 제사지낸 후의 추구처럼 아무렇게나
내버려두어, 언뜻 보면 정이 없다고 생각할 수도 있다. 그
러나 잘 살펴보면 그 가운데 참으로 큰 정이 있다는 것을
알 수가 있다.

　천지 사이의 도라고 하는 것은 마치 풀무와도 같다. 풀
무는 속이 빈 상자이지만, 그 활동은 언제나 그치지 않는
다. 움직이면 움직일수록 가운데서 바람이 나온다. 천지
사이의 도도 이와 같아서 실체가 없는 빈 것이지만 그 활
동은 무한하여 다함이 없는 것이다. 그러나 이와는 반대
로 나와서는 안 되는 것이 이 세상에 하나 있는데, 그것은
말이다. 이 말이라는 것은 너무 나오면 반드시 곤란한 경
우에 당면하게 된다. 그러므로 중(中), 즉 말이 없는 태도
를 굳건히 지켜야 한다.

| 해설 | 이 장에서는 인간 처세의 요령을 논하였는데, 생

猶槖籥乎인저 虛而不屈
하고　動而愈出이니라
多言이고　數窮이니　不
如守中이니라

불인(不仁) : 정을 모른다,
즉 정이 없다는 것.
추구(芻狗) : 풀을 엮어서
개 모양으로 만든 것인데,
옛날에는 제사지낼 때 사용
하였음. 그런데 이 추구는
제사를 지낼 때는 정중하게
다루지만, 제사가 끝나면
길가에다 버림.
천지지간(天地之間) : 천지
사이의 도(道).
탁약(槖籥) : 불을 피울 때
바람을 일으키는 것, 즉 풀
무.
불굴(不屈) : 다함이 없다,
즉 어떠한 활동이 끊임없이
계속된다는 것.
삭궁(數窮) : 자주 곤궁한
경우에 처하게 된다는 것.
수중(守中) : 중(中)은 허
(虛)의 뜻이니, 즉 말없는
태도를 말함.

각해 보면 말이 많은 것과 무위는 상반되는 것이며, 말이 많으면 반드시 막히게 된다는 것은 유위(有爲)가 오히려 해가 많다는 것을 주장한 것이다. 중(中)이란 말에 대하여 중용(中庸)을 얻은 말이라는 뜻이겠지만, 한편 비었다는 뜻을 나타내기도 한다. 그리하여 제4장의 '도는 충(沖)이다'라는 말과 상응하여, 중을 지키라는 것은 도를 지키라는 가르침과 상통한다.

제6장
영원불멸의 도

곡신(谷神)은 죽지 않으니 이를 현빈(玄牝)이라고 한다. 현빈의 문이 바로 천지의 근원이다. 면면(綿綿)히 있는 듯한데, 이를 활용해도 지치지 않는다.

谷神不死하니 是謂玄牝이니라 玄牝之門이여 是謂天地之根이니라 綿綿若存하여 用之不勤이니라

곡신(谷神) : 도를 비유한 말. 곡(谷)은 곡(穀) 또는 욕(浴)으로도 쓰는데, 기른다〔養〕는 뜻이 있음. 도는 만물을 기르므로 이것을 기르는 신이라고 한 것. 혹은 곡이란 낮고 비천(卑賤)한 것이므로 모든 물이 흘러드는 곳인데, 그 모양이 노자의 도와 닮은 점이 있으므로 곡을 도에 비유한 것임.
불사(不死) : 영원한 생명이 있다는 말.
현빈(玄牝) : 이상한 여자라

| 풀이 | 곡신(谷神), 즉 도는 영원불멸하다. 그런데 그것은 만물을 생성하는 것이므로 이상한 어머니라고 해도 좋다. 현(玄)하고 또 현(玄)한 천지조화의 작용이 일체 만물을 영원히 계속하여 생성해 가는 불가사의한 것을 여성의 생식기〔玄牝之門〕에 비유하여 시적으로 표현한 것이다. 처음의 두 구는 사(死)·빈(牝)으로 운을 맞추었고, 다음의 4구는 문(門)·근(根)·존(存)·근(勤)으로 운을 맞추었다. 이상한 어머니에 의하여 생기는 것, 즉 도의 근원은 천지를 만들어 낸 것이므로, 이것을 천지의 근본이라고 해도

좋다. 그리고 이 도라는 것은 눈에 보이지는 않으나, 옛날부터 지금까지 면면히 끊어지지 않고 존속하여, 이것을 활용하면 언제까지나 그 활동이 계속되고, 또한 도 그 자신도 결코 피로하지 않다.

| 해설 | 〈노자〉 중에는 도가 만물을 생성하는 조화작용을 여성의 생식작용에 비유하고, 도의 무위 자연의 생태를 여성[牝·雌·母]의 강인한 수동적인 정신에 비유하여 서술한 경우가 많다. 노자 철학의 근본에는 성에 대한 소박한 호기심과 관심이 상당히 강하게 지적되어 있다. 성은 인간을 포함한 모든 생물에 있어서 가장 근본적인 사실이며, 가장 자연스러운 것, 아무런 작위가 없는 것, 신비로운 것의 전형이다. 그것은 또한 대지의 안정성을 상징하고 있으며, 농민들의 소박하고 건강한 생활과 가장 밀접한 것이다. 도시적인 문명생활에 있어서의 생명의 쇠약현상(衰弱現象)을 탄식하고, 전원생활에 있어서의 강인한 야성을 찬미하는 노자 철학이, 성의 현상에 깊은 신비와 커다란 경이를 발견하여, 그 상태를 있는 그대로 인정하려는 것도 까닭이 없지는 않다.

는 뜻으로 도에 비유한 말. 여자는 유약하면서도 아이를 낳으니, 이것이 또 노자의 도가 유약하면서도 만물의 근원인 것과 서로 통한다. 한편 암컷이라는 점잖지 못한 글자를 사용한 것은 노자의 용어상 하나의 버릇이기도 하지만 옛날부터 구릉(丘陵)을 수컷이라 하고, 계곡을 암컷이라고 하였으므로, 이 현빈은 앞의 곡신이라는 말과 서로 대응(對應)한 것임.

면면약존(綿綿若存) : 분명하게 보이지는 않으나 언제까지나 연속하여 존재한다는 뜻. 존재하는 듯하다는 것은 존재한다고 단정적으로 말하기를 피한 것인데, 이것은 노자가 항상 즐겨 쓰는 표현법임.

근(勤) : 지친다는 뜻. 일을 부지런히 하면 지치므로, 이렇게 뜻을 바꾼 것임.

제7장
무아(無我)의 성취

하늘은 영원하고 땅은 구원(久遠)하다. 천지가 진실로

天長地久니 天地所以

能長且久者는 以其不
自生이니라 故로 能長
生이니라 是以로 聖人
은 後其身하되 而身先
하고 外其身하되 而身
存이니 非以其無私耶
아 故로 能成其私니라

천장지구(天長地久) : 천지
는 영원하고도 장구하다는
뜻.
부자생(不自生) : 자기가 만
물의 생성자라는 의식을 갖
지 않는다는 뜻. 혹은 '스스
로 살려고 하지 않으므로'
의 뜻으로도 해석함.
후기신(後其身) : 자기가 뒤
에 서고 남을 앞에 세우는
것.
신선(身先) : 자신이 남의
추대를 받아서 앞에 서게
되는 것.
외기신(外其身) : 자기를 소
외한다, 즉 도외(度外)에 둔
다는 뜻.
신존(身存) : 자기 자신의
존재를 확립한다, 혹은 자
기 자신을 영원히 존재시킨
다는 것.
능성기사(能成其私) : 진실
로 자기 자신을 성취(成就)
하는 것이니, 자신을 영원
하고 완전한 존재로 만든다
는 뜻.

영원하고 구원한 까닭은 그 스스로 생성하지 않기 때문이다. 그러므로 진실로 영원히 산다. 이러한 까닭에 성인은 그 몸을 뒤로 하지만 오히려 몸이 앞서지고, 그 몸을 소외(疎外)하지만 오히려 몸을 영존(永存)케 한다. 그 사심이 없기 때문이 아니겠는가. 그러므로 진정한 성인은 그 자아를 이루는 것이다.

| 풀이 | 일체 만물을 생성화육하는 천지 대자연의 존재는 진실로 유구하고 영원하다. 천지 대자연은 어째서 그토록 영원하고 또 유구할 수 있는가. 그것은 자기가 생성자라는 의식을 전혀 갖지 않고 무욕무심(無慾無心)이기 때문에 영원한 생성자일 수 있는 것이다.

그러므로 천지 대자연의 이법인 도를 체득한 성인은 자기의 위대함을 의식하지 않는 인간 본연의 자세를 취하는 데서 더욱더 위대하게 되고, 또 자기를 완전하게 하기 위해서는 오히려 자신을 부정해 버려야 한다는 역설적인 진리를 터득하게 되므로 어떠한 일에 있어서나 자신을 뒤로 돌리고 남을 앞세운다. 그러나 결국은 남의 추대를 받아서 자신이 앞서게 되는 것이고, 자기를 무시하고 남을 내세우지만 결국은 남의 존경을 받게 되어서 자신의 존재가 확실하게 되는 것이다. 이는 성인이 자기라는 작은 자아를 부정하여, 완전하게 무사무욕의 상태가 되었기 때문이 아닐까. 그렇기 때문에 성인은 큰 자아를 성취할 수가 있는 것이다.

| 해설 | 이 장은 제6장의 취지를 이어받아, 천지 대자연이 영원불멸의 생성자일 수 있는 것은 생성자로서의 자기를 의식하지 않기 때문이라고 설명하였다. 한편 그와 마찬가지로 진실로 위대한 지도자가 지도자 의식을 부정하고, 참으로 위대한 자아는 무아(無我)라는 것이다. 일반적으로 말하자면 큰 긍정은 큰 부정을 매개로 한다는 노자 철학의 근본적인 논리를 제시하였다.

혹자는 이 장의 마지막 구절인 "그 사심이 없으므로 진실로 그 자아를 이룬다."는 표현을, "그 사를 성취하기 위한 무사(無私)"라고 해석하여 노자 철학을 교활하다고 비난하기도 한다. 그러나 우리는 그것을 교활하다고 비난하기보다는 그러한 점에서 오히려 노자의 대상 세계에 대처하는 방법이 끈질긴 점이나, 자기의 의지를 관철하려고 하는 강인성에 주목해야 할 것이다. 그것은 단순명쾌하게 시비곡직을 가리는 입장에서 보면 음험하고 교활하다고 하겠지만, 무리를 하지 않는 인생, 무너지지 않는 자기의 확립을 최상으로 삼는 입장에서 보면 자연스럽기도 하고 순진하기도 하다. 그것은 직선적인 자아의 실현이 아니라 곡선적인 자기의 관철이고, 능동적인 강인성을 존경하는 저돌적인 처세가 아니라 수동적인 강인성을 소중히 여기는 탄력성이 있는 처세이다.

노자의 '노'라는 것은 어린 티가 나지 않고 노련한, 즉 인생의 풍설을 견디어 내 원숙해졌다는 뜻이다. 그래서 흔히 혈기왕성한 젊은이의 기예와 직정경행(直情徑行)의

무아(無我) : ① 나라는 관념을 가지지 않음. 자기를 잊고 생각하지 않음. ② 사사로운 마음이 없음. ③ 불교에서, 일체는 무상(無常)한 것이므로 '나라는 존재는 없음'을 이르는 말.

직정경행(直情徑行) : 생각한 대로 숨기거나 꾸미지 아니하고 행동으로 나타냄.

입장에서 보면 우유부단한 것으로도 보이고, 비굴·교활하게도 보인다. 그러나 그 비굴과 교활은 단순한 비굴과 교활이 아니고, 인생의 노성자(老成者)로서의 담담한 영지(英知)이니, 겉으로 볼 수 없는 침착하고 끈기있는 노련한 처세이다. 거기에는 대상 세계의 움직임에 자기의 움직임을 허심탄회하게 맞추어 나가면서도 결코 자기를 잃는 법이 없는 유연한 강인성이 있으며, 모든 것을 내던지고 있으면서도 어느 것에도 끄떡하지 않는 대담하고 강한 정신이 있다.

그리하여 여기서 로고스[이성(理性)]의 세계를 지상으로 생각하는 인간과, 로고스의 세계에서 카오스[혼돈(混沌)]의 세계를 응시하는 인간과의 생활이 다른 것을 생각해 볼 수 있을 것이다. 로고스의 세계를 지상으로 삼는 인간에게 있어서, 카오스를 근저로 응시하는 인간의 생활은 극히 이해하기 어렵고, 소름이 끼치며 뻔뻔스럽기조차 하다. 노자 철학의 끝을 모를 깊이와 매력이 여기에 있으며, 중국 민족의 행동과 사고를 서구적인 그것으로 풀 수가 없는 근원의 하나가 여기에 있다고 말할 수 있다.

제8장
무위 무심한 물의 선덕(善德)

최상의 덕은 물과 같다. 물은 만물을 이롭게 하여 다투지 않으면서, 모든 사람들이 싫어하는 곳에 있다. 그러므

노성(老成) : ① 노련하고 원숙함. ② (나이에 비해) 어른스러움. 숙성함.

근저(根底) : 사물의 밑바탕이 되는 기초. 근본.

上善은 若水이니라 水善利萬物而不爭하고 處衆人之所惡니라 故

로 도에 가깝다. 거처로는 땅을 좋다고 하고, 마음은 깊은 것을 좋다고 하고, 사귀는 데는 어진 것을 좋다고 하고, 말은 진실한 것을 좋다고 하고, 정치와 법률은 다스려짐을 좋다고 하고, 일에는 능숙한 것을 좋다고 하고, 움직임에는 때에 맞음을 좋다고 한다. 오직 싸우지 않으므로 허물이 없다.

로 幾於道니라 居善地하고 心善淵하고 與善仁하고 言善信하고 政善治하고 事善能하고 動善時니라 夫惟不爭이라 故로 無尤니라

| 풀이 | 최상의 선은 물과 같은 것이다. 물은 만물에 커다란 혜택을 주지만 만물과 다투지 않고, 사람들이 모두 싫어하는 저습(低濕)한 곳에 있다. 그러므로 그것은 무위자연의 도의 자세에 가깝다.

선이라고 하면 거처로서는 땅 위가 좋고, 마음의 자세로서는 못과 같이 깊은 것이 좋고, 친구로서는 어진 이가 좋고, 말로서는 진실한 것이 좋고, 정치와 법률은 세상이 잘 다스려지는 것이 좋고, 일을 처리함에는 유능한 것이 좋고, 행동으로서는 시기에 맞는 것이 좋다. 물도 또한 이러한 선을 모두 갖추었다고 말할 수 있다. 즉 땅 위에 있어서는 안정되어 있고, 깊이 담겨져 못을 이루고, 만물에게 혜택을 주며 또한 사랑을 베풀고 있다. 물이 위대한 것은 만물에 순응하여 다투지 않는 점에 있는데, 이렇게 싸우지 않으므로 과실이 없어서 누구한테 꾸중들을 까닭도 없다. 도의 체득자, 즉 성인의 자세도 이와 같은 것이다.

| 해설 | 이 장에서는 남을 위하여 크게 기여하면서도 남

상선(上善) : 최상의 선덕(善德).
소오(所惡) : 미워하고 싫어하는 곳.
거선지(居善地) : 거(居)는 사는 데, 즉 거처를 말함.
심선연(心善淵) : 여기의 연(淵)은 깊은 것을 말함.
여선인(與善仁) : 여(與)는 같이 행동한다, 즉 친구로서 사귄다는 뜻.
정선치(政善治) : 정(政)은 정법(政法).
동선시(動善時) : 때에 알맞게 행동한다는 것.
무우(無尤) : 허물·과실이 없다는 것.

의 천대와 모욕을 참으며 결코 자기를 주장하지 않고 변
명도 하지 않는 성인의 처세를 강조하고 있다. 그런데 이
것은 우리들에게 예수의 말씀인 "온유한 자는 복이 있나
니, 저들은 대지를 이어받을 것이다(《마태복음》)."라는 말
을 상기(想起)시키게 할 것이다.

또 바울의 말인 "각자는 겸손으로써 서로 남을 나보다
낫다고 하라. ……나는 어떠한 상태에 있을지라도 족함을
배웠노라. ……하느님은 자기를 겸허하게 하여, 종의 모
습을 취하여 사람과 같이 되었도다(《빌립보서》)." 혹은 아
우구스티누스에게 하느님의 본질을 물었을 때 그가 대답
한 유명한 말인 "첫째도 겸손, 둘째도 겸손, 셋째도 겸손."
이라는 말 등을 상기할 것이다. 겸손 또는 다투지 않는 덕
을 주장하는 점에서는 노자도 기독교와 비슷한 점을 많이
가지고 있다. 그러나 그 다투지 않는 덕이 무엇에 근본을
두고 무엇을 의도하여 가르쳐졌는가 하는 점에서, 양자는
입장을 크게 달리하고 있다.

기독교의 다투지 않는 덕은 말할 것도 없이 하느님의
사랑과 지혜에 근본을 둔다. 그러나 노자의 다투지 않는
덕은 하느님의 사랑과 지혜에 근거를 둔 것이 아니다. 노
자는 하느님이라는 인격적인 절대자의 존재를 부정할 뿐
만 아니라, 사랑이나 지혜 같은 인간적 냄새가 나는 말까
지도 동시에 부정한다. 그는 인격적인 하느님 대신에 비
인격적인 도를 내세우고, 인간의 사랑이나 지혜 대신에
일체의 인간적인 것을 차단하는 비정한 무위 자연을 가르

바울(Paul) : 기독교를 로
마 제국에 보급하는 데 가
장 공이 많은 전도자.

아우구스티누스(Aurelius
Augustinus) : 로마 말기
의 종교가. 초기 그리스도
교회의 사상가로, 교부철학
(敎父哲學)의 대성자.

치는 것이다.

노자의 이른바 다투지 않는 덕이 일체의 인위적인 것의 부정, 즉 무위 자연의 철학을 근본으로 하고 있는 것은 이 장에서 물이 지선(至善), 즉 도의 비유로서 거론된 것으로 보아서도 상징적으로 알 수가 있다. 물은 인간처럼 작위적(作爲的)인 마음을 갖지 않고, 사랑의 감정도 지혜의 활동도 갖고 있지 않다. 물은 참으로 무심하고 자연 그대로이다. 그것이 무심이고 자연이므로 도에 가깝다고 하였는데, 가깝다고만 하고 같다고 하지 않은 것은 양자 사이에 유형과 무형의 차이가 있기 때문이다.

노자에게 있어서 인위라는 것은 인지(人知)·인욕(人慾)을 가리키는 말인데, 인간사회의 모든 싸움(경쟁이나 분쟁이나 전쟁 등)은 인지·인욕의 소산일 뿐이다. 따라서 인간이 싸움이 없는 사회를 실현하려면 싸움의 근원인 인지·인욕을 억제하여, 흐르는 물 같은 자연스러운 존재인 무위 무심을 지향할 수밖에 도리가 없을 것이다. 노자의 다투지 않는 덕은 이와 같은 일체의 인위적인 경영(經營)의 부정과 무위 자연의 철학을 그 근본으로 하고 있는 것이다.

인욕(人慾) : 사람의 욕심.

제9장
천도(天道)의 가르침

지속적으로 이를 채우려고 하면 이를 그만두는 것보다 못하며, 갈아서 이를 날카롭게 하면 오래 보전하지 못한

持而盈之는 不如其已하고 揣而銳之는 不可長保니라 金玉滿堂이

지(持) : 지속.
불여기이(不如其已) : 그만
두는 것보다 못한 것.
취(揣) : 갈아서 날카롭게 만
드는 것, 혹은 쳐서 단련하
는 것.
공수신퇴(功遂身退) : 공을
세우고 드디어 물러나는
것.

재보(財寶) : ① 재화와 보
물. ② 보배로운 재물.

공명(功名) : ① 공을 세워
널리 알려진 이름. ② 공을
세워 널리 이름을 떨치는
일.

다. 금과 옥이 집에 가득해도 이를 지키지 못하고, 부귀하
여 교만하면 스스로 그 허물을 남긴다. 공을 세우고 스스
로 물러나는 것은 하늘의 도리이다.

| 풀이 | 그릇에 물을 채울 경우에 너무 가득 넣으면 물이
가득한 채로 오래 지속할 수 없으므로, 적당한 선에서 물
채우기를 그만두는 것이 좋다. 또 칼 같은 것을 갈아서 그
날을 날카롭게 세울 때도 역시 이와 같아서, 만족해 할 줄
을 모르고 너무 날카롭게 하려고 하면 그대로 오래 보전
할 수 없으므로, 중도에서 만족하여 너무 날카롭게 갈지
않는 것이 좋다.

　앞에서의 비유와 마찬가지로, 인간도 금이나 옥 같은
재보(財寶)가 집 안에 가득하여 넘칠 정도가 되면 언제까
지나 이것을 지킬 수는 없다. 부귀한 자리에 앉아 교만하
고 뽐내게 되면 가득한 물이 넘치고 날카로운 칼날이 무
뎌지는 것처럼, 언젠가는 자연히 어떠한 과실(過失)을 남
기게 될 것이다. 봄은 봄의 일을 끝내면 그 자리를 여름에
양보하니, 이것은 하늘의 법칙이다. 이와 같이 인간도 공
명을 성취한 후에는 자기 몸도 그 공명의 지위에서 물러
나는 것이 천도에 맞는 인간의 도이다.

　천도라고 하는 것은 천지의 도 혹은 천지자연의 이치를
말한 것인데, 그저 천(天)이나 도 혹은 이(理)라고도 부른
다. 이는 인간계와 자연계를 관통하는 영원불변의 진리,
자연의 법칙, 필연(必然)의 이법 등을 의미하는 말이다.

| 해설 | 이 장에서는 인간의 과욕을 경계하여 겸허하게 천도에 순응할 것을 말하고 있다. 중국 민족에 있어서 천도는 모든 진리의 근원이고, 인간의 모든 행위의 구극적(究極的) 준칙이었다. 그러한 의미에서 천도는 기독교의 하느님이 유럽 사람들에 대하여 가졌던 것과 같은 구실을 중국인에 대해서도 가졌다고 볼 수 있다. 그것은 기독교의 하느님처럼 절대자는 아니었지만, 중국인이 자기의 행동원리를 언제나 거기서 발견하여, 그들이 자신의 어리석음과 교만을 엄격하게 자각하며 그 앞에서 부끄러워하고 반성하고 뉘우치게 함으로써 자기의 본래적인 모습을 깨닫게 하는 비인격적인 절대자였다.

인간을 부정적으로 초월하는 데서 인간을 구하여 인도하는 존재로서의 기독교적인 하느님을 가지지 못한 중국 민족은, 그 하느님을 대신하는 것으로서 하늘의 도를 가지고 있었던 것이다. 그들은 인간의 비참한 상태에 전율을 느끼고 자신의 삶의 자세에 두려움과 의혹을 느낄 때마다 하늘을 우러러보고, 하늘에 부르짖고, 하늘의 도에 질문하였다. 노자는 공을 이룬 뒤에 몸이 물러나고, 나머지가 있는 것을 덜어서 부족한 것을 보충하고, 만물을 이롭게 하여 해(害)하지 않는 겸(謙)의 처세를 거기서 배웠다.

공자는 〈논어〉 술이편(述而篇)에 말하기를, "하늘이 나에게 덕을 내리셨는데 환퇴(桓魋)가 나를 어쩌리오."라고 하였고, 헌문편(憲問篇)에 말하기를, "나를 알아주는 것은 역시 저 하늘이다."라고 하였으며, 자한편(子罕篇)에 말하

환퇴(桓魋) : 송(宋)나라 사마(司馬)의 벼슬에 있었던 사람으로, 상퇴(尙魋)를 말함. 공자를 죽이려 하였음.

기를, "그러나 하늘이 이 문(도)을 버리려 하지 않을진대, 광(匡) 땅의 사람들이 나를 어쩌리오."라고 하였으니, 중국인들의 생활은 모두 하늘의 도에 그 근원을 두고 있었던 것이다.

제10장
현묘한 덕(德)

영백(營魄)에 타고 하나를 안아 진실로 떨어지지 않는다면 정기(精氣)를 오로지하고 유연한 자세를 이루어, 진실로 영아(嬰兒)가 될 것인가. 마음속을 깨끗하게 하여 흠이 없게 할 것인가. 백성을 사랑하고 나라를 다스려서 진실로 무위를 행할 것인가. 천문(天門)을 열고 닫아 진실로 여성이 될 것인가. 명백사달(明白四達)하여 진실로 무지할 수 있을 것인가. 이를 낳게 하고 기르되 낳고도 소유하지 않고, 행하고도 자랑하지 않고, 장성시키되 주재(主宰)하지 않으니, 이것을 현덕(玄德)이라고 한다.

|풀이| 활발한 생명활동을 하고 있는 인간의 육체, 말하자면 생명이라는 수레를 타고 무위의 도를 꼭 껴안아 그 도에서 조금도 떠나지 않는다면 어떨까. 그것이 가장 좋을 것이다. 다른 일에 정신을 팔지 않고 다만 한 가지 일에 마음을 집중하면 심신이 더할 나위 없이 유연해져서, 그 순진한 품이 마치 어린아이와 같다.

載營魄抱一하여 能無離乎아 專氣致柔하여 能嬰兒乎아 滌除玄覽하여 能無疵乎아 愛民治國하여 能無爲乎아 天門開闔하여 能爲雌乎아 明白四達하여 能無知乎아 生之畜之하되 生而不有하고 爲而不恃하고 長而不宰하니 是謂玄德이니라

재(載) : 타〔乘〕다, 혹은 처하다·안주하다의 뜻.
영백(營魄) : 형백(熒魄)과 같은 뜻으로 형(熒)은 밝게 빛나는 모양, 혹은 생생하여 혈색이 좋은 것. 백(魄)은 인간의 생명을 성립시키는 육체적인 요소. 따라서 영백은 활발한 생명활동을 하고 있는 인간의 육체, 즉 살아 있는 몸을 말하는 것.

어린아이가 놀 때는 다른 잡념은 없는데 그것은 마음을 언제나 한 곳에 집중하기 때문이고, 또 어린아이는 몸이 유연한데 그것이 이른바 치유(致柔)이다. 요컨대 인간은 잡다(雜多)한 세상일에 마음을 쓰지 말고 오직 도를 체득하기에 힘써야 한다는 것이다.

또 현묘한 거울과도 같은 사람의 마음속의 여러 가지 망령된 생각을 깨끗이 씻어내어 털끝만한 상처도 남기지 않아야 한다. 그리고 백성을 사랑하고 나라를 다스릴 때는 인위적인 잔재주를 버리고, 무위 자연의 도에 따라서 행하는 것이 가장 현명한 것이다. 인간의 영지의 근원인 마음의 신통력이 대상 세계의 자세에 따라 혹은 열리고 혹은 닫히면서, 마치 여성과도 같은 유연성과 불사신과도 같은 용기와 끈기를 갖는 것이다. 또 한편 모든 사리에 명백히 통달해 있으면서도 마치 아무것도 모른다는 듯이 철저하게 바보 노릇을 하는데, 이것이야말로 가장 겸손한 태도가 아닐까.

지금까지 주장해 온 무위 자연의 도가 이 세상의 삼라만상을 만들고 또한 길렀다. 그러나 이 세상의 사람들처럼 그것을 자기의 것이라고 주장하여 독차지하려고 하지 않았을 뿐만 아니라, 그렇게 큰 사업을 성취하였어도 오히려 자기가 한 일을 조금도 자랑하지 않았다. 또한 그것들을 낳는 데 그치지 않고 그 만물을 주재하여 제멋대로 요리하려고 하지 않았다. 이렇듯 위대하면서도 겸손한 자, 그것을 우리는 현덕이라고 하는 것이다.

포일(抱一) : 단 하나뿐인 것, 절대적인 것, 즉 도를 꼭 안아 거기서 떠나지 않는 것. 제22장에도 "성인은 도를 지녀서 천하의 법식이 된다."는 글이 나와 있음. 포일사상은 노자가 강력하게 주장하는 바임.

전기(專氣) : 다른 일에 마음이 쏠리지 않고, 다만 한 가지 일에만 마음을 집중하는 것.

유(柔) : 유연(柔軟).

척제(滌除) : 더러운 것을 씻어내고 제거하여 깨끗하게 하는 것.

현람(玄覽) : 기묘한 거울, 즉 사람의 마음. 람(覽)을 거울이란 뜻으로 해석한 것.

천문(天門) : 제1장의 '중묘(衆妙)의 문', 제6장의 '현빈(玄牝)의 문'과 같은 뜻으로 보아 현묘한 암컷의 성기라는 뜻으로서 풀이하기도 하나, 일반적으로 사람의 마음의 신통력이라는 뜻으로 보니, 즉 인간의 영지(英知)의 근원.

위자(爲雌) 여성과도 같이 유연하면서도 불사신과 같은 용기와 끈기를 가진다는 것.

능무지(能無知) : 영지를 갖고 있으면서도 어리석은 사람처럼 행동하는 것. 즉 바보 노릇을 할 수 있음을 말함.

생지축지(生之畜之) : 여기의 지(之)는 만물. 그 만물을 나게 하고 기르는 것은 현덕(玄德)이니, 곧 자연의 덕을 말하는 것.
장이부재(長而不宰) : 성장하도록 하면서도 그 주재자의 자리에 서려고 하지 않는다는 것.

三十輻共一轂이나 當其無하여 有車之用하며 埏埴以爲器나 當其無하여 有器之用하며 鑿戶牖以爲室이나 當其無하여 有室之用이니라 故로 有之以爲利는 無之以爲用이니라

삼십폭(三十輻) : 폭(輻)은 수레바퀴의 살. 따라서 30폭은 바퀴살이 30개가 있는 수레바퀴.
곡(轂) : 수레바퀴통. 수레바퀴의 한 가운데 있으며, 모든 살이 그 한 곳에 박히게 되어 있음.
당기무(當其無) : 수레바퀴통의 한가운데에 뚫어진 구멍을 무(無)로 본 것. 그 수레바퀴통의 구멍에 차축이 연결되는데, 그렇게 되어야

| 해설 | 이 장에서도 전 장에서와 같이 무위 자연의 도를 체득한 성인을 찬양하고 있다. 즉 무위 자연의 도를 체득한 성인은 어린아이처럼 부드럽고, 여성처럼 불사신이고, 무위의 행위와 무지의 지혜로 진리를 가르쳐서 도를 성취해 가는데, 그 불가사의한 인격성인 현덕을 설명하였다.

제11장
무(無)의 작용

30개의 바퀴살이 한 바퀴통에 꽂혀 있으나 그 바퀴통의 빈 것 때문에 수레의 효용이 있는 것이며, 찰흙을 빚어서 그릇을 만드나 그 가운데를 비게 해야 그릇으로서의 쓸모가 있으며, 문과 창을 뚫어서 방을 만드나 그 방 안이 비어 있어야 방으로서의 쓸모가 있다. 그러므로 유(有)로써 이롭게 하는 것은 무(無)로써 그 용도를 다하기 때문이다.

| 풀이 | 수레에 있어서는 30개의 살이 하나의 수레바퀴통을 중심으로 하여 집중되어 있다. 따라서 표면적으로 보면 살이나 수레바퀴통이 수레를 움직이는 데 가장 중요한 것처럼 보이지만, 실제로 가장 중요한 것은 수레바퀴통 중앙에 있는 것으로서 축(軸)을 끼우도록 비어 있는 구멍이다. 이 공허하고 빈 구멍이 있기 때문에, 비로소 수레가 수레로서의 쓸모가 있는 것이다. 그것과 마찬가지로 질그릇의 경우에 찰흙을 이겨서 주전자나 병 따위의 그릇

을 만드는데, 그렇게 만들어진 주전자나 병 같은 그릇의 내부에 아무것도 없이 비어 있는 무(無)의 부분이 있기 때문에 그 그릇들이 각각 쓸모가 있게 되는 것이다.

또한 건축물의 경우에 대하여 생각해 보아도, 입구의 문이나 들창 등의 설비를 해가면서 방을 만드는데, 그 방이 방으로서의 구실을 하는 것은 그 가운데 아무것도 없는 빈 공간이 있기 때문이다. 이렇게 생각해 볼 때, 유(有)라는 것이 우리 인생에게 어떠한 혜택을 주기 위해서는 그것에 앞서 무라는 것이 반드시 그 나름대로의 작용을 해야 하는 것이다. 요컨대 이것은 유에 앞서서 무가 없으면 유의 활동이 불가능함을 말한 것이다.

이 유와 무에 대한 독특한 해석은 참으로 깊이 음미할 만한 가치가 있다. 이 세상에서의 거의 모든 현상은 무의 뒷바침이 없는 유는 있을 수 없다는 것을 증명하고 있다. 예를 들면 한 장군이 명장이 되기 위해서는 남이 잘 모르는 수많은 병사들의 죽음이 있어야 하고, 한 아들이 입신출세를 하기 위해서는 남이 모르는 어머니의 피눈물나는 노력이 필요하며, 성공하는 남편을 내조하는 아내의 숨은 공과 같은 것이다.

| 해설 | 이 장은 〈하상공본〉에 무의 작용을 논한 장, 즉 무용장(無用章)이라고 명명한 것과 같이, 모양이 있는 그릇이 그릇으로서의 구실을 충분히 하기 위해서는 모양이 없는 것, 혹은 모양이 없는 곳이 그 바탕에 있어야 한다는

비로소 수레가 굴러갈 수 있다. 그러므로 바퀴통의 구멍을 말함. 수레가 유용하게 되는 가장 중요한 부분임.

선식(挻埴) : 찰흙을 이기는 것.

당기무(當其無) : 여기서는 찰흙을 빚어서 그릇을 만들 때 그 물건이 담길 부분을 말함. 즉 그 가운데를 비게 한 곳을 무(無)라고 하였음.

착호유(鑿戶牖) : 호(戶)는 문, 유(牖)는 바라지 · 들창, 착(鑿)은 뚫는다는 말인데, 이것은 혈거(穴居)시대의 동굴을 거실로 만드는 경우를 염두에 두고 한 표현인 듯함. 지금 말로는 문이나 들창을 만들거나 단다는 뜻.

당기무(當其無) : 여기의 무도 역시 동굴 안의 빈 부분, 즉 사람이 들어가서 살 공간을 그렇게 표현한 것.

유지이위리 무지이위용(有之以爲利 無之以爲用) : 어떠한 것이 있어서 인간을 이롭게 할 경우, 그 뒤에는 빈 것이 있다는 것. 예를 들면 수레바퀴통의 가운데 구멍 같은 것이 있어서, 그것 때문에 그 물건이 기능을 발휘할 수 있다는 뜻.

것을 말하였다. 이를 수레바퀴의 통, 찰흙으로 빚어 만든 그릇, 건축물의 방 등을 소박한 비유로 하여 설명한 것이다. 즉 유가 유로서 존립하기 위해서는 유만으로는 불충분하고, 무를 부정적으로 매개함으로써 비로소 유가 유일 수 있다고 하는 철학적인 진리를 분명히 하는 것이 이 장의 취지이다. 이와 비슷한 사상은 〈장자-외편〉 지북유편(知北遊篇)에도 나타나 있다.

제12장
오관(五官)의 욕망

오색은 사람의 눈을 멀게 하고, 오음은 사람의 귀를 멀게 하고, 오미는 사람의 입을 상하게 하고, 말을 타고 달리며 사냥하는 것은 사람의 마음을 발광케 하고, 얻기 어려운 재화는 사람의 행동을 방해한다. 그러므로 성인은 배를 충실히 하도록 하고, 눈을 위해서는 아무것도 하지 않는다. 그리하여 저것을 버리고 이것을 취한다.

| 풀이 | 청·황·적·백·흑 등의 5원색은 비록 아름다운 것이기는 하지만, 찬란한 색채에 지나치게 마음을 쏟으면 결국은 색에 대한 바른 감각을 마비시켜서 사람의 눈을 혼란케 한다. 또 궁·상·각·치·우 등의 5음은 비록 듣기에 매우 유쾌한 소리이기는 하지만, 미묘한 소리에 지나치게 마음을 빼앗기면 결국은 음에 대한 바른 감각을 마

五色은 令人目盲하고
五音은 令人耳聾하고
五味는 令人口爽하고
馳騁田獵은 令人心發
狂하고 難得之貨는 令
人行妨이니라 是以로
聖人은 爲腹하고 不爲
目하니 故로 去彼取此
니라

오색(五色) : 청(靑)·황(黃)·적(赤)·백(白)·흑(黑) 등의 5색.
오음(五音) : 혹은 오성(五聲)이라고도 하는데, 궁(宮)·상(商)·각(角)·치(徵)·우(羽) 등의 다섯 가지 음률을 이르는 말.
오미(五味) : 산(酸)·함(鹹)·

비시켜서 사람을 귀머거리와도 같이 만들어버린다. 한편 산·함·신·감·고 등의 5미는 적당하게 맛보면 그때마다 매우 신선한 미각을 느끼지만, 지나치게 맛을 즐기다 보면 결국 우리의 미각을 마비시켜서 맛에 대한 바른 감각에 혼란을 초래한다.

그뿐만 아니라 말을 달려 깊은 산이나 들에 나가 사냥을 하는 것은 광활한 대자연 속에서 전개되는 장쾌한 운동이요, 오락이기는 하지만 거기에 너무 열중하다 보면 다른 일을 생각하지 않게 되어 사람의 마음을 미치게 한다. 또 손에 넣기 어려운 재화라든가 보물도 물론 그것들을 잘 활용하면 우리 생활을 윤택하게 하지만, 재화를 얻는 일에만 몰두하다 보면 인간으로서의 바른 행동을 하는 데 방해가 되어, 마침내는 여러 가지 죄까지 범하게 만든다. 이와 같이 인간이 5관(五官)의 욕망에 사로잡히면 결국은 그 본성이 마비되어 버리는 것이다. 그러므로 성인은 배를 충실히 하여 저력을 기르는 일에 힘쓰고, 감각적인 욕망을 충족하려는 천박한 행동은 하지 않는 것이다.

| 해설 | 이 장에서는 인위적이고 외형적인 물질문명이 인간의 소박한 감관을 해치고 있음을 지적하고 있다. 눈부시게 찬란한 빛, 시끄러운 음악소리, 잡다한 맛은 문명의 소산이다. 특히 현대인은 이러한 감각적이고 관능적인 물질문명에 마비되고 있다. 현대인들은 배를 채워 삶의 충실을 기하지 않고, 말초신경의 자극만을 추구하다 죽어

신(辛)·감(甘)·고(苦) 등 다섯 종류의 맛.

상(爽) : 상(傷)과 같은 의미인데, 미각을 마비시킨다는 뜻.

치빙(馳騁) : 말을 타고서 달린다는 뜻.

전렵(田獵) : 사냥하는 것. 고대 중국에서는 사냥이 지배계급의 최대의 오락이었음.

발광(發狂) : 제정신을 잃는 것, 한 가지의 일에만 열중하여 다른 것을 생각하지 못하는 것.

위복(爲腹) : 배를 충실하게 하여 저력(底力)을 기르는 것.

불위목(不爲目) : 눈이란 시각을 대표로 하는 감각적인 욕망 전부를 말하는 것인데, 이 감각적인 욕망을 충족시키는 것을 천박하게 여겨서 이를 배척한다는 뜻.

거피취차(去彼取此) : 저것을 버리고 이것을 취한다는 것. 저것은 오색에서부터 난득지화(難得之貨)까지를 욕심내는 것을 말하는 것이고, 이것은 위복불위목(爲腹不爲目)하는 성인의 생활태도를 말하는 것임.

가고 있다. 병들어 창백한 도시문명, 관능적인 퇴폐문화 속에서 사람들은 태양빛과 대지 속에서 돋아나는 삶을 상실하고 있다. 이에 노자는 병들고 타락한 상태에서 벗어나 소외된 인간을 되찾고, 신선한 자연으로 돌아가라고 설명하고 있다.

제13장
내 몸을 소중히

총욕(寵辱)에 놀라는 것 같이 하여 대환(大患)을 귀하게 여기기를 자기 몸과 같이 한다. 무엇을 일러 총욕에 놀라는 것 같다고 하는가. 총을 상(上)으로 보고 욕(辱)을 하(下)로 보아, 이를 얻어도 놀라는 것 같고, 이를 잃어도 놀라는 것 같으니, 이것을 총욕에 놀라는 것 같다고 이르는 것이다. 무엇을 일러 대환을 귀하게 여기기를 자기 몸같이 한다고 하는가. 나에게 대환이 있다고 보는 까닭은 내가 몸을 유(有)라고 보기 때문이다. 내가 몸을 무(無)로 보면 나에게 무슨 재앙이 있겠는가. 그러므로 몸을 귀하게 여기기를 천하같이 하면 그에게 천하를 맡길 만하고, 몸을 사랑하기를 천하같이 하면 그에게 천하를 맡길 만한 것이다.

| 풀이 | 세상 사람들은 명예나 치욕에 대해서는 가슴을 두근거리면서 도무지 침착하게 대하지를 못한다. 그와 같이 총욕은 인간에게 있어서 최대의 관심사이기는 하지만,

寵辱에 若驚하여 貴大患若身이니라 何謂寵辱에 若驚고 寵爲上하고 辱爲下하여 得之에 若驚하고 失之에 若驚하나니 是謂寵辱에 若驚이니라 何謂貴大患을 若身고 吾身所以有大患者는 爲吾有身이니 及吾無身이면 吾有何患이리오 故로 貴以身爲天下者는 乃可以寄天下하고 愛以身爲天下者는 乃可以託天下니라

총욕(寵辱) : 인생에 있어서 명예와 불명예.
귀대환(貴大患) : 총욕을 대환으로 보고서, 이를 지나치게 중요시하는 것.

이 총욕이라는 대환을 지나치게 중요시하여 마치 자기 자신을 그 자체와 같이 소중하게 생각하고 있다. 사람들이 총욕에 대하여 깜짝깜짝 놀라는 것 같은 반응을 보인다는 것은 세상 사람들이 명예를 최상의 것으로 생각하고, 불명예를 최하의 것으로 생각하여 명예를 얻으면 매우 기뻐하고, 불명예를 당하면 의기소침하여 매우 슬퍼하는 등 마음이 동요되는 것을 말하는 것이다. 이와 같이 대부분의 사람들은 명예와 불명예에 대해서는 그것을 얻을 때나 잃을 때나 항상 가슴을 두근거리며 침착성을 잃고 만다.

대환을 귀하게 여기는 것이 마치 자기 몸을 그렇게 생각하는 것 같다. 원래 우리에게 총욕이라는 대환이 있는 까닭은 우리가 자기의 몸을 유(有)라고 생각하여 지나치게 인생에 집착하기 때문이다. 만일 우리가 자기의 몸을 무(無)라고 생각하여 인간생활에 집착하는 면을 도외시한다면, 우리에게는 아무 걱정도 없을 것이다. 따라서 총욕 같은 것은 문제시할 것도 못되는 것이다.

자기 몸을 무(無)로 본다는 것은 자기 몸을 무시한다는 것이 아니라, 자기 몸을 무엇보다도 귀하게 여기는 것이다. 우리가 만일 진정한 의미에서 자기 자신을 매우 귀하게 여겨, 우리 몸을 천하를 주고도 바꿀 수 없는 귀중한 것으로 생각하고 자중한다면, 그러한 사람에게는 비로소 천하를 맡길 수 있는 것이다. 또 자기를 사랑함에 있어서 진정으로 자기 몸을 천하의 무엇보다도 바꿀 수 없는 소중한 것으로 생각하여 자애한다면, 그 사람에게는 기꺼이

위오유신(爲吾有身) : 자기 몸을 유(有)라고 생각하여 지나치게 인생에 집착을 하는 것.
오무신(吾無身) : 자기 몸을 무(無)로 생각하고서, 인간의 생활에 집착하는 면을 도외시하는 것.
귀이신위천하(貴以身爲天下) : 진정한 의미에 있어서 자기를 귀하게 여기고 천하가 중대한 것과 같이 자기 몸을 귀한 것으로 생각한다는 뜻.
애이신위천하(愛以身爲天下) : 참으로 자기 몸을 천하의 어떠한 것과도 바꿀 수 없는 귀중한 것으로 생각하여 자애(自愛)한다는 뜻.

일희일비(一喜一悲) : ① 기
쁜 일과 슬픈 일이 번갈아
일어남. ② 한편으로는 기
쁘고 한편으로는 슬픔.

이 천하를 맡길 수 있는 것이다. 총욕에 치우쳐서 일희일
비(一喜一悲)하는 것은 진실로 자중도 자애도 아니다.

| 해설 | 이 장에서는 참다운 뜻에서 내 몸을 소중히 하
고, 내 생명을 사랑하고 아끼는 자는 남의 생명도 소중히
하며 남의 삶에 동정심을 느끼게 된다는 것을 말하고 있
다. 따라서 그러한 사람이어야만 비로소 안심하고 천하의
정치를 맡길 수 있다는 것을 주장하였다.

제14장
도의 현묘한 형이상적 성격

視之不見이라 名曰夷
요 聽之不聞이라 名曰
希요 搏之不得이라 名
曰微니라 此三者는 不
可致詰이라 故로 混而
爲一이니라 其上不皦하
고 其下不昧하며 繩繩
不可名이나 復歸於無
物하니 是謂無狀之狀
하고 無象之象하며 是
謂惚恍이니라 迎之에
不見其首하고 隨之에
不見其後니라 執古之
道하여 以御今之有라
能知古始니 是謂道紀
니라

　이를 보아도 보이지 않는지라 이름하여 이(夷)라 하고,
이를 들어도 들리지 않는지라 이름하여 희(希)라 하고, 이
를 잡으려고 하나 잡을 수 없는지라 이름하여 미(微)라고
한다. 이 셋으로는 밝힐 수 없으므로 섞어서 하나가 된다.
그 위도 밝지 않고 그 아래도 어둡지 않으며, 승승(繩繩)하
여 이름지을 수 없으나 무의 세계로 복귀하니, 이것을 무
상(無狀)의 상(狀), 무상(無象)의 상(象)이라고 하며, 이를 일
러 홀황(惚恍)이라고 한다. 이것을 맞이해도 그 머리를 보
지 못하고, 이것을 따라가도 그 꼬리를 보지 못한다. 옛날
의 도(道)를 잡아서 지금의 유(有)를 다스린다. 진실로 고
시(古始)를 아니, 이것을 도기(道紀)라고 한다.

| 풀이 | 도는 보려고 해도 보이지 않으므로 이것을 형기가 아직 나타나지 않은 최초의 것이라는 뜻의 이(夷)라고 이름붙일 수 있을 것이다. 또 도는 들으려고 해도 들리지 않으므로 이것을 소리가 너무 작아서 거의 들리지 않는다는 뜻의 희(希)라고 이름붙일 수가 있을 것이다. 혹은 도는 붙잡으려고 해도 잡히지 않으므로 이것을 너무 작아서 붙잡을 수 없다는 뜻의 미(微)라고 이름지을 수 있을 것이다. 그리고 이·희·미 세 가지는 각각 단독으로는 도의 본질을 밝힐 수가 없다. 오직 그 세 가지 말을 합하여 하나로 만든 존재, 즉 무색(無色)·무성(無聲)·무형(無形)이 혼연일체를 이룬 근원적인 존재가 도인 것이다.

보통의 물체는 위에 있고 높은 곳에 있으면 분명하게 볼 수 있고, 아래에 있고 낮은 곳에 있으면 어두워서 볼 수가 없다. 그러나 도는 물체로서의 존재가 아니므로 위에 있다고 해서 특별히 분명한 것도 아니고, 아래에 있다고 해서 특별히 어두운 것도 아니다. 여기서 위라고 한 것은 현(玄)하고 현한 도의 본질을 말하는 것이고, 아래라고 한 것은 도의 작용에 의하여 나타난 유형의 만물을 의미한다.

그 도는 또한 실이 끊어지지 않는 것과 같이 승승(繩繩)하여 정지하는 법이 없다. 그러나 이것을 한마디로 표현할 수는 없다. 결국 형태를 가진 물건이 아무것도 존재하지 않는 경지, 즉 물질세계를 초월한 무의 세계로 돌아간다고 할 수밖에 없다. 또는 이 도를 다른 말로 표현한다면

시지·청지·박지(視之聽之摶之) : 여기의 지(之)는 모두 도(道)를 가리키는 말.
이(夷) : 이(易)와 같은 뜻. 〈열자(列子)〉에서는 형기(形氣) 따위가 아직 나타나지 않은 최초의 것을 이(易)라 하였음. 그러므로 보이지 않는 것을 이(夷)로 본 것.
희(希) : 소리가 매우 작아서 거의 알아들을 수 없는 것.
미(微) : 공기의 미립자(微粒子)와도 같이 너무 작아서 붙잡을 수 없는 모양을 말함.
치힐(致詰) : 치(致)는 극단까지 가는 것, 힐(詰)은 끝까지 깊이 생각하는 것. 즉 사물의 종극(終極)까지를 깊이 생각하여 파악하는 것을 말함.
기상불교 기하불매(其上不皦 其下不昧) : 혼연일체를 이룬 도의 위는 밝지 않고, 그 아래는 어둡지 않다는 뜻. 위라는 것은 현지우현(玄之又玄)한 도의 본질을 말하는 것이고, 아래라는 것은 도의 작용으로 인하여 나타난 유형의 만물을 말하는 것.
승승(繩繩) : 실이 끊어지지 않는 것처럼 운행이 끊어지지 않는 것을 형용한 말.
무물(無物) : 형태를 가지고 있는 것은 전혀 존재하지 않는 곳, 즉 물(物)의 차원을 넘어선 세계.
무상지상(無象之象) : 위의

글과 비슷한 뜻. 즉 도가 갖는 현상이 인간의 인식의 대상으로 될 수 없다는 뜻.

홀황(惚恍) : 어렴풋이 설명하고 표현할 수 없는 모양을 나타낸 것. 흔히 황홀하다고 쓰는 것인데, 거꾸로 홀황이라고 한 것은 승(繩)·상(象)과 운(韻)을 맞추기 위해서임.

영지불견기수 수지불견기후(迎之不見其首 隨之不見其後) : 지(之)와 기(其)는 모두 도를 가리킨 말. 즉 도를 맞이해도 그 머리를 볼 수 없고, 따라가도 그 꼬리를 볼 수 없으니, 시작도 끝도 없다는 말.

고지도(古之道) : 옛날부터의 방법.

이어금지유(以御今之有) : 어(御)는 어거한다·다스린다·주재한다의 뜻이며, 앞 구의 집(執)과 서로 대(對)가 되는 글자임. 같은 방법으로 고(古)도 금(今)의 대가 되고, 도(道)는 유(有)의 대가 됨. 유(有)는 천지간에 있는 온갖 사물을 말하는 것.

고시(古始) : 가장 오랜 것과 가장 최초의 것, 즉 태고 시대의 만물의 시원(始源).

도기(道紀) : 도의 벼리. 도의 근본 또는 본질.

상태가 없는 상태라든가 모양이 없는 모양이라고도 할 수가 있다. 그것은 희미하고 어렴풋하여 정확한 말로 표현하기 어려운 존재이다.

보통의 물체일 경우 이것을 앞에서 보면 그 머리를 볼 수 있고, 뒤에서 보면 그 꼬리를 볼 수 있다. 그러나 도는 앞에서 보아도 그 머리를 볼 수 없고, 뒤에서 보아도 그 꼬리를 보지 못한다. 왜냐하면 도에는 처음도 없고 마지막도 없기 때문이다. 공간적으로 머리와 꼬리가 없을 뿐만 아니라, 또한 시간적으로 시작도 끝도 없다.

도는 옛날로부터 모든 진리를 파악하여 오늘의 현상세계를 지배하고 있다. 더욱이 이 도는 천지에 앞서서 존재하고 있는 것이므로 모든 것 중에 가장 오랜 것이며, 모든 것 중에 가장 처음의 것이다. 즉 태고에 있어서의 만물의 생성시초를 잘 알고 있으므로 이것을 도의 근본 또는 그 본질이라고 부르는 것이다.

| 해설 | 이 장은 노자의 이른바 도를 철학적으로 설명하는 문장으로서 제1·25장과 함께 옛날부터 특히 유명한 부분이다. 제1장은 도가 이름이 없고 현(玄)하고 또 현하다는 것을 설명하였고, 제25장은 천지에 앞서서 생긴 도의 적료(寂寥)한 모습을 설명한 것이다. 이에 비하여 이 장은 도의 무색·무성·무형을 말한 것이니, 즉 인간의 모든 감각적이고 지각적인 이해를 초월하면서도 오히려 황홀한 그 어떠한 것으로서 삼라만상의 근원에 실재하는 현

묘한 형이상적 성격을 설명하였다. 이 글 중의 이른바 이·희·미와 무상(無狀)의 상(狀), 무상(無象)의 상(象) 등이 도의 이와 같은 현묘한 모습을 설명하는 노자 특유의 용어인데, 이러한 용어는 후세에서는 그대로 도와 같은 뜻의 말로 사용되었다.

현묘(玄妙) : 깊고 미묘함.

한편 이 장은 위에서 말한 바와 같이 노자의 도를 설명하는 문장으로서, 가장 특징적인 생각과 독특한 표현을 갖고 있으면서 초기의 도가의 문헌에도 자주 인용되었고, 후세의 도가의 사상가로서 이것을 조술(祖述)한 문장도 적지 않다. 예를 들면 〈장자-외편〉의 천지(天地)·천운(天運)·지북유편(知北遊篇)과 〈한비자(韓非子)〉의 해로편(解老篇), 〈회남자(淮南子)〉의 도응편(道應篇), 〈열자〉의 천서편(天瑞篇) 등에 노자의 글이 인용되어 있다. 그리고 도교의 경전 역시 이를 인용하고 있으며, 실례를 다 들 수 없을 정도이다.

조술(祖述) : 선인(先人)의 설(說)을 본받아 그 뜻을 펴서 서술함.

이 장 전체는 시지불견(視之不見)에서 혼이위일(混而爲一)까지가 제1부이고, 기상불교(其上不皦)에서 시위홀황(是謂惚恍)까지가 제2부이며, 영지불견기수(迎之不見其首)에서 시위도기(是謂道紀)까지가 제3부이다. 제1부에서는 이(夷)·희(希)·미(微)와 힐(詰)·일(一)이 운자이고, 제2부에서는 매(昧)·물(物)과 상(狀)·상(象)·황(恍)이 운자이다. 제3부에서는 수(首)·후(後)와 도(道)·유(有) 및 시(始)·기(紀)가 또한 운자이다. 이렇게 하여 문장 전체가 읽고 외우기에 편리한 철학적 상징시로 정리되어 있다.

운자(韻字) : 한시의 운각(韻脚)에 쓰는 글자.

제15장

철인의 풍모와 인생태도

옛날의 참으로 선비인 자는 미묘현통(微妙玄通)하여 깊이를 알지 못한다. 대저 단지 알지 못하므로, 억지로 이를 형용(形容)한다. 망설임이 마치 겨울에 시내를 건너는 것 같고, 우물쭈물함이 마치 사방이 적국(敵國)에 포위되어 이를 두려워하는 것 같고, 엄숙하고 의젓하여 마치 손님과 같고, 산뜻하여 얼음이 장차 녹으려는 것 같고, 돈독(敦篤)하기는 막 찍어낸 통나무와 같고, 넓기가 골짜기와 같고, 혼연하여 혼탁한 물과 같다. 누가 진실로 혼탁한 것으로써 이를 진정시켜 서서히 맑게 할 것인가. 또 누가 진실로 편안하게 함으로써 이를 움직여 서서히 생하게 할 것인가. 이 도를 보지(保持)한 자는 가득 차기를 원하지 않는다. 대저 단지 차지 않는지라, 그러므로 진실로 해져서 새로워진다.

| 풀이 | 옛날의 훌륭한 인물이라고 불리던 사람들은 미묘하여 이해하기 어려우며, 또 유현하고 기묘한 도를 터득하고 있어서 그 깊이를 헤아릴 수가 없었다. 이와 같이 보통사람으로서는 도저히 알 수 없는 것이므로, 이러한 사람을 표현하려면 억지로라도 형용하는 말을 빌려서 사용할 수밖에 없다.

그것은 마치 추운 겨울에 시냇물을 건널 때처럼 머뭇거려 불분명한 태도를 취하는 것이니, 어떠한 일이라도 조

古之善爲士者는 微妙玄通하여 深不可識이니라 夫惟不可識이라 故로 强爲之容이니라 豫兮하여 若冬涉川하고 猶兮하여 若畏四隣하고 儼兮하여 其若客하고 渙兮하여 若氷之將釋하고 敦兮하여 其若樸하고 曠兮하고 其若谷하고 渾兮하여 其若濁이니라 孰能濁하여 以靜之徐淸하며 孰能安하여 以動之徐生이리오 保此道者는 不欲盈하니 夫惟不盈이라 故로 能敝而新成이니라

고지선위사자(古之善爲士者) : 옛날의 진실로 선비인 자, 즉 그 옛날의 훌륭한 인물.
미묘현통(微妙玄通) : 미묘는 그 도(道)를 명료하게 설명할 수는 없으나, 변화가 무궁하다는 뜻. 노자의 무위 자연의 도의 자세를 예상한 말. 현통은 깊숙이 통달해 있다, 현묘한 방법으로 도를 체득하였다는 뜻.
강위지용(强爲之容) : 그 심

급하게 서두르지 않는다. 혹은 사방이 적국에 포위된 나라의 국민들처럼 언제나 머뭇거리면서 신중한 경계심을 늦추지 않으니, 경솔하게 결단을 내리지 않는 것이다. 그런가 하면 엄연한 태도로 몸을 삼가서 마치 남의 집에 손님으로 갔을 때처럼 근엄한 태도를 취하기도 하고, 또는 완전히 소탈한 태도를 취하여 마치 금방 얼음이 녹듯이 어느 사물에도 구애받음이 없이 세속과 함께 어울려 가기도 한다. 혹은 순박한 모습이 마치 산에서 막 찍어낸 통나무 같은 풍정(風情)을 보여주기도 하고, 또는 산골짜기가 흐린 물이나 맑은 물을 가리지 않고 천하의 모든 물을 받아들이는 것처럼 가슴속이 훤히 트여 있는 자세를 보이기도 하고, 때로는 더럽고 욕된 것에 휩쓸려 세속과 그 발걸음을 같이하기도 한다.

물이 흐리면 흐린 대로 그것을 고요하게 두어 서서히 저절로 맑고 깨끗해지게 하는 것과 같은 자세, 그와 같은 자세를 자기의 것으로 할 수 있는 사람은 과연 누구일까. 또 퍽 안정되어 있는 가운데 어떠한 움직임이 싹터 서서히 초목을 자라게 하는 골짜기와 같은 자세, 그러한 자세를 자기 것으로 삼을 수 있는 사람은 도대체 누구일까. 그와 같은 사람은 무위 자연의 도를 체득한 자로서 옛날의 진실로 훌륭한 선비, 바로 그 사람일 것이다.

아무튼 혼탁한 가운데서 맑고 깨끗한 것을 찾아내고, 안정되고 편안한 가운데서 생동감을 느끼는 이른바 도를 보지하는 자는 가득 차기를 원하지 않는다. 이처럼 가득

원(深遠)함을 엿보아 알 도리가 없으므로 형용할 방법도 없지만, 억지로라도 그 상태를 형용해 본다는 뜻.

예 · 유(豫猶) : 둘 다 주저한다는 것을 형용한 말.

약외사린(若畏四隣) : 사방이 적국에 포위된 국민과 같이 신중한 경계심을 갖는 것.

엄혜(儼兮) : 위용이 있는 모양, 즉 엄숙하고 의젓한 몸가짐.

약객(若客) : 위의(威儀)를 갖춘 손님처럼 범접하기가 어렵다는 뜻.

환혜(渙兮) : 산뜻한 것.

돈혜(敦兮) : 독실(篤實)하여 꾸밈이 없는 것.

박(樸) : 산에서 막 찍어낸 통나무. 질박하다는 것을 표현한 것.

광혜(曠兮) : 넓고 공허함을 뜻함.

약곡(若谷) : 골짜기에 맑거나 흐린 물이 모이듯이, 일체를 허심탄회하게 받아들인다는 것을 뜻함.

혼혜(渾兮) : 혼연(渾然).

약탁(若濁) : 흐린 물처럼 오욕(汚辱)에 빠져서 세속과 발걸음을 같이한다는 것을 뜻함.

정지서청(靜之徐淸) : 흐린 물을 정지시켜서 천천히 맑게 한다는 것.

안이동지(安以動之) : 편안하게 차고 고요하게 하면, 그러한 안정 중에 어떠한 움직임을 가진다는 것.

차기를 원하지 않으므로, 마치 옷이 해지면 새로 만들어
입는 것처럼 날마다 새로운 소생력을 갖게 되는 것이다.

| 해설 | 전 장에서 노자의 이른바 도의 근본적인 자세[道
紀]를 설명한 데 이어서 이 장에서는 그와 같은 홀황한 도
의 체득자, 즉 노자적인 철인의 풍모와 인생태도를 구체
적으로 설명하였다.

　여기서는 고지선위사자(古之善爲士者)에서 혼혜기약탁
(渾兮其若濁)까지가 제1부이고, 숙능탁이정(孰能濁以靜)에
서 마지막까지가 제2부이다. 제1부에서 혜(兮)자를 포함한
7구 중 처음의 2구에서는 천(川)·인(隣)이 운자이고, 다음
의 5구에서는 객(客)·석(釋)·박(樸)·곡(谷)·탁(濁)이 운자
이다. 그 내용도 노자적인 철인의 참모습을 소박하고 간
결하게 묘사하여 그의 모습이 뚜렷하게 잘 나타나 있고,
또 하나의 문학작품으로서도 뛰어난 가치를 지니고 있다.

　제2부에서는 청(淸)과 생(生), 영(盈)과 성(成)이 운자이
고, 그 중의 보도(保道)는 제10장의 포일(抱一)과 같은 뜻이
다. 또한 불영(不盈)·페이신성(敝而新成) 등의 어구는 제4
장과 제22장에도 나오는데, 그러한 도가적인 어구를 엮어
서 문장으로 만든 것 같다.

　이상에서 우리는 노자가 생각하는 이상적인 인간상이
어떠한 것인가를 배웠다. 〈장자-내편〉의 대종사편(大宗師
篇)에도 이와 비슷한 이른바 진인(眞人)이라는 것이 있는
데, 이러한 노장적인 인간상과 유가(儒家)의 인간상을 비

교해 보는 것은 양자를 이해하는 데 큰 도움이 될 것이다.

유가는 치욕에 대하여 결벽(潔癖)한 태도를 고집하는데, 노장은 진흙에 묻히고 오욕에 휩쓸린 흐린 물 같은 생의 자세를 이상으로 한다. 유가는 음란하지 않은 거처를 선택하는 데 비하여 노장은 뭇사람이 싫어하는 곳에 살고, 유가는 강직하고 씩씩한 남성적인 것을 미덕으로 삼는 데 비하여 노장은 부드럽고 약한 여성적인 것을 찬미한다.

인의와 예지라고 하는 윤리적인 규범을 지상의 가치로 하여 그것으로 몸을 굳게 무장하려는 것이 유가의 입장인데, 인의를 참다운 진리가 퇴폐하여 생긴 것으로 보아 인을 끊고 의를 버리는 자연의 도를 강조하는 것이 노장이다. 또한 환난에 서로 죽고, 몸을 죽이면서 인을 이루며, 의를 보고도 행하지 않는 것은 용기가 없기 때문이라고 하는 것이 유가인데, 사랑하기를 몸으로써 하고, 자기의 생명을 모든 가치규범에 우선시키는 것은 노장이다.

노장이 묘사한 인간상은 부드럽고 약한 것이며, 소극적이고 진취성이 없으며, 때가 묻고 진흙투성이이다. 유가의 인간상이 국가 권력이나 지배계급에 있어서 기대되는 인간상일 수도 있기 때문에 그들에 의하여 자주 이용도 되고 약용도 되어 왔음에 비하여, 노장의 그것은 국가 권력에 봉사하지 않았고, 지배계급에 이익을 주지 않았으며, 이른바 문명의 진보에도 기여하지 않았고, 문화 향상에도 힘이 되어 주지 않았다. 요컨대 유가적인 가치관을 절대적인 것으로 보는 한, 노장적인 인간은 소극적이고

결벽(潔癖) : ① 남달리 깨끗함을 좋아하는 성벽(性癖). ② 부정이나 악 따위를 극단적으로 미워하는 성질.

지상(至上) : 더없이 높은 위.

진취성이 없고 야비하고 나약한데, 그것은 삶아 먹을 수도 없고 구워 먹일 수도 없는 잡초와 같은 강인성을 가진 완전히 불모(不毛)의 백성이기도 하다.

노장적인 인간은 처음에 국가나 도덕 규범이 있었던 것이 아니라 인간의 삶이 그 이전에 있었음을 알고 있었고, 이른바 문명이나 문화가 인간의 삶을 값있게 하는 것이 아니라 오히려 인간의 삶이 문명이나 문화에 가치를 준다는 것을 알고 있다. 또한 철저하게 나약해지기 위해서는 때로는 최상의 용기가 필요하고, 수동적인 유약(柔弱)이 용감하게 일어나는 억센 것보다도 훨씬 강인하다는 것을 알고 있다. 거기서는 인간의 삶의 방법이나 자세, 인생의 행복이나 가치에 대한 생각은 근본적으로 유가와는 다르다. 양자의 인간상의 차이는 기본적으로는 양자의 인간관과 인생관의 차이, 행복이나 가치에 대한 생각의 차이에서 비롯되었다고 해도 좋을 것이다.

그것과 함께 같은 중국 민족이고 같은 역사적·풍토적 조건을 생활의 기반으로 하면서도 노장적 인간상과 유가적인 그것이 성립되는 점으로 보아, 우리는 인간의 기질과 성격의 차이, 사회적·경제적·정치적 환경의 차이를 생각해 볼 수 있을 것이다. 그리고 만일 환경적 조건을 중시한다면 노장적인 인간상이란 현실사회에서의 소외자이고, 정치적·경제적 세계에서의 탈락자이며, 성공한 자이기보다는 실패자이고, 지배자이기보다는 피지배자에게 위로와 동정의 대상이니, 그들의 실패와 몰락을 지탱해

불모(不毛) : ① 곡식이나 다른 식물이 자라지 아니함. 또는 그런 땅. ② 아무런 발전도 결실도 얻지 못함을 비유하여 이르는 말.

주고 격려해 주는 것이었다고 말할 수 있을 것이다.

제16장
명(命)에 돌아가 상(常)을 아는 지혜

허(虛)를 이루기를 지극히 하고, 정(靜)을 지키기를 두터이 하면 만물이 함께 일어나는데, 나는 그것이 도에 복귀함을 안다. 대저 만물은 무성하지만 각각 그 근원으로 돌아간다. 근원으로 돌아가는 것은 정(靜)이라 하고, 이것을 명(命)에 돌아간다고 한다. 명에 돌아가는 것을 상(常)이라 하고, 상을 아는 것을 명(明)이라고 한다. 상을 알지 못하면 망령되어 화를 자초한다. 상을 알면 관용(寬容)하고, 관용하면 곧 공평해진다. 공평하면 왕이고, 왕이 되면 곧 하늘이고, 하늘이 되면 곧 도이다. 도가 되면 곧 영원하니, 몸이 끝날 때까지 위태롭지 않다.

┃ 풀이 ┃ 인간이 자기의 마음을 텅 비게 하고 무위 자연의 고요함을 두터이 지키면 천지만물이 모두 일어나는데, 나는 그것이 결국은 도(道)로 돌아간다는 것을 안다. 대저 만물이 한때는 무럭무럭 번성하지만, 언젠가는 그 근본으로 돌아간다. 그와 같이 근본으로 돌아가는 것을 만물의 근원인 도, 즉 정(靜)이라고 한다. 다시 말하면 도의 작용에 의하여 산출되어 이 눈앞의 세계에 생동하는 만물도, 초목이 뿌리에서 나와 뿌리로 돌아가듯이 도의 근원적인

致虛極하고 守靜篤하면 萬物竝作이로되 吾以觀復이니라 夫物芸芸이로되 各歸其根하나니 歸根日靜이요 是謂復命이요 復命日常이요 知常日明이니 不知常이면 妄作凶이니라 知常이면 容이요 容乃公이요 公乃王이요 王乃天이요 天乃道요 道乃久니 沒身不殆니라

치(致) : 도달하다, 이룩하다의 뜻.
극(極) : 지극하게 한다, 즉 끝까지 계속하는 것.
독(篤) : 두터이 함.
오이관복(吾以觀復) : 오(吾)는 이 글의 작자, 즉 노자 혹은 노자와 같은 성인을 말함. 이(以)는 앞 구의 치허(致虛)와 수정(守靜)을 이어받은 것. 복(復)이란 본래의 모양으로 되돌아간다는 뜻.

운운(芸芸) : 왕성한 모양. 초목이 번성하는 모양.

각귀기근(各歸其根) : 초목의 꽃이나 잎이 시들어 떨어져서 생명력이 뿌리에 축적되는 형상을 비유하여 만물이 도의 근원으로 되돌아가는 것을 설명한 것.

귀근왈정(歸根曰靜) : 정(靜)은 앞 구의 수정(守靜)을 이어받은 것. 만물의 동(動)에 대하여, 만물의 근원인 도를 정으로 본 것임. 도의 작용에 의하여 산출되어 눈앞의 세계에 생동하는 만물도, 초목이 뿌리에서 나와서 뿌리로 돌아가듯이, 도의 근원적인 정적 속으로 돌아간다. 그 돌아간 상태를 정이라고 한다는 것.

시위복명(是謂復命) : 시(是)는 앞 구의 정(靜)을 이어받은 것. 명(命)은 하늘이 만물에게 명한 자세. 이것을 만물의 편에서 말한다면 만물에게 주어진 본래적인 자세로서 운명·천명·생명·성명의 뜻도 포함할 수가 있음.

복명왈상(復命曰常) : 왈(曰)은 ……하면 ……이 된다는 뜻. 상(常)은 제1장의 상도(常道)·상명(常名)의 상과 같은 뜻이니, 영원불멸의 뜻.

지상왈명(知常曰明) : 명(明)은 밝은 지혜, 또는 진리를 깨달은 지혜를 말하는 것.

망작흉(妄作凶) : 망작(妄作)은 망령되이 행동하는 것,

정적 속으로 돌아가는 것이다. 그 돌아간 상태를 정(靜)이라고 한다. 이렇게 정으로 돌아가는 것을 만물의 편에서 말할 때 명(命)에 돌아간다고 하는 것이다. 명에 돌아가기만 하면 영원불멸하게 되고, 만물이 근원으로 돌아가 영원불멸하게 된다는 것을 알면 이를 명(明 : 밝은 지혜)이라고 한다. 만일 만물의 근원이 영원불멸이라는 것을 모르면 망령되이 행동하여 여러 가지 화를 자초한다.

반대로 이것이 영원불멸이라는 것을 알면 관용(寬容)의 덕을 가질 수 있고, 관용의 덕을 가지면 곧 모든 일에 공평무사하게 된다. 공평무사하게 되면 왕자의 덕을 갖출 수 있고, 왕자의 덕을 갖추면 그 마음이 하늘처럼 광대하게 되고, 그렇게 되면 무위의 도와 하나가 된다. 무위의 도를 체득하기만 하면 그것은 영원불멸이다. 이 영원불멸의 무위의 도 속에서 일생 동안 평안하게 살아갈 수 있는 것이다.

| 해설 | 이 장에서도 또한 무위 자연의 도를 체득한 노자적인 성인의 평안한 처세를 설명한 것이다. 인간을 포함한 천지만물의 근원인 무위 자연의 도는 텅 빈 것이며 고요한 것이므로, 도의 근원적인 허·정으로 되돌아가 자기도 또한 허의 극치에 달하고, 독실하게 정(靜)을 지키게 되면 자기의 본래의 참모습으로 돌아가는 것이 된다. 그 본래의 참모습으로 돌아갈 때 자기도 또한 도의 영원불멸성을 자기의 것으로 하여 편안하게 이 세상을 끝마칠 수 있

다는 것이 이 장의 논지이다.

이 장은 송나라 때의 범응원(范應元)이 〈노자 도덕경 고본집주(老子道德經古本集註)〉에서 주염계(周濂溪)의 주정설(主靜說)을 인용하여 해석하고 있는 것처럼, 후대의 송학(宋學 : 성리학)의 주장과도 밀접한 관계를 갖고 있는데, 특히 이 가운데의 복명(復命)은 성리학의 복성(復性)이란 설(說)의 원류(源流)를 이루는 것으로서 주목된다. 〈장자 – 외편〉의 선성편(繕性篇)에 전개되어 있는 '그 시초로 돌아간다〔復其初〕.'의 주장도 복명·복성과 같은 종류의 개념으로서, 이것과 밀접한 관련을 갖는 것이다.

끝으로 '돌아감을 안다.', '뿌리로 돌아간다.' 등의 어구에 표시되어 있는 노자의 복귀사상에 대하여 보충 설명을 하고자 한다. 노자의 복귀사상이 성리학에 있어서의 복성설과 밀접한 관련을 갖고 있다는 것은 이미 언급하였지만, 일반적으로 이 사상은 현상적인 개물(個物)의 근원에 본체적(本體的)인 도의 영원불멸을 생각하는 데 그 특색이 있다. 즉 모든 개물은 그 자체로서는 유한하고 불완전하지만, 그 존재의 근원에 무한하고 완전한 도를 바탕으로 하고 있어서 도와는 연속적인 본말(本末)의 관계에 놓여져 있다는 것이다. 따라서 그 말(末)에서 그 본으로 복귀하는 것에 의하여 스스로의 유한성과 불완전성에서 벗어날 수 있다고 생각하는 것에 복귀사상의 본질이 있다.

이와 같은 복귀사상은 중국 철학의 역사에 있어서는 다시 두 개의 특징적인 사고(思考)를 낳아 그것을 전개시키

흉(凶)은 화(禍)를 자초하는 것.

지상용(知常容) : 용(容)은 관용, 혹은 포용성.

용내공(容乃公) : 내(乃)는 곧·즉, 공(公)은 공평무사한 것. 따라서 관용하면 곧 공평해진다는 말.

공내왕(公乃王) : 왕(王)은 왕자의 덕이 실현된다는 뜻.

왕내천(王乃天) : 왕(王)은 하늘과 같은 광대한 화육(化育)을 행한다는 뜻.

천내도(天乃道) : 도(道)는 무위 자연의 도.

도내구(道乃久) : 구(久)는 유구·영원하다는 뜻.

몰신불태(沒身不殆) : 몰신(沒身)은 몸을 끝마치는 것, 즉 일생 동안. 태(殆)는 위(危)와 같은 뜻이니, 위험하다·위태하다는 말.

고 있다. 그 하나는 복귀를 인간의 내면에 바탕을 두어 주
체적 · 실천적으로 생각하는 방향이다. 이는 인간의 마음
은 본래 청정하고 원만하지만 후천적으로는 여러 가지 욕
망이나 지식에 의하여 어지럽혀져 있으므로, 인간의 지혜
와 욕망을 버리고 본래적인 청정 · 원만으로 돌아가야 한
다는 생각이다. 당나라의 이고(李翶)와 그것을 계승한 성
리학의 복성설 등이 그 대표적인 것인데, 중국의 불교나
도교의 수양론(修養論)은 기본적으로 모두 이러한 입장에
서 있다고 하겠다.

다른 하나는 복귀를 고금(古今)이라고 하는 시간의 추이
속에서 역사적으로 생각하는 방향이다. 이는 과거의 시대
를 도가 완전히 실현되었던 지덕(至德)의 세상으로 보고,
현재를 타락 혹은 훨씬 못한 불완전한 시대로 보아, 불완
전한 현재에서 완전한 옛날로 돌아가야 한다는 생각이다.
이른바 복고(復古), 혹은 상고(尙古)사상이 그것인데, 요 ·
순(堯舜)의 시대에 성인이 실재하였다고 믿어서 옛 성인의
도를 향하여 복귀를 주장하는 유교사상은 그 가장 대표적
인 예이다.

노자의 복귀사상도 또한 이 두 가지의 방향을 갖는데,
그것은 두 가지 방향의 생각을 원형적으로 보여주고 있다
는 점에서 중요한 뜻을 갖는다. 즉 옛날의 도를 잡는다는
것이나 진실로 고시(古始)를 안다고 주장하여 태고(太古)의
만물의 시원(始源)을 강조하는 대목에서 고(古)를 무위의
도가 완전히 행해져 있었던 지덕의 시대로 보고, 금(今)을

이고(李翶) : 당나라의 문인.
자는 습지(習之). 한유(韓
愈)에게서 고문(古文)을 배
웠다. 당송(唐宋) 십육가(十
六家)의 한 사람으로 평이
하고도 독창적인 문체를 썼
다. 그 〈복성서(復性書)〉는
성리학의 선구가 됨.

고금(古今) : 옛날과 지금을
아울러 이르는 말.

시원(始源) : 사물이나 현상
등이 시작되는 처음.

도가 상실되고 덕이 쇠퇴한 타락의 시대로 보는 상고(尙古)사상이 현저하게 나타난다. 그리하여 지금을 버리고 옛날로 돌아가려고 하는 역사적인 복귀사상이 명확하게 표시되어 있다.

또 이 장에서와 같이 만물이 자신의 근원(도)으로 복귀하는 존재임을 주장하듯이, 다른 장에서 영아(嬰兒)로의 복귀, 박(朴)으로의 복귀, 무물(無物)으로의 복귀, 명(明)으로의 복귀를 주장하는 그 속에는 인간 내면성의 근원에 도의 영원불멸을 응시하고, 그 영원불멸의 도에 돌아가는 것에 의하여 본래적인 자기의 자세(절대적인 인간의 삶의 태도)를 실현하려고 하는 주체적·실천적인 복귀사상이, 소박한 표현이기는 하지만 명확하게 잘 설명되어 있다. 노자의 복귀사상은 이러한 의미에 있어서 중국의 실천윤리나 종교사상에 관심을 갖는 자의 주목을 끄는 것이다.

〈노자〉에 보이는 이와 같은 복귀사상은 〈장자〉 중에서도 찾아볼 수 있는데, 예를 들면 대종사편의 "너는 진(眞)으로 돌아갔는데 우리는 아직도 사람이구나〔而已反其眞 而我猶爲人猗〕."라는 것과 내편 응제왕편(應帝王篇)의 "새기고 다듬은 것에서 소박한 것으로 돌아간다〔彫琢復朴〕."는 것 등이 그러한 사상의 표현이라고 할 수 있다. 그러나 장자 사상의 특징은 오히려 '고금(古今)의 불이(不二) : 〈대종사편〉'를 논하고, '때에 응(應)하여 변화하는 것 : 〈천운편〉'을 주장하는 철저한 현실긍정의 정신, 즉 주어진 현재를 모두 좋다고 하여 긍정하는 만물제동(萬物齊同)의 철학에

상고(尙古) : 옛적의 문물을 소중히 여김.

진(眞) : 진리·도. 여기서는 죽음을 말함.

있다고 보아야 할 것이다.

　노자가 도에 돌아갈 것을 강조하는 데 반하여 장자는 도와 함께 간다는 것을 강조하는데, 같이 도를 논하면서도 돌아간다는 생각과, 함께 간다는 생각에 양자(兩者)의 상이가 특징지워져 있다고 생각된다.

제17장
백성에 임하는 성인의 자세

　태상(太上)은 아래에서 이것이 있음을 알 뿐이고, 그 다음은 친(親)하여 이를 칭찬하고, 그 다음은 이를 두려워하고, 그 다음은 이를 업신여긴다. 그러므로 믿음이 부족하면 신뢰를 받지 못하는 것이다. 유연하게 그 말을 잊으며 공을 이루고 일을 성취하니, 백성이 모두 나를 자연이라고 한다.

| 풀이 | 백성을 다스리는 지배자는 백성이 단지 그 존재만을 알고 있을 뿐, 그 존재를 특별히 고맙거나 두렵게 의식하지 않도록 하는 것이 최상이다. 백성들이 그 존재에 대하여 친밀감을 느끼고, 또 그의 치적을 찬양하게 되는 것은 제2급의 지배자이다. 다음은 제3급의 지배자인데, 백성은 지배자들에 대하여 아무런 친밀감도 갖지 않고, 다만 법이 정하는 바에 따라 두려워하는 생각을 가지고 복종하고 있을 뿐이다. 이 경우 백성들은 지배자를 존경

太上은 下知有之하고
其次는 親而譽之하며
其次는 畏之하고 其次
는 侮之니라 故로 信不
足焉이면 有不信焉이
니라 悠兮하여 其貴言
하고 功成事遂하니 百
姓은 皆謂我自然이니라

태상(太上) : 지고(至高)·최선이라는 뜻. 가장 정치를 잘하는 사람.
하지유지(下知有之) : 하(下)는 백성, 즉 피지배자. 지(之)는 지배자. 즉 백성들은 지배자인 임금이 있다는 것을 알 뿐이라는 뜻.
기차(其次) : 그 다음의 경우, 즉 태상보다도 못한 경우.
친이예지(親而譽之) : 상하, 즉 군신간의 사이가 가까워하는 마음이 없으므로, 묵묵히 복종하는 듯하나 진심으로 복종하지는 않는다. 오늘날 대부분의 국가의 정부와 국민의 관계는 이와 같을 것이다.

최하급의 지도자라는 것은 백성의 신뢰도 칭찬도 존경도 받지 못하고, 오히려 그들의 경멸을 받을 뿐이다. 지배자에게 언행이 일치하는 성실성이 부족하면 백성의 신뢰를 받지 못한다. 그런데 무위의 성인인 나는(노자) 유유히 말없는 정교를 행한 결과, 화육의 공을 완전하게 하여 큰 일을 성취하게 되는데, 이러한 나를 백성들은 모두 있는 그대로 행하는 자라고 생각한다.

| 해설 | 전 장에서 '명(命)에 돌아가 상(常)을 아는' 성인의 편안한 처세를 설명하였으므로, 이 장에서는 지배자로서 백성에 임하는 성인의 자세, 즉 말없는 정교를 행하여 위대한 화육의 공을 성취함으로써 백성으로 하여금 "제력(帝力)이 어찌 나에게 있으랴." 하고 읊조리게 하는 그 무위 자연의 정치를 유가의 덕치주의 및 법가의 법치주의와 비교하여 설명하였다.

이러한 사상은 다음 장의 "대도(大道)가 없어지면 인의가 있다〔大道廢有仁義〕."라는 말과 더불어 제38장의 "도를 잃은 후에 덕이 있고, 덕을 잃은 후에 인이 있고……." 또 제81장의 "진실한 말은 아름답지 않고, 아름다운 말은 진실하지 않다."는 것과 공통점을 갖고 있다.

이 장 중에서 특히 주목할 점은 〈노자〉의 이른바 있는

지고, 백성이 임금의 치적을 찬양하는 것. 그런데 이 태상은 무친(無親)·무예(無譽)의 경지에 이르는 것임.

기차외지(其次畏之) : 기차(其次)는 '친이예지'하는 것의 다음. 외지(畏之)는 법치주의에 의하여 강한 권력으로 백성을 다스리니, 백성들이 이를 두려워하여 복종은 하지만 진심으로 복종하는 것은 아니라는 뜻.

기차모지(其次侮之) : 여기의 기차(其次)는 '기차외지'의 다음. 모지(侮之)는 백성이 권력을 두려워하지 않고 법망을 뚫는 간악한 계교를 부리게 되어, 결국은 권력을 무시하여 업신여기게 된다는 뜻.

신부족언(信不足焉) : 신(信)이란 위정자의 믿음.

유불신언(有不信焉) : 백성의 불신을 산다, 즉 백성들의 신뢰를 받지 못한다는 뜻.

유혜기귀언(悠兮其貴言) : 유(悠)는 유유히, 유연하게. 여기의 귀(貴)는 유(遺)의 약체인데 망(忘)과 같은 뜻. 따라서 어떠한 일에도 서두르지 않고 말없는 정교(政敎)를 행한다는 것.

백성개위아자연(百姓皆謂我自然) : 아(我)는 노자, 혹은 노자적인 무위의 성인을 말하며, 자연은 '있는 그대로'의 뜻.

그대로, 즉 자연이라는 것인데, 이것에 대하여 약간의 설명을 하고자 한다. 자연이란 나의 계획을 버리는 것이니, 인위적인 잔재주를 부정하는 것인데, 본래적으로 있는 그대로라는 것이다. 노자는 우선 자연을 천지조화의 구체적인 움직임에서 본다. 천지조화의 움직임은 우리 인간들처럼 일을 꾸미고 잔재주를 부린다거나 자기를 의식하고 부당하게 압력을 가하는 일도 없다. 또한 자기의 행위를 사랑과 정의에 의하여 규범짓지도 않고, 권력이나 형벌을 이용하여 위협하지도 않는다.

그러나 인간의 힘이 미치지 못하는 위대한 일을 이루고 있다. 천지는 단지 있는 그대로 존재하여 말을 하거나 떠들거나 하는 일도 없지만, 봄이 되면 초목이 싹트고, 여름이 되면 가지와 잎이 무성해지고, 가을이 되면 풍성하게 결실을 맺는다.

노자는 만물의 이와 같은 생성화육의 모양을 천지조화의 움직임으로 보고 자연으로서 이해한 것이다. 그리하여 그 생성화육의 가장 순수한 모양을 도시의 문명·문화에 오염되지 않은 전원과 산야의 상태 속에서 확인한다. 노자에게 있어서 자연이란 천지만물의 자연적인 생성화육의 모습인 전원과 산야의 상태를 의미하는 말이었다.

인간도 또한 자기의 계획을 버리고 이와 같은 천지조화의 자연을 자기의 본래적인 자세로 할 때, 인간의 지혜와 욕망의 추악함에서 해방된 자세를 실현할 수 있다고 노자는 생각하였다. 본래적인 자세란 자기 계획에 얽매이지

규범(規範) : ① 사물의 본보기. 모범. 규범. ② 철학에서, 판단·평가·행위 등의 기준이 되는 것을 이름.

화육(化育) : 자연이 만물을 생성하여 기름.

않는 인간의 자세인데, 그러한 자세를 가지는 인간, 즉 무위의 성인이 되어야만 비로소 천지조화의 경영을 그대로 자기의 경영으로 할 수가 있다는 것이 노자의 실천의 논리이다. 이리하여 노자의 자연은 인간의 내면성과도 깊은 관계를 가지기 때문에 자기 계획을 버리는 것이 전적으로 마음의 문제로서 중시하게 되는 것이다. 따라서 자연은 있는 그대로의 마음의 작용을 표현한 말이기도 하다.

제18장
유가(儒家)의 도덕 규범

대도(大道)가 없어지면 인의가 있고, 지혜가 나오니 대위(大僞)가 있고, 가족이 화하지 않아 효와 사랑이 있고, 국가가 혼란하여 충신이 있다.

大道廢하여 有仁義하고 智慧出하여 有大僞하고 六親不和하여 有孝慈하고 國家昏亂하여 有忠臣이니라

┃풀이┃ 큰 도가 상실되면 사랑과 정의의 도덕이 강조되고, 잔재주를 부리는 지혜가 발달되면 인위적인 규범이 많이 제정된다. 집안이 시끄러워지면 어버이와 자식 사이의 도덕이 떠들썩하게 거론되고, 국가의 질서가 문란해지면 충신의 존재를 시끄럽게 거론한다. 원문대로 번역하면 물론 이와 같지만 당시의 역사적인 현실에 비추어 그의 비판적인 의도를 좀더 단적으로 표현한다면 다음과 같이 될 것이다.

인의 도가 강조되는 것은 큰 도가 상실되었기 때문이

대도(大道) : 위대한 무위 자연의 진리.
대위(大僞) : 인위(人爲). 짐작건대 〈순자(荀子)〉의 이른바 '위(僞)로서의 예악의 가르침' 등을 배후에 의식한 말일 것임.
육친(六親) : 어버이와 자식, 형제, 부부 등.
효자(孝慈) : 어버이와 자식 사이의 도덕.

며, 인위적인 규범이 많이 제정되는 것은 잔재주를 부리는 지혜가 발달하였기 때문이다. 어버이와 자식 사이의 도덕이 떠들썩하게 거론되는 것은 집안이 시끄럽기 때문이고, 충신의 존재가 거론되는 것은 국가의 질서가 문란해졌기 때문이다.

| 해설 | 〈노자〉가 그 당시의 인간들의 자세나 기성(旣成)의 가치체계에 대하여 준엄한 경고를 하고, 또 그것을 신랄하게 비판하고 풍자한 중국 최초의 문명 비판서라는 것은 이미 논술한 바가 있었다. 이 장은 노자의 이와 같은 문명 비판의 입장과 풍자와 역설의 논리를 가장 명쾌하게 표현한 것으로 유명하다. 특히 "대도가 없어지니 인의가 있다."는 말과 "국가가 혼란하여 충신이 있다."는 말은 우리나라의 문헌에도 자주 인용되어, 오늘날까지도 많은 사람들의 입에 오르내리고 있다.

　노자로 하여금 이와 같은 신랄한 문명 비판을 하도록 한 고대 중국의 사회상을 살펴보는 것은 이 장의 참뜻을 이해하는 데 큰 도움이 될 것이다.

　고대 중국의 예(禮)의 규범 속에는 "남녀는 7세가 되면 자리를 같이하지 않는다."라고 하였고, "남편이 부르니 그 부인이 따른다."라고 하였다. 옛날 우리나라의 학자들 중에는 이러한 말에서 곧 고대 중국사회에 있어서 남녀간의 구별이 엄중하였던 것과 가정에 있어서 남성의 절대적인 권위 등을 역사적인 사실로서 예찬한 자도 있었다.

기성(旣成) : ① 어떤 사물이 이미 되어 있거나 만들어져 있음. ② 신주(神主)를 만드는 일.

그러나 그러한 것들이 반드시 역사적인 사실이 아니었다는 것은 〈좌전(左傳)〉이나 〈사기(史記)〉 등의 역사책을 조금만 정성들여 읽어보면 쉽게 알 수 있을 것이다. 〈노자〉의 논법에 따르면 당시의 실정은 가정 안에서의 남녀를 어릴 때부터 억지로 떼어놓지 않을 수 없을 정도로 성질서가 문란하였다고 보여지는 것이고, 일부러 남편이 부른다는 것을 강조하지 않을 수 없을 정도로 부인이 남편의 뜻을 좇지 않았던 현실을 상상할 수도 있다. 마찬가지로 간음을 엄하게 경계한 히브리 민족(〈구약성서〉)과 사음(邪淫)을 5계의 하나로 제정한 인도 민족에 대해서도 생각할 수 있을 것이다.

사음(邪淫) : 불교에서, 남녀간의 음란한 짓을 이르는 말.

모든 말과 현실과의 사이에는 실제로는 큰 격차가 있으며, 그 관계는 전혀 반대로 되는 경우도 상당히 많이 있다. 현실에 부족한 것일수록 말에 의한 지나친 강조를 하게 되는 것인데, 노자의 말에서도 알 수 있듯이 도덕의 퇴폐가 심하면 심할수록 광적으로 도덕을 강조하게 되는 것이다.

일찍이 인간의 본성이 악하다는 것을 논증하려고 한 순자(荀子)는 그 이유의 하나로서 "인간은 자기에게 모자라는 것을 밖에서 지향(志向)한다. 그러므로 선을 지향하는 인간의 본성은 악하다."라고 하였는데, 이 장의 논설과 함께 인간의 본래적인 자세, 인간의 말이라는 것이 갖는 허구성을 날카롭게 지적하고 있는 점에서 우리의 주목을 끈다. 중국인은 일반적으로 규범 만들기를 좋아하는 민족인

지향(志向) : 생각이나 마음이 어떤 목적을 향함.

데, 그들은 또 규범의 허구성을 간파하는 데 있어서도 날카로운 재주를 갖고 있는 것이다.

아무튼 이 장에서의 논술은 모두 유가의 도덕 규범이 무리하게 노력하는 부자연성을 비판한 것인데, 대도가 상실되지 않은 무위 자연의 사회에 '지덕의 세계'를 이상화하는 노자의 사상을 밝힌 것으로 볼 수 있다.

제19장
무위의 실천 방법

성(聖)을 끊고 지혜를 버리면 백성의 이익이 100배나 되고, 인(仁)을 끊고 의(義)를 버리면 백성이 효도와 사랑으로 돌아가고, 교(巧)를 끊고 이(利)를 버리면 도둑이 없다. 이 셋으로는 문장이 부족하다고 본다. 그러므로 속(屬)하는 곳이 있게 해야 하는데, 소(素)를 나타내고 박(樸)을 지니며, 사심과 욕심을 적게 하는 것이다.

絶聖棄智하면 民利百倍하고 絶仁棄義하면 民復孝慈하고 絶巧棄利하면 盜賊無有니라 此三者는 以爲文不足이라 故로 令有所屬하니 見素抱樸하여 少私寡欲이니라

절성기지(絶聖棄智) : 성(聖) · 지(智)는 국가 통치의 인위적인 규범을 제정하는 성인 · 현자의 지혜를 말하는 것.
민리(民利) : 백성의 편리나 혹은 복리.
절인기의(絶仁棄義) : 인 · 의의 도덕을 버리는 것.
절교기리(絶巧棄利) : 교(巧)는 간교나 재주, 이(利)는

| 풀이 | 국가 통치의 인위적인 제도 규범을 제정하는 성인 · 현자의 지혜를 끊어버려야만 일반 백성들의 복리가 증진되는 것이고, 인 · 의 등의 이른바 도덕이라는 것이 없어져야만 모든 백성이 그 부모에게 효도하고 그 자식을 사랑하는 마음이 되살아나는 것이다. 그리고 위정자가 자기의 욕심을 채우기 위하여 교묘한 지혜를 동원하지 않는다면 사방에 도둑이 일어나지 않는다.

그러나 이 절성기지(絶聖棄智)·절인기의(絶人棄義)·절교기리(絶巧棄利)의 무위 자연의 도를 표현하는 문자만으로는 부족한 점이 있다. 그러므로 다른 문장을 연속시키는 조치를 취해야 하니, 그것은 견소포박(見素抱樸)·소사과욕(少私寡欲)이라는 도가의 개인적·내면적인 무위의 실천 방법을 설명하는 문장이다. 이는 곧 허무의 도에 따라 순진·소박하고, 이기심과 탐욕을 버려야 백성들이 행복하게 자기의 삶을 누릴 수 있다는 뜻이다.

| 해설 | 이 장은 첫 구에서 도적무유(盜賊無有)에 이르는 전반의 6구(智·倍·義·慈·利·有 등의 운자)와 차삼자(此三者) 이하의 5구(足·屬·樸·欲 등의 운자)로 구분된다. 전반부는 글귀의 모양도 정돈되어 있고 서술도 일관되어 있는데, 짐작건대 도가의 옛 문장을 그대로 인용한 것 같으며, 후반부는 그것을 보충한 해설적인 문장으로서 후세에 첨가된 것인 듯하다. 전체의 논지는 제3장과 별 차이가 없으며, 일종의 문명 비판론이다.

이 장에서의 특색이라고 볼 수 있는 소(素)·박(樸)에 대하여 약간의 설명을 하고자 한다.

소(素)라는 것은 본래부터 염색되어 있지 않은 결이 고운 비단을 이르는 말로서, 여기서는 뜻이 바뀌어 본래 그대로의 것, 아무것도 섞이지 않은 순수한 것을 말한다. 그러한 의미에서 소는 또한 자연, 일(一), 혹은 전(全)의 동의어로도 사용된다. 이에 비하여 박(樸)은 산에서 갓 찍어낸

이득이나 재물을 말함. 즉 간교한 재주나 물질적 이득(利得)을 버리는 것.

이위문부족(以爲文不足) : 문장 표현에 부족한 점이 있다는 뜻. 이러한 해석을 하는 이유는 무위 자연의 도를 실현하는 정치적·사회적인 면은 위에서 논술하였지만, 그 개인적·주체적인 면은 설명되어 있지 않기 때문임. 혹자는 문(文)을 문명·문화의 뜻으로 풀이하기도 함.

영유소속(令有所屬) : 속(屬)은 연속·계속의 뜻.

견소(見素) : 견(見)은 현(現)과 같은 뜻이니, 즉 나타내는 것.

포박(抱樸) : 포(抱)는 지키다·지니다의 뜻.

소사(少私) : 사(私)는 사정(私情), 즉 이기심. 따라서 사심과 욕심을 적게 하는 것을 말함.

원목을 뜻하니, 이른바 통나무처럼 본래대로의 완전함을 말하는 것이다. 〈장자 – 외편〉에 말하기를, "박(樸)을 깨뜨려서 그것으로 그릇을 만든다."라고 하였으니, 그것은 통나무가 다듬어져서 여러 가지 그릇으로 제작되어 그 본래의 순수성이 상실되는 인위적인 왜곡을 비판한 것인데, 거기서의 박은 이 장에서의 박과 같은 개념이다.

소(素)는 바탕이 되는 비단을 원뜻으로 하여 그 있는 대로의 순수함을 말하는 것이고, 박(樸)은 통나무를 원뜻으로 하여 그 본래적인 온전함을 이르는 말이다. 노자가 여기서 견소포박이라고 한 것도 인간성의 본래적인 자연, 곧 있는 그대로의 모양을 이와 같이 고운 흰 비단과 통나무에 의하여 비유적으로 표현한 것이다.

노자는 인간의 소박성을 무엇보다도 소중히 여긴다. 노자에 있어서 소박이란 문명·문화의 허식을 제거하는 것을 의미하고, 인간의 본래적인 자연을 인위적으로 속박하여 후천적으로 왜곡하는 일체의 관념적인 망상이라고 할 가치적 허구에서 해방된 인간의 자세를 말하는 것이다. 인간은 어질고 어리석고, 아름답고 추하고, 귀하고 천하고, 가난하고 부유함 등의 여러 가지 인위적인 가치관에다 자기 스스로를 철저히 묶어서 거룩함과 평범함, 고상함과 속됨이라든가 하는 것, 또 문명이니 야만이니, 진보라느니 퇴보라느니 하면서 제멋대로 관념이나 사상을 날조하여, 있는 것을 있는 그대로 바라보고, 주어진 인생을 주어진 대로 받아들이는 속박되지 않은 소박성을 잃고 있다.

망상(妄想) : ① 있지도 않은 사실을 상상하여 마치 사실인 양 굳게 믿는 일, 또는 그러한 생각. ② 정신장애로 말미암아 생기는 잘못된 판단이나 확신.

종교인은 하느님을 우상화하고, 학자는 과학적 진리를 허구화하고, 예술가는 예술미를 망령되게 생각하여 제각기 자기 도치에 빠지고, 독선적인 관념의 길을 방황하며 자승자박(自繩自縛)의 결과를 초래한다. 인간이 만일 이러한 문명 및 문화라고 뽐내는 여러 가지 관념적 망상과 가치의 독단을 모두 던져버리고, 또한 버릴 수 있는 모든 잉여물(剩餘物)을 던져버린 후, 태어난 그대로의 벌거숭이 인간인 인류의 역사의 시초로 되돌아갈 때, 무엇이 궁극적인 사실로서 남을 것인가. 노자는 거기에 남은 인간의 생명 그 자체(살아 있는 벌거숭이 인간의 모양)를 자기의 소박으로서 포착한 것이다.

노자의 이른바 소박(벌거숭이의 인간)이란 비유해 보면 천진스러운 어린아이의 모습과도 같은 것이다. 그 어린아이는 찬란히 빛나는 문화와 문명도 알지 못하고, 관념이나 사상의 복잡한 조작도 알지 못하며, 이 세상에 내던져진 자기의 생명이 무엇인가조차도 인식하지 못하고 다만 자연적으로 느껴지는 감정에 따라 울고 웃는다. 거기에는 단지 지금 살아 있는 자기의 존재만이 궁극적인 사실로서 남고, 일체의 잉여와 허식이 전부 무로 돌아간 곳에서 벌거숭이인 채로 자연과 밀착하여 서 있는 것이다.

노자는 이와 같은 벌거숭이 인간, 즉 생명의 소박에서 인간의 자세나 삶의 태도를 다시 한번 근원적으로 생각해 보려고 한다. 그러기 위해서는 인류가 지혜와 욕망의 한계를 다하여 쌓아올린 문명의 거대한 구조물을, 그들이

자승자박(自繩自縛) : 자기가 꼰 새끼로 스스로를 묶는다는 뜻으로, 자기가 한 말이나 행동 때문에 자기 자신이 구속되어 괴로움을 당하게 됨을 이르는 말.

자랑하는 가치체계나 관념 형태까지 포함한 전부를 한 번 와력(瓦礫)의 더미로서 바라볼 필요가 있다. 노자는 인간의 지혜와 욕망이 완전히 끊어져 없어진 상태, 그의 이른바 무지·무욕을 목표로 하여 사정(私情)을 적게 하고, 욕심을 더는 것을 주장하고 있다. 노자에게 있어서 소박이라는 것은 지혜와 욕망의 자승자박을 풀어주는 것이니, 즉 문명·문화의 쇠사슬에 묶인 인간을 해방시키는 것이다.

제20장
절학(絕學)은 자연에 따른 참모습

絕學이면 無憂니라 唯
之與阿가 相去幾何며
善之與惡이 相去何若
이리오 人之所畏를 不
可不畏니 荒兮하여 其
未央哉로다 衆人은 熙
熙하여 如享太牢하고
如春登臺어늘 我獨泊
兮하여 其未兆하여 如
嬰兒之未孩하고 儽儽
兮하여 若無所歸로다
衆人은 皆有餘하되 而
我獨若遺로다 我愚人
之心也哉아 沌沌兮로
다 俗人은 昭昭어늘 我
獨昏昏하고 俗人은 察
察이어늘 我獨悶悶이
로다 澹兮하여 其若海
하고 飂兮하여 似無所
止로다 衆人은 皆有以

학문을 끊으면 근심이 없다. 유(唯)와 아(阿)가 서로 떨어짐이 얼마이며, 선과 악이 서로 떨어짐이 얼마인가. 남들이 두려워하는 바를 두려워하지 않을 수 없으니, 황막(荒漠)하여 아직 다하지 못하였다. 중인은 희희(熙熙)하여 큰 잔칫상을 받은 것 같고, 봄철에 누대에 오르는 것 같거늘, 나만 홀로 고요하여 아직 움직일 기척조차 없어 어린아이가 아직 웃지 못하는 것 같고, 내래(儽儽)하여 돌아갈 곳이 없는 것 같다. 중인은 모두 여유가 있는데, 나 홀로 버려진 것 같다. 나는 우인(愚人)의 마음인가, 돈돈(沌沌)하도다.

속인은 영특하지만, 나 홀로 우매하다. 속인은 찰찰하지만, 나 홀로 민민하다. 넘실거려 바다와 같고, 획획 멋지 않는 것 같다. 중인은 모두 쓸 데가 있는데 나만 홀로 어리석어 촌뜨기 같다. 나 홀로 남과 달라서 어머니에게 길러짐을 귀하게 여긴다.

| 풀이 | 인간은 학문 같은 데 힘쓰기 때문에 걱정이 많아지는 것이다. 이 학문을 그만두면 처음부터 걱정 따위가 있을 리 없다. 요컨대 학문을 한다는 것은 문화를 따르는 것인데, 이른바 문화라는 것이 과연 어느 만큼의 이익을 우리에게 주는가. 예를 들어 남에게 대답할 때 정중하게 '예' 하면 어떻고, 조심성없이 '응' 하면 어떻단 말인가. 본질적으로는 예와 응 사이에 아무런 차이도 없는 것이다.

또 선이다 악이다 하는 것에 대해서도 세상에서는 큰 차이가 있는 것처럼 야단이지만, 이것 역시 별다른 차이가 없는 것이다. 그러나 이 세상에서 선악을 가려 악을 징벌하는 것은 사실이므로, 세상의 판단대로 따라갈 수밖에 없다. 그러한 논쟁은 황막하여 끝이 없기 때문이다.

많은 사람들은 좋은 요리로 대접을 받았을 때처럼, 혹은 화창한 봄날 높은 누대에 올라간 사람들과 같이 무척 기뻐하는데, 나만이 홀로 고요하여 아직 마음이 움직일 기색마저 없고, 아직 웃을 줄 모르는 어린아이와 같다. 또 나른하고 피곤하여 돌아갈 곳이 없는 자 같기도 하다.

많은 사람들은 모두 여유가 있는 것 같은데 나만 홀로 버림을 받은 것 같다. 나는 정말 어리석은 마음을 가진 자인가. 형편없이 무지하구나. 세상 사람들은 모두 똑똑하

로되 而我獨頑且鄙로다 我獨異於人하여 而貴食於母로다

절학(絕學) : 여기의 학(學)은 〈예기(禮記)〉의 '곡례300, 위의 3000(曲禮三百威儀三千)'을 가르치는 이른바 유교에서의 인의도덕의 학문.
유지여아(唯之與阿) : 유(唯)는 윗사람에게 하는 공손한 대답, 즉 예. 아(阿)는 허물없이 하는 대답, 즉 응.
기하(幾何) : 얼마나 되나.
하약(何若) : 기하(幾何)와 같은 뜻. 즉 얼마나 되나.
인지소외 불가불외(人之所畏 不可不畏) : 선악의 문제에 대해서는 신경을 쓸 필요가 없겠지만, 일반 사회에서 악으로 규정하여 내리는 형벌에 대해서는 우리도 남들과 같이 두려워할 수밖에 없다는 것.
황혜기미앙재(荒兮其未央哉) : 황(荒)은 허황, 또는 황막(荒漠). 앙(央)은 진(盡)과 통하니 끝이 없다는 뜻. 선·악의 문제는 사회의 상식에 따라 생각하면 되는 것이고, 그 이상의 복잡한 철학적인 논의는 인간을 끝없는 관념이라는 늪 속에 끌어들여 부질없이 괴롭히고 미혹(迷惑)시킬 뿐, 아무런 이익이 없는 방황만이 될 것이라는 뜻.

희희(熙熙) : 기뻐하는 모양.

향(享) : 수(受)와 같은 뜻이니, 대접을 받는다는 것.

태뢰(太牢) : 소·양·돼지 고기를 함께 사용해 만든 최고급의 요리. 나라의 제사에 통째로 하여 제물로 바침.

등대(登臺) : 누대(樓臺)에 올라간다는 뜻으로서, 옛날 사람들은 높은 누대에 올라가는 것을 무척 즐거워하였음.

아독박혜(我獨泊兮) : 아독(我獨)은 나 홀로의 뜻이며, 박(泊)은 고요한 모양.

미조(未兆) : 움직일 기미가 전혀 보이지 않는다는 것.

미해(未孩) : 해(孩)는 어린 아이의 웃음.

내래(儽儽) : 나른하고 피곤한 것.

아독약유(我獨若遺) : 유(遺)는 기(棄)와 같은 뜻인데, 혹은 유(遺)를 궤(匱)의 오자로 보아 부족의 뜻으로 풀이하기도 함.

돈돈(沌沌) : 무지(無知)한 모양.

소소(昭昭) : 자기의 재지를 자랑하는 것.

혼혼(昏昏) : 유심(幽深)한 실재 세계와 하나가 된 모양. 그런데 이것을 상식적으로 판단하면 바보와 같이 보이는 것임.

찰찰(察察) : 날카롭게 분석해 가는 모양.

민민(悶悶) : 민연(悶然)과

고 활발한데, 나만이 바보처럼 어리석구나. 세상 사람들은 만사를 명쾌하게 처리하는데, 나만이 홀로 애매한 태도를 취하는구나. 그리하여 넘실거리는 바다처럼 안정성이 없고, 휙휙 불어대는 바람처럼 방향감각이 없다. 모든 사람들은 다 유능하고 유용한데 나만이 어리석고 촌스럽다. 그렇지만 나는 다른 사람들과는 달리 나의 어머니의 양육을 받는 것을 소중하게 생각한다. 나의 어머니란 다시 말하면 만물의 생성자인 도이다.

| 해설 | 이 장에서는 전 장의 논지와 마찬가지로 문화를 배척하는 것이 인간의 참된 모습임을 논하였는데, 이와 같이 문화를 배척한 자는 한편으로는 촌스럽고 어리석게도 보일지 모르지만, 사실은 천지의 자연으로 돌아간 가장 진실한 인간이라는 것을 주장하였다.

북송의 소동파(蘇東坡)는 "인생으로서 글자를 아는 것이 우환의 시초."라고 노래하였는데, 그 말이 이 장의 절학무우(絕學無憂)에 근본하는 것임은 두말 할 필요조차 없다. 그러나 소동파도 노자도 지혜라는 열매를 먹는 것이 비극임을 경고하면서도, 자신들은 글자를 아는 지식인이었다는 사실에 그들의 우환이 있었다. 글자를 아는 것의 우환을 탄식한 소동파는 고난에 찬 그 생애를 유랑지에서 마감했는데, 학문을 끊는 것의 편안함을 주장한 노자도 짐작건대 지식인으로서의 비애를 뼈저리게 맛본 인물이었을 것이다.

노자가 글자를 아는 지식인이었다는 것에서 생각나는 것은 공자가 노자에게 예를 물었다는 일화이다. 이 일화에는 노자라는 인물을 묘사하는 데 간과할 수 없는 중요한 요소가 포함되어 있다. 즉 공자가 예를 물었다는 것이 사실이든 아니든 간에 공자에게 예를 가르칠 수 있을 정도의 풍부한 고전적인 교양의 소유자였다는 사실이 그것이다.

노자가 가르치는 무위가 누워 뒹굴면서 아무것도 하지 않는 게으름뱅이의 무위가 아니었던 것처럼, 그의 이른바 혼혼의 어리석음도 단순히 바보 멍청이의 어리석음이 아니다. 그 어리석음은 어린아이의 마음으로 돌아갈 것을 안 어리석음이고, 어머니를 고귀하게 여길 줄 안 어리석음이며, 성인은 어리석은 듯하다는 어리석음이다.

일찍이 공자가 영무자(甯武子)를 평하기를, "그의 지식은 당할 만하지만, 그의 어리석음은 당하지 못하겠다."라고 하였는데, 이는 지혜로운 자가 어리석은 자로 되는 것은 어리석은 자가 지혜로운 자로 되기보다 훨씬 어렵다는 것이다. 노자에게는 겉으로 볼 수 없는 깊은 맛이나 남을 업신여기는 대담성이 있는데, 그것들은 모두 지자로서 우자가 된 곳에 있는 것이다. 그의 풍자가 날카롭고 역설이 신랄한 것도 그가 지혜라는 열매를 먹은 어리석은 자인 점에서 연유된 것이다.

〈노자〉는 고유명사가 전혀 보이지 않는 독특한 책이지만, '나'라는 일인칭 대명사를 쓴 글이 간혹 눈에 띈다. 제

같은 뜻이니, 애매한 모양을 나타내는 것.
담혜(澹兮) : 흔들리는 모양. 이 경우에는 바닷물이 흔들리는 모양이므로 넘실거린다는 뜻.
요혜(飂兮) : 바람부는 소리. 획획.
중인개유이(衆人皆有以) : 여기의 이(以)는 용(用)과 같은 뜻이니, 유용 또는 유능의 뜻.
아독완차비(我獨頑且鄙) : 완(頑)은 어리석은 것, 비(鄙)는 촌뜨기.
귀식어모(貴食於母) : 어머니에게 길러지는 것을 귀하게 여긴다는 것. 여기서 말하는 어머니란 만물의 생성자인 도를 가리키는 말임.

17 · 20 · 42 · 53 · 57 · 67 · 70장 등이 그것인데, 이 중에서 '나'라는 일인칭 대명사가 가장 많이 나타나는 곳이 이 장이다.
고유명사가 없는 것이 시간과 공간을 초월한 영원보편의 진리, 현상적인 것보다 근원적인 것, 인격적인 것보다 원리적인 것에 대한 노자의 강한 뜻을 상징하는 것이라고 한다면, 나라는 일인칭 대명사를 쓴 노자의 표현은 그 영원보편의 진리 앞에 오직 홀로 서 있는 하나의 인간(도를 상대로 혼자 말하고 있는 깨달음의 경지에 있는 인간)의 근심과 기쁨을 상징하는 것이라고 말할 수가 있을 것이다.

그러나 그 나는 고유명사를 갖지 않은 나로서, 도가 이름이 없듯이 나 또한 이름이 없다. 이름이란 것이 다른 것과 구별하는 데 그 본질이 있다고 하면, 나는 세속 안에 돌아다니며 세속 사람들과 구별될 필요가 있는 나가 아니고, 오직 도 앞에 홀로 서서 도와 마주보고 자각하는 나인 것이다.

여기서는 이름이 없는 도와 이름이 없는 나가 이름을 초월한 세계에서 대화를 하며, 그 대화 속에서 도와 대화하는 것을 알지 못하는 뭇사람이 세속으로서 의식되는 것에 불과하다. 〈노자〉의 '나'는 도와 대화하는 나이지, 세속과 대화하는 나가 결코 아닌 것이다.

〈노자〉의 '나'는 이름없는 나다. 이름이 없기 때문에 오히려 이름을 갖는 서먹서먹함이 없어지고, 노자라는 철인의 알몸뚱이가 바로 느껴지는 것 같은 나다. 노자는 그 나

초월(超越) : ① 어떤 한계나 표준을 뛰어넘음. ② 세상의 명리(名利)에서 초탈함. ③ (능력이나 지혜 따위가) 초인간적으로 탁월함.

세속(世俗) : ① 이 세상. 범속한 세상. ② 세상의 풍속.

철인(哲人) : 사리에 밝고 인격이 뛰어난 사람.

를 주어로 하여 중국 역사의 골짜기 속에 앉아 있는 인간의 근심과 기쁨을 중얼거리고 있다. 그 혼잣말은 골짜기에 서 있는 소나무 가지를 스치는 바람소리와도 같이 격조가 높고, 어두운 밤바다의 파도소리와도 같이 시적이다. 예부터 이 장이 많은 문인과 사상가들에게 읽혀 온 것은 그것이 문학작품으로 볼 때도 더없이 훌륭하기 때문일 것이다.

제21장
황홀하고 요명한 도의 풍모

큰 덕의 풍모는 오직 이 도만을 따르나, 도라는 것은 단지 황이요, 홀이다. 홀하고 황한데 그 가운데 형상이 있고, 황하고 홀한데 그 가운데 사물이 있다. 요(窈)하고 명(冥)한데 그 가운데 정기가 있으니, 그 정기는 매우 순수하여 그 가운데 믿음이 있다. 예로부터 오늘에 이르기까지 그 이름을 보지하여 만물의 근원을 통솔한다. 내가 무엇으로써 만물의 근원의 실상을 알까. 이것, 즉 도로써 아는 것이다.

| 풀이 | 큰 덕이 있는 사람의 풍모는 오직 도의 본질에 따를 뿐이다. 도라고 하는 것은 어렴풋하여 뚜렷하지 않고, 어렴풋한 가운데 어떠한 형상이 있다. 어렴풋하고 뚜렷하지 않은 가운데 무언가가 실재하고 있다. 깊숙하고

孔德之容은 唯道是從이나 道之爲物은 惟恍惟惚이니라 惚兮恍兮여 其中有象하고 恍兮惚兮여 其中有物이니라 窈兮冥兮여 其中有精이니 其精甚眞하여 其中有信이니라 自古及今에 其名不去하여 以閱衆甫하나니 吾何以知衆甫之狀哉아 以此니라

공덕지용(孔德之容) : 공덕(孔德)은 큰 덕, 용(容)은 모양·풍모.
도지위물(道之爲物) : '도라고 하는 존재는'의 뜻.
유황유홀(惟恍惟惚) : 황·

홀은 다 같이 어렴풋하여 뚜렷하지 않은 모양. 심리적으로 풀이하면 황홀하다, 넋을 잃다의 뜻.

기중유상(其中有象): 상(象)이란 형상·현상을 뜻하는 것. 즉 그 가운데 형상이 있음을 말함.

기중유물(其中有物): 물(物)이란 존재하는 어떠한 것을 말함.

요혜명혜(窈兮冥兮): 요·명(窈冥)은 깊숙하고 미묘한 것.

기중유정(其中有精): 정(精)은 만물(萬物)을 생성하게 하는 생명의 근원, 생명의 본질, 정기.

심진(甚眞): 진(眞)은 더할 수 없이 순수무잡한 것이니, 전혀 외물(外物)에 오염되지 않은 것.

유신(有信): 신(信)은 도(道)의 작용에 신실(信實)한 확증이 있음을 의미한 것.

기명불거(其名不去): 불거(不去)는 이름을 보지한다는 것. 즉 언제까지나 도라는 이름으로 불린다는 뜻.

이열중보(以閱衆甫): 열(閱)은 통솔한다는 뜻, 중보(衆甫)는 종족의 장로(長老). 즉 만물의 근원을 통솔한다는 것.

이차(以此): 차(此)는 도. 이로써 안다는 것.

미묘한 가운데 영묘한 정기가 있는데, 그 정기는 더할 나위 없이 진실하여 그 가운데 거짓이 없는 확증, 즉 창조자로서의 뚜렷한 증거가 있다.

그것은 옛날부터 오늘에 이르기까지 변함없이 도라고 불리었다. 말하자면 많은 족장을 통솔하는 종가의 우두머리와 같은 존재이다. 그런데 내가 무엇으로써 족장들의 실상을 아느냐 하면 그 종가인 도에 의하여 아는 것이다.

| 해설 | 지금까지 〈노자〉의 도를 설명한 글로서는 제1·4·14장 등이 있는데, 이 장도 또한 공덕지용(孔德之容), 즉 위대한 덕을 가진 노자적인 성인의 풍모를 묘사하는 것으로 주제를 삼았다. 그 성인이 체득한 근원적인 진리(도)가 어떠한 실재인가를 원리적으로 설명한 것이다.

제1장의 도가 현지우현(玄之又玄)한 중묘(衆妙)의 문으로 설명되었고, 제4장의 도가 천제 이전의 만물의 조종으로 설명되었으며, 제14장의 도가 이(夷)·희(希)·미(微)를 합하여 하나를 이룬 무상(無狀)의 상(狀), 무상(無象)의 상(象)으로 설명되었는 데 비하여, 이 장에서의 도는 황홀하고 요명(窈冥)한 실재로서 설명된 점에 특징이 있다. 물론 황홀이라는 말이 도의 형용어로서 제14장에 이미 사용되었지만, 여기서는 다시 요명이라는 형용어를 아울러 써서 그 설명을 구체적으로 하였다.

더욱이 남녀의 교합작용에 발상의 기반을 두었다고 생각되는 정의 개념을 첨가하여, 매우 특징있는 도의 설명을 시도한 것이라고 하겠다.

제22장
다투지 않는 덕

　구부러지면 온전하고, 굽히면 곧 펴고, 오목하면 곧 차고, 해지면 곧 새로워지고, 적으면 곧 얻고, 많으면 곧 미혹(迷惑)된다. 이러한 관계로 성인은 하나, 즉 도를 지녀서 천하의 법식이 된다. 스스로 나타내지 않으므로 뚜렷해지고, 스스로 옳다고 하지 않으므로 선이 밝혀지고, 스스로 공을 자랑하지 않으므로 공이 자신의 것이 되고, 스스로 자만하지 않으므로 오래 존경을 받는다. 오직 싸우지 않으므로 천하가 진실로 이와 싸우지 않는다. 옛날의 이른바 구부러지면 온전하다 함이 어찌 헛된 말이겠는가. 참으로 완전히 하여 이를 하늘에 돌린다.

| 풀이 | 나무에 대하여 생각해 보면 곧은 나무는 쓸모있는 재목이 되므로 베어질 염려가 있다. 그러나 구부러진 나무는 쓸모가 없으므로 버려지는 반면에 나무로서는 자기 생명을 보전할 수가 있다. 이것은 인간이 자기의 총명·예지 따위를 나타내 보이지 않는 것이 자기를 보전하는 유일한 방법임을 비유한 것이다. 그리고 자벌레는 몸을 굽히는 때가 있기 때문에 펴는 때도 있는 것이며, 이렇게 하는 동안에 전진을 하는 것이다. 사람의 일생도 또한

曲則全하고 枉則直하고 窪則盈하고 敝則新하며 少則得하고 多則惑이니라 是以로 聖人은 抱一하여 爲天下式이니라 不自見이라 故明하고 不自是라 故彰하고 不自伐이라 故有功하고 不自矜이라 故長이니라 夫惟不爭이라 故天下莫能與之爭이니라 古之所謂曲則全者가 豈虛言哉리오 誠全而歸之니라

곡즉전(曲則全) : 나무 따위가 곧은 것은 재목으로서 일찍 베어지지만, 구부러진 나무는 쓸모가 없으므로 그 수명을 오래 보전한다는 뜻. 〈장자－외편〉산목편(山木篇)에도 말하기를, "곧은 나무는 먼저 베어지고 물맛이 좋은 우물은 먼저 마른다〔直木先伐 甘井先竭〕."라고 하였음. 이는 지식과 수양을 밝힘으로써 어리석은 자에 의하여 환난을

면치 못함을 비유한 것.
왕즉직(枉則直) : 왕(枉)은 굽히는 것, 직(直)은 굽혔던 것을 펴는 것. 즉 자벌레가 전진할 때 몸을 굽혔다가 다시 펴는 것을 말함.
와즉영(窪則盈) : 오목한 곳이 있으면 물이 괴어 차게 된다는 뜻.
폐즉신(敝則新) : 폐(敝)는 폐(弊)와 같은 뜻. 즉 해지면 새로 맞춘다는 것.
소즉득(少則得) : 욕심이 적으면 마음의 만족을 얻는다는 뜻.
다즉혹(多則惑) : 학문이나 지식이 많으면 어찌할 바를 모른다는 것.
포일위천하식(抱一爲天下式) : 하나, 즉 도를 마음속에 지녀서 천하의 모범이 된다는 것.
부자견고명(不自見故明) : 견(見)은 현(現)과 같은 뜻. 자신을 돋보이려고 하지 않기 때문에 오히려 그 존재가 뚜렷해진다는 것.
부자시고창(不自是故彰) : 자기 주장을 옳다고 하지 않는데도 선은 저절로 빛을 발한다는 것.
부자벌고유공(不自伐故有功) : 자기의 공을 자랑하지 않는데도 공이 저절로 이루어진다는 것.
부자긍고장(不自矜故長) : 스스로 잘난 척하지 않는데도 남의 존경을 오래도록 받는다는 것.
성전이귀지(誠全而歸之) : 하

이와 같은 것이다. 땅이 우묵하게 팬 곳에는 물이 괴어 가득 찬다. 그와 같이 사람도 겸손하면 중덕(衆德)을 용납할 수 있다.

모든 물건 중에 특히 의복 따위는 해지면 새것으로 맞추게 된다. 또 욕심이 적으면 마음의 만족을 얻을 수 있지만, 지식이 너무 많으면 오히려 어찌할 바를 모르게 된다. 그러므로 성인은 오직 하나인 도를 마음속에 굳건히 지켜서 천하만민의 모범이 되는 것이다.

성인은 항상 자기 자신을 세상에 나타내려고 하지 않으나 그 존재가 오히려 뚜렷해지고, 자기 생각만이 옳다고 주장하지 않는데도 그의 선은 저절로 빛을 발한다. 또 자신의 공을 자랑하지 않건만 모든 공이 저절로 자신의 것이 되어버리고, 스스로는 자만심을 가지지 않는데도 변함없이 남의 존경을 받는다.

성인은 이와 같이 절대로 누구하고도 싸우려고 하지 않는다. 그러므로 이 세상에서 그에게 적대감을 갖는 사람은 아무도 없다. 옛사람들의 '구부러진 나무는 수명을 보전한다.'는 말은 진정 인생의 진리를 바르게 표현한 말이다. 그러므로 우리들도 구부러진 나무가 되어 자기 몸을 보전하고 완전히 하여, 그 완전한 몸을 다시 대자연에 되돌려야 한다.

| 해설 | 이 장에서는 〈노자〉의 이른바 다투지 않는 덕을 논한 것이다. 노자가 인생의 비결에 대한 물음에 대답하

기를, "단단한 이가 되기보다는 물렁한 혀가 되라."고 하였다는 이야기는 유명한데, 그는 직선적인 삶보다는 곡선적인 삶을 더 사랑한다.

또한 자신을 항상 남 앞에 내세워서 양지바른 곳에 먼저 가려는 처세보다는 자신이 남의 뒤에서 천천히 걸어가는 처세를 좋아한다. 모든 일에 무리가 없게 한다는 것이 그의 인생처세의 근본으로서 무리하지 않기 위하여 먼 길을 돌아가기도 하고, 때로는 더러운 곳에 몸을 던지기도 하며 굴욕도 달게 받는 것이다. 그가 다투지 않는 덕을 말하는 것도 이 때문이며, 지는 것이 이기는 것이 되는 인생을 강조하는 것도 이 때문이다.

그것은 한쪽에서 볼 때 분명 무기력한 패배주의이며 우유부단한 소극주의이지만, 또 다른 면으로 생각해 볼 때 이처럼 배짱 좋은 무기력은 없고, 이처럼 대담한 우유부단은 없다고도 말할 수가 있다. 아니, 입장을 바꿔보면 이처럼 집요한 자기 주장은 없고, 이처럼 끈덕진 승리의 집념은 없다고 말할 수도 있다. 노자가 암시하고 있듯이 자신의 겁 많은 것에 철저해지는 것이야말로 때로는 목숨을 던지는 용기를 낳게 되고, 짓밟히는 것을 겁내지 않는 잡초와 같은 정신이야말로 인간을 이따금 궁극적인 승리로 이끄는 것이다.

노자의 다투지 않는 덕에 대해서는 이미 제8장에서 말한 바 있으므로 해설의 중복을 피하겠다. 노자의 다투지 않는 덕은 장자의 이른바 불용(不用)의 용(用)의 덕과 서로

늘에서 받은 완전한 덕을 그대로 하늘에 돌린다는 뜻.

굴욕(屈辱) : 억눌리어 업신여김을 받는 모욕.

통하는 데가 있으니, 그것을 참고하면 이 장의 뜻을 더 분명히 파악할 수 있을 것이다.

제23장
희언(希言)은 자연

希言은 自然이니 故로
飄風은 不終朝하고 驟
雨는 不終日이니 孰爲
此者요 天地니라 天地
도 尙不能久어늘 而況
於人乎아 故로 從事於
道者는 道者를 同於道
하고 德者를 同於德하
며 失者를 同於失이니
라 同於道者하면 道亦
樂得之하고 同於德者
하면 德亦樂得之하며
同於失者하면 失亦樂
得之하나니 信不足이
면 有不信焉이니라

희언(希言)은 자연이니, 그러므로 회오리바람은 아침을 마치지 못하며, 소나기는 하루를 마치지 못하니 누가 이것을 하는가? 곧 천지이다. 천지도 오히려 오래 할 수 없거늘, 하물며 사람에 있어서랴. 그러므로 도에 종사하는 자는, 도가 있는 자에게는 도와 같아지고, 덕이 있는 자에게는 덕과 같아지고, 실(失)이 있는 자에게는 실과 같아진다. 도와 같아지면 도가 있는 자도 또한 이를 얻어서 즐거워하고, 덕과 같아지면 덕이 있는 자도 또한 이를 얻어서 즐거워하며, 실과 같아지면 실도 또한 이를 얻어서 즐거워하니, 신실(信實)함이 부족하면 신뢰받지 못하는 것이다.

희언(希言) : 들어도 들리지 않는 말. 즉 말하지 않으면서도 일체의 진리를 나타내는 소리 없는 소리를 말하는 것.
자연(自然) : 인위(人爲)의 유한성을 넘어서 도의 본래적인 자세대로인 유구 영원한 것.
표풍부종조(飄風不終朝) :

| 풀이 | 들어도 들리지 않는 도의 말은 유구한 무위 자연이다. 그러므로 천지를 뒤흔드는 회오리바람은 아침 한나절도 계속되지 못하고, 무서운 기세로 쏟아지는 소나기도 하루 종일 계속되지는 못한다. 도대체 바람을 불게 하고 비를 내리게 하는 것은 누가 하는 일인가. 그것은 천지가 하는 일이다. 그 천지의 일도 오래 계속시킬 수 없다면 인

간의 경우는 더 말할 필요조차 없을 것이다.

　그러므로 무위 자연대로 행동하는 자는, 도가 있는 자에게는 그 도와 하나가 되고, 덕이 있는 자에게는 그 덕과 하나가 되고, 덕을 잃은 자에게는 그 실덕과 하나가 된다. 도와 일체가 되면 도도 또한 그와 접촉할 수 있었음을 기뻐하고, 덕과 일체가 되면 덕도 또한 그와 접촉할 수 있었음을 기뻐하며, 실덕, 즉 이른바 유교의 군자들과 일체가 되면 그들도 또한 유도자와 접촉할 수가 있었음을 기뻐한다. 사리가 이와 같으므로 무위 자연이 내포하는 신실이 부족하면 누구한테서도 신뢰받지 못하는 것이다.

| 해설 | 이 장에서는 궁극적으로 진실된 말, 즉 〈장자〉의 이른바 지언(至言)에 대하여 설명하고 있다. 〈장자〉에 말하기를, "지극한 말은 말을 버린다[至言去言]."라고 하였듯이, 노자도 궁극적으로 진실된 말은 이것을 들어도 들리지 않는 소리 없는 말이며, 이를 희언(希言)이라고 설명한다. 말하지 않는 말이야말로 자연으로서, 이는 도를 체득한 성인의 말이다. 도는 말을 하지 않아도 온갖 진리를 저절로 말하게 된다. 인간은 여러 가지로 왈가왈부하며, 이유를 붙이고 까다로운 설명을 하기도 하지만, 도는 묵묵히 아무 말도 하지 않고 그저 조용히 위대한 조화의 기능을 전개해 나간다. 그 기능에 의하여 버들은 싹이 트고, 꽃은 피어나며, 새는 하늘 높이 지저귀지만 이것이 조화의 진리라고 말하는 일도 없을 뿐만 아니라, 이것이 내가

표풍(飄風)은 회오리바람. 부종조(不終朝)는 날이 샌 이후부터 조반 전까지이니, 즉 아침 한나절.

취우부종일(驟雨不終日) : 취우(驟雨)는 소나기. 즉 소나기가 하루 종일 계속되지는 않는다는 것.

천지(天地) : 표풍·취우가 천지·음양의 기(氣)의 변화에 의하여 일어남을 말하는 것.

상불능구(尙不能久) : 영구히 지속될 수는 없다는 뜻.

종사어도자(終事於道者) : 무위 자연에 따라 행동하는 자.

동어도·동어덕·동어실(同於道 同於德 同於失) : 동(同)은 모두 같다는 뜻. 실(失)은 덕을 잃은 후에 인·의·예를 소중하게 여기는 사람들, 즉 유교의 군자.

동어도자(同於道者) : 도(유도자)와 일체가 되면.

도역락득지(道亦樂得之) : 도(유도자)의 편에서도 그와 접촉할 수 있었음을 매우 기뻐한다는 뜻.

신부족(信不足) : 신(信)은 무위 자연의 신실(信實)한 것을 이르는 말.

하는 위대한 일이라고 자랑하지도 않는다. 그리고 그곳에서는 모든 진리가 소리 없는 소리, 말 없는 말로써 이야기되고 있어서, 그 영위의 진실됨은 그 어느 것도 속이는 일이 없다. 노자는 이러한 도의 세계의 말 없는 말을 희언(希言)이라고 파악을 하고, 그 소리 없는 소리를 자연이라고 설명하는 것이다.

자연인 희언만이 속이는 일이 없는 진실성을 갖는다. 그리고 속이는 일이 없는 진실성을 갖는 말이야말로 영원한 것이다. 그 이외의 어떠한 소리 있는 소리나 말하는 말도 희언처럼 영원할 수는 없으며, 희언처럼 자연일 수는 없다. 천지를 뒤흔드는 사나운 폭풍우의 울부짖음도, 귀가 멍멍할 정도로 요란스러운 인간의 자기 주장의 외침도 끝내는 본래의 정적으로 되돌아가서 도의 혼돈 속에 삼켜지는 수밖에 없다. 그 혼돈 속에 삼켜져 사라지고 정적으로 돌아간 그 속에서 세계와 인생의 근원적인 진리를 소리 없는 소리로서 듣고, 말없는 말로서 말할 수 있는 사람, 그것이 진정 도를 체득한 무위의 성인이라고 설명하는 것이다.

제24장
인위 · 인지의 허식

企者는 不立하고 跨者는 不行하고 自見者는 不明하고 自是者는 不

발돋음하는 자는 서지 못하고, 큰 걸음으로 걷는 자는 가지 못하고, 스스로 나타내는 자는 뚜렷해지지 않고, 스스로 옳다고 하는 자는 나타나지 못하고, 자기 공을 자랑하는 자는 공이 무너지고, 자만하는 자는 오래가지 못한다. 이러한 것들은 도에 있어서 찬밥이요, 쓸모없는 행동이기 때문에 누구나가 항상 이를 미워한다. 그러므로 유도자는 거기에 몸담지 않는다.

| 풀이 | 발돋음하는 자세로는 오래 서 있지 못한다. 또 큰 걸음으로 걸으면서 목적지까지 빨리 가려고 하는 자는 생각만큼 긴 행보가 되지를 않는다. 그리고 스스로 자기의 재덕을 남에게 나타내 보이려는 자는 오히려 그 재덕이 세상에 뚜렷하게 나타나지 않으며, 스스로 자기의 생각이 옳다고 하는 사람은 오히려 그 선이 나타나지 않는다. 또 스스로 자신의 공적을 자랑하는 자는 오히려 그 공이 없어져 버리고, 스스로 자기의 능력을 자랑하는 자는 오히려 남의 존경을 오래 받지 못한다. 이러한 모든 행위는 무위 자연의 도에 반하여 인위적으로 무리하게 행동한 결과이다. 이렇듯 부자연한 행위야말로 무위의 대도에 있어서는 찬밥 같고, 쓸데없는 행동인 것이다. 그러한 것은 누구나가 싫어하는 것이니, 유도자는 절대로 그와 같은 경우에 몸을 두지 않는다.

| 해설 | 노자의 무위라는 것은 인위·인지의 잔재주를 버리고, 있는 그대로 행동하여 무리하지 않는 것이다. 또한 자신의 본래적인 자세가 어떠한 것인가에 대하여 투철

彰하고 自伐者는 無功하고 自矜者는 不長이니라 其在道也에 曰餘食贅行이라 하여 物或惡之라 故로 有道者는 不處니라

기자(企者): 기(企)는 기(跂)와 통하니, 즉 발돋음을 하는 자.
과자(跨者): 큰 걸음으로 걷는 자.
자견자불명 자시자불창(自見者不明 自是者不彰): 이하 자긍자부장(自矜者不長)까지는 제22장의 주(註)를 참조할 것.
기재도야(其在道也): 기(其)는 위에서 말한 모든 부자연스러운 행동을 말함.
췌행(贅行): 하지 않아도 좋을 쓸모없는 행동.

한 자각을 가지고 그 생활태도에 군더더기를 붙이지 않으며, 버릴 수 있는 모든 것을 버리는 것이다. 그것은 물질적인 재화를 필요 이상으로 갖지 않음을 의미함과 동시에 자기 마음속에 기(氣)를 높이려는 생각, 즉 일체의 허영이나 허식을 버리는 것을 의미한다. 거기서는 명성이나 공업(功業) 그 자체가 반드시 부정되지는 않지만, 그 명성일지라도 저절로 나타나는 무작위적인 것이어야 긍정되는 것이고, 공업도 그것을 자신의 것으로 의식하는 이상 이미 공업으로서의 가치가 상실된 것으로 본다.

가장 중대한 점은 그러한 것들이 있는 그대로의 것으로서 저절로 이루어져야 한다는 사실이다. 무리한 노력으로 얻어진 잔재주를 '여사췌행(餘食贅行)'으로 보는 것이 노자의 입장이다. 이 장에서는 이렇듯 있는 그대로에 맡겨 무리하지 않는 생활태도와 무리를 하지 않고 또 조급하게 굴지 않는 무작위의 인생태도를 설명하였다.

제25장
도의 적료(寂寥)하고 큰 모습

하나의 물(物)이 있는데 뒤섞여 이루어져 천지에 앞서서 생겼다. 그것은 적막하여 소리가 없으나 독립하여 영구불변하고, 널리 행하여 위태롭지 않으니, 따라서 천하의 어머니라고 할 만하다. 나는 그 이름을 모르나 그의 자(字)를 도라 하고, 억지로라도 이것에 이름을 붙인다면 대(大)라고

공업(功業) : 공적이 뚜렷한 큰 사업.

有物混成하여 先天地生하니 寂兮寥兮여 獨立而不改하고 周行而不殆하니 可以爲天下母니라 吾不知其名하여 字之曰道하니 强爲之名曰大요 大曰逝요

한다. 크므로 움직여서 가고, 가므로 멀어지고, 멀어지므로 되돌아오는 것이다. 그러므로 도도 크고, 하늘도 크고, 땅도 크고, 왕도 또한 크다. 세상 중에는 4대(四大)가 있는데, 왕은 그 중의 하나이다. 사람은 땅을 본받고, 땅은 하늘을 본받고, 하늘은 도를 본받고, 도는 자연을 본받는다.

| 풀이 | 여기에 하나의 물(物), 즉 도가 뒤섞여서 천지창조 이전부터 존재해 있었다. 그 도는 고요하여 아무런 소리도 형태도 없으나, 다른 어떠한 것에도 의존하지 않는 독립적인 존재로서 영원불변한 것이었다. 그것은 천하의 어느 곳에도 보편적으로 보급되어 있지만, 조금도 위험한 것은 아니다. 그렇기 때문에 이것을 천지의 어머니, 즉 천하만물의 조물주라고 말할 수 있는 것이다.

그 물건의 이름이 무엇인지 모르지만, 자(字)를 붙인다면 도라고나 할까. 또 억지로 여기에 이름을 붙인다면 대(大)라고 불러야 할 것이다. 그런데 그 대는 넓고 커서 우주만물 어디에도 존재하며, 그렇게 널리 보급된 이른바 대는 그 보편성 때문에 아무리 먼 곳이라도 갈 수가 있다. 먼 곳까지라도 갈 수 있을 정도로 행동반경이 넓지만 그 원심적 움직임은 곧바로 도의 근원에 돌아가는 구심적인 움직임도 되기 때문에 또다시 도의 근원으로 되돌아가는 것이다.

도의 이름이 대(大)일 뿐만 아니라 하늘도, 땅도, 그리고 인간세계의 제왕도 또한 대이다. 이와 같이 이 우주에는

逝曰遠이요 遠曰反이니라 故로 道大하고 天大하고 地大하고 王亦大하니 域中에 有四大하여 而王居其一焉이니라 人法地하고 地法天하고 天法道하고 道法自然이니라

유물혼성(有物混成) : 물(物)은 근원적인 실재로서 도를 가리키는 말. 혼성은 제18장에서 말하는 "도는 이(夷)·희(希)·미(微) 등 세 가지가 뒤섞여서 하나로 되었다."는 것에서 생긴 말.

선천지생(先天地生) : 천지개벽 이전, 곧 역사적인 시간의 시원(始原)에 앞서 실재해 있었다는 뜻.

적혜료혜(寂兮寥兮) : 적막한 것. 고요하고 아무것도 보이지 않는 것.

독립이불개(獨立而不改) : 불개(不改)는 영구불변. 곧 도의 절대성을 설명한 말.

주행이불태(周行而不殆) : 주행(周行)이란 널리 보급되는 것, 불태(不殆)란 위험하지 않다는 뜻으로 널리 향하여 편안한 것. 따라서 도의 보편성을 표현한 말.

천하모(天下母) : 세계를 낳은 자. 조물주라는 뜻.

강위지명왈대(强爲之名曰大) : 원래 이름지을 수 없는 것이지만, 억지로라도

이름을 붙인다면 대(大)라고나 할까.

대왈서(大日逝) : 도(道)는 광대무변하므로 우주만물, 어떠한 장소에도 번져나간다는 뜻.

서왈원(逝日遠) : 도가 널리 보급되면 아무리 먼 곳도 갈 수 있다는 말.

원왈반(遠日反) : 도에 있어서는 가는 것이 곧 되돌아오는 것이라는 뜻임. 반(反)은 복귀를 의미함.

고도대 · 천대 · 지대 · 왕역대(故道大 天大 地大 王亦大) : 앞 구의 "억지로라도 이름을 붙인다면 크다."라는 뜻에 따라서, 이 세상에 있는 4대(四大)를 설명한 것.

역중유사대(域中有四大) : 역중(域中)은 '이 세계 가운데'의 뜻.

인법지(人法地) : 인간은 땅 위에 살고 땅에 의하여 살아가므로, 땅이 없으면 인간이 존재할 수 없다는 말.

지법천(地法天) : 땅은 하늘을 자기의 모범으로 삼는다는 뜻.

천법도(天法道) : 하늘은 하늘만으로는 그 존재를 완전히 할 수 없고, 하늘을 하늘로서 존재하도록 하는 것은 도라는 뜻.

도법자연(道法自然) : 도가 도일 수 있는 본질은 자연이니, 자연이 아닌 도는 무의미하다는 뜻.

4대가 있는데 제왕이 그 중의 하나이며, 그는 인간세계에서 도를 가장 잘 담당하는 자이다. 그러나 그 인간은 땅 위에서 땅의 혜택으로 살아가기 때문에 땅을 본받아야 하고, 그 땅은 또한 하늘의 아래에 있어서 하늘의 혜택으로 존재하기 때문에 하늘을 본받아야 한다. 그리고 하늘도 또한 도에서 연유한 것이기 때문에 도를 본받아야 하며, 도는 무위 자연을 본받아야 한다.

| 해설 | 이 장은 제1 · 4 · 14 · 21장 등과 같이 노자 철학의 근본개념인 도에 대하여 설명한 것이다. 〈노자〉 중에서 도를 원리적으로 설명할 경우에 그것이 〈장자〉의 도에 대한 논술과 내용적으로 가까울 뿐 아니라, 자구의 표현까지도 공통되고 유사한 것이 많은데 이것은 주목할 만한 현상이다. 〈노자〉 제1장의 비상도(非常道)와 〈장자〉의 "도로 하지 않는 도", 그리고 〈노자〉 제21장의 "그 가운데 정기가 있다. ……그 가운데 신이 있다."와 〈장자〉의 "도는 정기가 있고, 신이 있다." 등에 현저하게 나타난 것처럼, 이 장에서도 〈장자〉의 것과 같은 많은 공통점을 발견할 수 있다. 예를 들면 "천지에 앞서서 생겼다."는 말이 〈장자〉의 지북유편 등에 그대로 나오고, 자지왈도(字之日道) · 강위지명왈대(強爲之名日大)와 비슷한 사상이 〈장자 – 잡편〉 즉양편(則陽篇)에 나오며, 천대 지대 왕역대(天大地大王亦大)와 비슷한 사상이 〈장자 – 외편〉 천도편(天道篇)에 나온다.

일반적으로 〈노자〉 중에는 즉물적(則物的)인 서술이나

구상적인 비유가 많은데, 현빈지문(玄牝之門)·빈무지합(牝牡之合) 등 극히 소박한 표현이 눈에 띄는 반면에 〈장자〉에 보이는 이(理)·성(性) 등의 철학적인 개념은 아직 나타나지 않았다. 그러나 도에 관한 논술은 그것과는 대조적으로 상당히 정도가 높은 형이상적 사색과 이론적인 반성을 보이고 있다.

그것이 노자 본래의 것인지 후세에서 첨가되고 심화된 것인지의 여부는 경솔하게 논하기 어렵지만, 아무튼 〈노자〉에 있어서의 도에 대한 논술이 〈장자〉의 그것과 많은 공통점을 갖는다는 사실은 노장의 도의 철학의 기본적인 성격을 고찰하는 데 중요한 의미를 갖는 것이다.

제26장
중정(重靜)을 지키는 성인의 처세

무거움은 가벼움의 뿌리요, 고요함은 시끄러움의 임금이다. 이로써 성인은 종일 가도 치중(輜重)을 떠나지 않고, 아름다운 경치가 있어도 편안하게 있어 초연하다. 어찌하여 만승의 임금으로서, 몸을 천하에 가볍게 할 것인가. 가볍게 하면 곧 근본을 잃고, 떠들썩하게 하면 곧 임금을 잃는다.

┃ 풀이 ┃ 무거운 것(도)은 가벼운 것(천하만물)의 근본이 되고, 고요한 것(도의 체득자)은 떠들썩한 것(도를 체득하지

重爲輕根하고 靜爲躁君이니라 是以로 聖人은 終日行에 不離輜重하고 雖有榮觀이라도 燕處超然이니라 奈何萬乘之主로 而以身輕天下리오 輕則失本하고 躁則失君이니라

중위경근 정위조군(重爲輕根 靜爲躁君) : 이 두 구의 근(根)과 군(君)은 운자. 무

거운 것이 가벼운 것의 근본이 되고, 가만히 정지해 있는 것이 떠들썩하게 움직이는 것의 지배자가 된다는 뜻. 중·정(重靜)은 물론 도를 체득한 자의 자세이며, 경·조(輕躁)는 만물 혹은 도의 근원에 돌아갈 줄 모르는 자의 자세임.

시이성인(是以聖人) : 성인을 군자라고도 한 책도 있는데, 군자는 유교에서 말하는 인간의 이상적인 전형을 말한 것.

행불리치중(行不離輜重) : 행(行)은 연처(燕處)의 처와 대응하는 말. 불리(不離)는 몸 가까이에 둔다는 뜻. 치중(輜重)은 보급물자를 실은 짐차. 즉 병참을 확보한 전투행동으로, 뒷일을 염려할 필요가 없는 무게 있는 자세.

연처(燕處) : 자기 방에 편안하게 있는 것.

초연(超然) : 괘념하지 않는 모양.

만승지주(萬乘之主) : 천자.

이이신경천하(而以身輕天下) : 자기 몸을 천하에 가볍게 해서는 안 되고 천하에 대하여 신중하게 행동해야 한다는 뜻.

경즉실본 조즉실군(輕則失本 躁則失君) : 본(本)·군(君)은 운자. 경즉실본(輕則失本)은 첫머리의 '중위경근'을 이어받은 것인데, 본(本)은 근(根)과 같은 뜻. 구체적으로는 '이이신경천

못한 자)의 주인이요, 지배자이다. 그러므로 도의 체득자로서의 성인은 종일 행군하되 군수물자를 실은 짐차의 옆을 떠나지 않는 장군처럼 모든 일의 처리에 있어서 신중하게 할 뿐만 아니라, 아무리 좋은 경치가 있어도 그런 따위는 거들떠보지도 않고, 마치 자기 집 방 안에 편안히 앉아 있는 것처럼 초연하여 결코 가볍게 행동하지 않는다. 하물며 이른바 제왕이라는 자가 천하에 대하여 조용하고 무게 있는 행동을 해야 할 자기의 몸을 가볍게 처신할 수 있겠는가. 제왕은 마땅히 무게 있고 고요하게 행동해야 한다. 만일 그렇지 못하고 가볍게 행동하면 그 근본인 도를 잃는 것이고, 떠들썩하면 도의 체득자로서의 힘을 잃는 것이다.

| 해설 | 노자가 뾰족하고 날카로운 것보다는 둔하고 무거운 것을, 격렬하게 움직이는 것보다는 고요하게 안정된 것을 중시하였음은 이미 논술한 바 있다. 이 장도 또한 가벼운 것과 떠들썩한 것을 피하여 무거운 것과 고요한 것을 지키는 무위 자연의 성인의 평안한 처세를 설명한 것이다.

어떤 학자의 소견에 의하면 이 장 처음의 두 구, 중위경근 정위조군(重爲輕根 靜爲躁君)과 마지막의 두 구, 경즉실본 조즉실군(輕則失本 躁則失君)만이 노자의 글이고, 시이성인(是以聖人)에서 이이신경천하(而以身經天下)까지는 한비자의 기술이라는 말이 있다. 이것은 위의 앞뒤 네 구의

문장 중에 노자가 즐겨 쓰는 운자, 즉 근·군·본·군 등이 있는 것으로 보아 어느 정도 수긍이 되는 소견이다. 결국 이 장은 본래 경·조(輕躁)를 피하여 중·정(重靜)을 지키라는 노자의 일반적인 처세 교훈이었는데, 후에 한비자가 제왕의 훈계로서 개작한 흔적이 있다.

'하'의 신(身)을 의미함. 조 즉실군도 첫머리의 '정위조군'을 이어받은 것인데, 여기의 군은 다 같이 주인·지배자의 뜻.

제27장
무위 자연의 선(善)

　잘 가는 것은 바퀴자국이 없고, 잘하는 말은 흠이 없고, 잘 세는 것은 주책(籌策)이 필요하지 않으며, 잘 닫는 것은 빗장이 없으나 열지 못하고, 잘 묶는 것은 밧줄이 없으나 풀지 못하다. 이 까닭으로 성인은 항상 사람들을 잘 구하므로 사람을 버리지 않고 항상 물(物)을 잘 구한다. 그러므로 물을 버리지 않으니 이것을 명(明)에 들어간다고 하는 것이다.

　그러므로 선인은 불선인의 스승이요, 불선인은 선인의 도움이 되니, 그 스승을 귀하게 여기지 않고 그 도움을 사랑하지 않으면, 비록 지혜로운 자라도 크게 미혹될 것이니 이것을 현묘한 진리라고 한다.

| 풀이 | 길을 가장 잘 가는 자는 수레바퀴 자국을 남기지 않고, 가장 훌륭한 말에는 결점이 없다. 또 가장 교묘한 계산에는 산가지가 필요하지 않고, 문을 잘 잠그는 경

善行은 無轍迹하고 善言은 無瑕謫하고 善數는 不用籌策하고 善閉는 無關鍵이나 而不可開하고 善結은 無繩約이나 而不可解니라 是以로 聖人은 常善救人이라 故로 無棄人하고 常善救物이라 故로 無棄物이니 是謂襲明이니라 故로 善人者는 不善人之師요 不善人者는 善人之資니 不貴其師하고 不愛其資면 雖智나 大迷니 是謂要妙이니라

선행(善行) : 잘 가는 것.
철적(轍迹) : 수레바퀴의 자국. 수레를 달림에 있어서 수레바퀴 자국도 남기지 않을 정도로 작위의 흔적을

전혀 느끼지 않는 것.

선언(善言) : 훌륭한 말, 즉 성인의 발언(發言).

하적(瑕謫) : 구슬에 있는 흠. 과실.

불용주책(不用籌策) : 주책(籌策)은 옛날에 계산을 할 때 사용하던 산가지. 따라서 주책을 사용하지 않는다는 말.

선폐(善閉) : 문 따위를 잘 잠그는 것.

관건(關鍵) : 빗장과 열쇠.

선결(善結) : 짐 등을 묶는 것.

승약(繩約) : 밧줄.

구인(救人) : 인재를 적재적소(適材適所)에 배치하여 잘 활용하는 것.

무기인(無棄人) : 어느 누구도 버리지 않는다는 것.

선구물(善救物) : 재물을 잘 활용하는 것.

습명(襲明) : 습(襲)은 입(入)과 같은 뜻, 명(明)은 밝은 지혜. 즉 진지(眞智)의 경지에 들어간다는 것.

수지대미(雖智大迷) : 마음을 겸허하게 하여 누구한테서든지 배우려는 태도를 가지지 못하면 아무리 지혜 있는 자라도 길이 막히게 된다는 것.

요묘(要妙) : 깊은 진리. 즉 무위 자연의 도.

우는 빗장이나 자물쇠를 채우지 않았어도 열 수가 없다. 또한 짐을 꾸릴 때 교묘하게 묶으면 밧줄 따위는 사용하지 않았는데도 풀 수가 없다. 이와 같이 도를 깨달은 무위의 성인은 뚜렷한 자취를 남기지 않고 별다른 술책을 쓰지 않고서도 자연스럽게 모든 사람을 활용하므로 어떤 인간도 버리는 일이 없다. 또 항상 자연스럽게 모든 재물을 잘 활용하므로 어떠한 물건도 버리지 않는다. 이와 같은 것을 가리켜서 밝은 지혜를 체득하였다고 하는 것이다.

이리하여 스승은 제자가 배워야 할 모범이 되고, 제자는 스승에게 있어서 반성을 하는 데 도움이 된다. 만일 모범이 되는 것을 귀하게 여기지 않고, 도움이 되는 바를 소중하게 생각하지 않으면, 아무리 지혜가 많은 사람일지라도 미혹에 빠질 것이니 어찌할 바를 모르게 되는데, 이것을 현묘한 진리라고 하는 것이다.

| 해설 | 이 장에서는 노자의 선에 대한 설명이다. 노자에 있어서 선이라고 하는 것은 물과 같이 일정한 형태에 사로잡히지 않는 것이며, 과일이 익듯이 저절로 사물을 성장시켜 나가는 것이며, 세상에서 선이라고 하는 것이 선하지 못한 것임을 알고 무위의 일을 편안히 여기며, 선과 악의 상대된 입장을 초월하여 있는 그대로 도의 세계에 몸을 두는 것이다. 즉 무위 자연이 선이며, 인간의 간섭을 버리는 일로서 교묘하지 않은 교묘함이 선이다. 그것은 교묘하지도 않은 교묘함이기 때문에 인위적인 기교를 부

리는 일이 없고, 인간의 간섭을 버림으로써 일체의 존재를 있는 그대로 받아들이는 무위 자연이기 때문에, 선한 사람을 긍정하는 동시에 선하지 않은 사람도 버리지 않는 것이다.

　노자의 선은 악과 본바탕에 있어서 하나이며, 악도 이를 용서하여 포용해 가는 선이다. 선과 악을 엄격하게 구별하여 선이 아니면 악, 또는 악이 아니면 선이라고 명쾌하게 딱 자르는 양자택일적인 사고는 노자가 별로 좋아하지 않는다. 그 사고는 선도 없고 악도 없다고 하는 점에서 선을 보고 또 악을 보려고 한다. 그러므로 선이 구제되는 동시에 악도 구제되는 것이며, 또 선도 그것을 선이라고 내세우게 되면 이미 선이 아닌 것이다.

　흔히 동양사상에는 악에 대한 심각한 사색이 부족하다고들 말하고 있는데, 노자도 역시 이러한 평을 들어 마땅하다고 할 수 있을 것이다. 노자의 악은 선과 상대적인 것으로서 그것은 선을 찾아볼 수 없는 상태, 혹은 선의 자각을 갖지 못한 상태를 일컫는 말에 지나지 않는다.

사색(思索) : 줄거리를 세워 깊이 생각함.

　노자는 선과 악을 근원적으로는 하나로 보고, 악을 선과 연속적인 존재로 파악하고 있는 것이다. 노자에 있어서 악은 본질적으로는 미혹(迷惑)이었고, 그 자체로서 존재하는 것은 아니었다. 노자에게는 기독교와 같은 원죄의식도 없고, 불교와 같은 숙업(宿業)의 자각도 없다. 노자가 모든 인간의 도에 대한 자연성을 규정하고, 성인에게는 버릴 사람이 없다고 하는 것도 이와 같은 사상에 그 근

미혹(迷惑) : ① 마음이 흐려서 무엇에 흘림. ② 정신이 헷갈려 갈팡질팡 헤맴.

숙업(宿業) : 전생에 지은 업인〔業因 : 불교에서, 선악의 과보(果報)를 받을 원인이 되는 행위를 이르는 말〕.

거를 두고 있는 것이다.

이 장은 세 부분으로 나눌 수 있다. 첫째 부분은 선행무철적(善行無轍迹)에서 선결무승약 이불가해(善結無繩約 而不可解)까지이고, 둘째 부분은 시이성인(是以聖人)에서 시이습명(是以襲明)까지, 셋째 부분은 고선인자 불선인지사(故善人者 不善人之師)에서 마지막까지이다. 이 세 부분의 내용은 반드시 논리적인 일관성이 있다고 보기는 어렵다. 원래는 각각 다른 문장을 제멋대로 모은 것이라는 설도 있고, 둘째·셋째 부분에 있어서 각각 '시위습명·시위요묘'의 구 외에는 모두 잘못 낀 쓸데없는 문장이라는 설도 있다. 그러나 위에서 논술한 대로 이 장의 뜻을 노자의 이른바 선, 즉 무위의 성인의 꾸미지 않은 교묘함과 자유스러운 가치관을 설명한 것으로 보면, 주제로서는 그런 대로의 마무리를 짓고 있는 셈이다.

제28장
무위 자연의 덕

知其雄하고 守其雌하면 爲天下谿니 爲天下谿면 常德不離하여 復歸於嬰兒니라 知其白하고 守其黑하면 爲天下式이니 爲天下式이면 常德不忒하여 復歸於無極이니라 知其榮하고 守其辱하면 爲天下谷

그 남성적인 것을 알면서 그 여성적인 것을 지키면 천하의 골짜기가 되고, 천하의 골짜기가 되면 상덕(常德)이 몸에서 떠나지 않아, 어린아이의 무심으로 복귀하게 된다. 그 백(白)을 알고 그 흑(黑)을 지키면 천하만민의 모범이 되고, 천하만민의 모범이 되면 상덕에서 어긋나지 않고, 무의 극치인 도에 복귀한다. 그 영화를 알고 그 오욕을 지키면 천하의 골짜기가 되고, 천하의 골짜기가 되면 상덕이 가득 차 통나무의 소박에 복귀한다. 통나무를 절단하여 그릇을 만드는데, 무위 자연의 성인이 이러한 이치로 천하만민을 활용할 경우에는 그들을 관장(官長)으로 삼는다. 그러므로 큰 절단이란 베지 않는 것이다.

| 풀이 | 남성적인 강인함이 무엇인가를 잘 이해하면서 여성적인 유연성을 꾸준히 보지해 가면 물이 보이는 계곡처럼 온 세상이 사모하고 따르는 커다란 골짜기가 될 것이며, 천하의 사람을 모으는 커다란 골짜기가 되면 영구불변의 무위의 덕을 몸에 지닐 수 있기 때문에 어린아이와 같은 무지·무욕의 마음으로 되돌아간다.

로고스의 명석함이 무엇인가를 이해한 다음에 카오스의 어두움을 꾸준히 지속해 가면 온 세상이 그를 본받아서 이 세상의 큰 사표(師表)가 된다. 이 세상의 큰 사표가 되면 영구불변한 무위의 덕에 어긋남이 없이 끝없는 도의 세계의 근원으로 되돌아간다.

이 세상의 영화가 무엇인가를 잘 이해하고서 오욕의 생활을 꾸준히 감수해 가면 온 세상이 사모하고 따르는 큰 골짜기가 되고, 큰 골짜기가 되면 영구불변한 무위의 덕이 충만하여 갓 찍어낸 통나무와 같은 소박성으로 되돌아간다. 투박한 통나무를 잘라서 각종 그릇을 만들 듯이, 소박한 개개인을 한 가지 기술에 능한 특수 기능자로 만든다면 무위 자연의 성인이 그들을 등용할 때는 기껏해야

이니 爲天下谷이면 常德乃足하여 復歸於樸이니라 樸散則爲器니 聖人用之면 則爲官長이니라 故로 大制는 不割이니라

지기웅 수기자(知其雄 守其雌) : 웅(雄)은 남성적인 강인함을 말하며, 자(雌)는 여성적인 유연한 것을 말함. 즉 남성적인 것을 알고 여성적인 것을 지키는 것.

계(谿) : 골짜기가 깊고 겸허한 존재로서의 노자의 도를 비유하여 설명하는 말.

상덕(常德) : 상(常)은 제1장 상도의 상과 같은 뜻으로서 영원불변을 말함. 덕(德)은 득(得)으로서 도를 체득한 자세, 혹은 체득한 내용.

복귀(復歸) : 제16장의 해설을 참조할 것.

영아(嬰兒) : 어른들과 같이 음란한 욕망에 더럽혀지지 않은 순진무구한 심신을 가진 자. 무지·무욕한 유도자의 자세에 비유되고, 또한 소박하고 자연스러운 것의 상징으로 쓰임.

지기백 수기흑(知其白 守其黑) : 백(白)은 명백, 밝게 알다의 뜻으로 혹은 로고스의 명석함. 흑(黑)은 어둡다·유현하다의 뜻으로 혹은 카오스의 혼탁. 즉 명석

함을 알고 어두움을 지키는
것.

천하식(天下式) : 식(式)은
모범·규범.

불특(不忒) : 어긋나지 않는
다는 것. 위의 불리(不離)와
서로 대가 됨.

무극(無極) : 끝없는 것, 즉
도(道)를 말함.

지기영 수기욕(知其榮 守其
辱) : 영달의 지위가 어떠한
것이고, 그것을 어떻게 하
면 획득할 수 있는지를 잘
알면서도, 사람들이 싫어하
는 비천한 지위에 만족하면
서 유유자적하는 것.

천하곡(天下谷) : 앞 구에
나온 계(谿)와 같은 뜻으로
서 깊은 골짜기를 말함.

박(樸) : 산에서 금방 찍어
낸 통나무. 자세한 것은 제
15·19장을 참조할 것.

박산즉위기(樸散則爲器) :
산(散)은 베고 쪼개는 것,
기(器)는 각종 그릇. 이것은
인류사회의 각종 문물제도
를 비유한 말. 개인에게 있
어서의 특수 기능의 뜻으
로도 봄.

성인용지 즉위관장(聖人用
之 則爲官長) : 성인(聖人)
은 무위 자연의 성인, 관장
(官長)은 백관의 우두머리.
즉 성인이 통나무의 소박한
맛을 잃고 특수 기능자가
된 세상 사람을 등용할 경
우에는 그들을 기껏해야 관
리의 우두머리 정도로 활용
한다는 뜻.

대제불할(大制不割) : 대제

관리의 우두머리 정도로밖에 채용하지 않는다.

결론을 말한다면 큰 결단(무위 자연의 정치)이란 인위적
인 절단을 하여 인간을 특수한 기능자로 만드는 것이 아
니라, 통나무와 같은 아무 꾸밈이 없는 소박한 맛을 그대
로 보전해 나가는 것이다.

| 해설 | 이 장은 첫머리의 문구와 비슷한 '지기웅 수기
자 위천하계 지기백 수기욕 위천하곡(知其雄守其雌 爲天下
谿 知其白守其辱 爲天下谷)'이란 글이, 노자의 철학을 요약
하여 해설한 〈장자 – 잡편〉의 천하편(天下篇)에도 실려 있
어서 옛날부터 많은 사람들이 애송해 왔으며, 또 자주 인
용되기도 한 〈노자〉의 대표적인 문장 중의 하나이다.

이 장의 내용은 노자의 이른바 무위 자연의 덕을 자(여
성적인 유연함)와 계곡(골짜기의 겸허함), 영아(어린아이의 순
진함)와 박(통나무의 소박함) 등에 의하여 비유적·상징적
으로 설명한 것인데, 그 서술은 첫머리에서 복귀어박(復歸
於樸)까지의 전반부와 박산즉위기(樸散則爲器)에서 마지막
까지의 후반부로 양분한다.

전반부는 6자·4자·4자·4자·5자로 이루어진 5구
의 문장 셋을 연결하였고, 운자도 각각 자(雌)·계(谿)·계
(谿)·리(離)·아(兒)와 흑(黑)·식(式)·식(式)·특(忒)·극
(極), 그리고 욕(辱)·곡(谷)·곡(谷)·족(足)·박(樸) 등으로
되어 있는데, 그 정연한 내용만으로도 하나의 완결된 마
무리를 실감하게 한다.

이에 비하여 후반부는 겨우 4구 18자로 이루어졌으며, 문체도 전반부와는 다를 뿐만 아니라, 논지도 약간 복잡하여 관장(官長)이라는 전후의 서술과 어울리지 않는 어구를 사용하였다. 따라서 주해자들이 지적하는 것처럼 이 부분은 후세에서 첨가된 것으로서 원문에는 없었던 문장이라고 보아도 무방할 것이다.

(大制)는 위대한 절단, 할(割)은 인위적인 절단. 여기의 위대한 절단이란 윗글에 나온 박(樸)을 산(散)하지 않은 상태, 즉 백성을 소박한 데로 복귀시키는 무위 자연의 정치를 말함.

제29장
무위 자연의 승리

천하를 취하려고 하여 이를 행하는 자는 그것이 불가능함을 나는 본다. 천하는 신기(神器)이므로 어찌할 수 없는 것이니, 인력으로 하려다가는 실패하고, 손으로 잡으려고 하다가는 놓친다. 무릇 만물은 스스로 가기도 하고 남의 뒤를 따라가기도 하며, 혹은 입김을 천천히 불기도 하고 급히 불기도 하며, 또 어떤 것은 강하고 어떤 것은 약하며, 어떤 것은 좌절되고 어떤 것은 무너진다. 그러므로 성인은 과도한 것을 버리고, 과욕(過慾)을 버리고, 교만을 버린다.

將欲取天下하여 而爲之者는 吾見其不得己니라 天下는 神器라 不可爲也니 爲者는 敗之하고 執者는 失之니라 凡物은 或行或隨하며 或歔或吹하며 或强或羸하며 或挫或隳니라 是以로 聖人은 去甚하고 去奢하며 去泰니라

| 풀이 | 천하를 가로챌 계획을 세우고 아무리 인위적인 공작을 하더라도 나는 그것이 불가능하다는 것을 잘 안다. 원래 천하라는 것은 인간의 계략을 초월한 불가사의한 존재이므로, 인간의 힘으로는 처리할 수가 없다. 그런

장욕취천하 이위지자(將欲取天下 而爲之者) : 천하를 가로채는 계획을 성공시키려는 자.
오견기부득이(吾見其不得己) : 그것이 불가능함을 나는 안다는 것.
천하신기(天下神器) : 천하는 인간의 계획을 초월한

비합리적이고 불가사의한 존재라는 뜻.

불가위야(不可爲也) : 인간의 힘으로는 어찌할 수 없다는 것.

위자패지(爲者敗之) : 인간의 힘으로는 역부족인데도 억지로 인간의 힘으로 해보려다가는 실패한다는 뜻.

집자실지(執者失之) : 권력 같은 것을 잡으려다가는 놓쳐버린다는 것.

혹행혹수(或行或隨) : 스스로 가기도 하고 남의 뒤를 따라가기도 한다는 것. 능동적이거나 혹은 피동적.

혹허혹취(或歔或吹) : 허(歔)는 입김을 천천히 부는 것, 취(吹)는 입김을 급히 부는 것.

혹강혹리(或强或羸) : 어떤 것은 강하고 어떤 것은 약하다는 것.

혹좌혹휴(或挫或隳) : 혹은 좌절되고 혹은 무너진다는 뜻.

거심거사거태(去甚去奢去泰) : 심(甚)은 극단적인 것, 과도한 것. 사(奢)는 욕망을 지나치게 충족시키려는 것, 태(泰)는 교만한 마음. 즉 과도·과욕·교만을 버리라는 말.

데도 이것을 억지로 인간의 힘으로 처리하려다가는 실패하게 된다. 또 그것을 손에 잡으려다가는 놓치게 된다.

이 세상에 존재하는 것은 천태만상이어서 스스로 걸어가는 능동적인 자가 있는가 하면, 남의 꽁무니만을 따라다니는 피동적인 자도 있다. 입김을 훅훅 부는 것 같은 소극적인 자가 있는가 하면, 입김을 확확 부는 것 같은 적극적인 자도 있다. 또 어떤 자는 강하고 어떤 자는 약하며, 어떤 일은 좌절되기도 하고 어떤 일은 아주 무너져버리기도 한다. 그러므로 성인은 무위 자연의 도에 지나친 것이나 욕망의 지나친 충족·교만 따위를 모두 버리는 것이다.

| 해설 | 이 장에서는 뭇 영웅들이 천하를 서로 차지하려고 싸우는 춘추전국시대의 역사적 현실을 직시하여, 천하는 인간이 우격다짐으로 취하려고 해도 결코 취할 수 있는 것이 아니라는 것과 하려고 하지 않는데 저절로 되는 무위 자연의 현묘한 진리를 깨달아 일체의 지나친 욕심을 버리는 무위의 성인만이 궁극적인 승리를 얻는다는 것을 설명하였다. 패도(覇道)를 배척하고 왕도를 주장하는 유교의 이상주의까지도 오히려 인위적인 기교를 부리는 것이라고 비판하면서, 유구한 역사의 흐름 속에서 만물의 자연을 응시하려는 노자 철학의 근본적인 입장이 잘 표현되어 있다.

제30장
강행(强行)은 최대의 반자연

　도로써 임금을 보좌하려는 자는 무력으로 천하에 강대한 자가 되려고 하지 않는데, 그 일은 도에 돌아오기를 좋아한다. 군대가 있는 곳에서 형극(荊棘)이 생기고, 큰 전쟁 후에는 반드시 흉년이 든다. 그러므로 정치를 잘하는 자는 저절로 이루게 하는 것이다. 그리하여 억지로 강대해지려고 하지 않으니, 무위로 이루어 자랑하지 않고, 무위로 이루어 자기의 공을 내세우지 않고, 무위로 이루어 교만하지 않고, 무위로 이루어 부득이하고, 무위로 이루어 강대하지 않는다. 물(物)은 강장(强壯)하면 곧 노쇠하니 이것을 도에 어긋난다고 하는데, 도에 어긋나면 곧 앞길이 막힌다.

| 풀이 | 무위 자연의 도로써 임금을 보좌하려는 자는 무력으로 천하에 강세를 과시하려고 하지 않고, 오히려 그 정치를 무위 자연의 근본의 도로 되돌리려고 한다. 왜냐하면 군대가 주둔하는 곳에는 가시나무가 자라서 논밭이 황폐해지고, 큰 전쟁을 치른 후에는 반드시 기근이 오기 때문이다.

　좋은 정치란 과실이 저절로 익는 것처럼 완전히 무위 자연으로 되는 것이므로 억지로 나라가 강대해지기를 바라지 않는다. 무위 자연으로 이루어 자랑하지 않고, 무위

以道佐人主者는 不以兵强天下하나니 其事好還이니라 師之所處에 荊棘生焉하고 大軍之後에 必有凶年이니라 故로 善者는 果而已요 不敢以取强焉하나니 果而勿矜하고 果而勿伐하고 果而勿驕하고 果而不得已하고 果而勿强이니라 物壯則老하나니 是謂不道니 不道早已니라

이도좌인주자(以道佐人主者) : 도로써 임금을 보좌하는 것.

불이병강천하(不以兵强天下) : 무력으로 천하에 강대한 자가 되려고 하지 않음.

기사호환(其事好還) : 기사(其事)는 그 일, 곧 정치, 환(還)은 근본의 도에 돌아간다는 뜻. 그러나 이 어구에도 '가끔 보복을 받는다.'와 기대하던 것과는 '반대의 결과가 된다.'는 다른 설도 있음.

사지소처(師之所處) : 군대의 주둔지.

대군지후(大軍之後) : 큰 전

쟁을 치른 다음.

고선자 과이이(故善者果而已) : 그러므로 좋은 정치를 하는 유도자는 무위 자연으로 성과를 거둔다는 것. 과(果)는 성(成)과 같은 뜻.

불감이취강언(不敢以取强焉) : 취(取)는 용(用), 또는 구(求)와 같은 뜻. 억지로 강대해지려고 하지 않는다는 것.

과이물긍 과이물벌 과이물교(果而勿矜 果而勿伐 果而勿驕) : 과(果)는 무위 자연으로 공을 이룬다는 뜻. 긍(矜)은 위의 강(强)과 함께 운자로서 긍은 자랑하는 것, 벌은 자기의 공을 내세우는 것.

과이부득이(果而不得已) : 부득이 이룬다는 것.

과이물강(果而勿强) : 앞 구의 '선자과이이 불감이취강언'의 뜻을 요약한 것, 즉 무위 자연으로 이루고 강대해지기를 구하지 않음.

물장즉로(物壯則老) : 장(壯)은 강(强)과 같은 뜻. 강이라 하지 않고 장이라고 한 것은 이것이 성어적(成語的)인 문장이고, 또 장이 그 아래의 노(老)와 대응하기 때문임. 노(老)는 쇠(衰)의 뜻.

시위부도(是謂不道) : 부도(不道)는 무위 자연의 도에 어긋나는 것.

부도조이(不道早已) : 조이(早已)는 희망이 없다는 뜻. 따라서 도에 어긋나면 희망

자연으로 이루어 자기의 공을 내세우지 않고, 무위 자연으로 이루어 교만하게 굴지 않는다. 무위 자연으로 필연의 도리에 따라 부득이하게 이루고, 무위 자연으로 이룰 뿐 강대해지길 바라지 않는다.

모든 사물은 세력이 강대해지면 후에는 반드시 쇠퇴하게 된다. 이러한 것을 무위 자연의 도에 어긋나는 부자연한 행동이라고 한다. 부자연한 행동은 이내 쓸모없이 되어버리는 것이다.

| 해설 | 이 장은 인위적으로 천하를 차지하려는 것의 불가능함을 논한 전 장과 관련하여 무력으로 천하에 강대해지려는 것을 부정한 것이다. 무력에 의한 천하 제패를 도에 어긋난다고 부정하여, 그 당시 위정자들의 최대의 관심사였던 부국강병의 군국주의는 백성들의 생활을 짓밟는 권력의 횡포라며 준엄하게 비판하였다.

노자는 전쟁을 반드시 절대적으로 부정한 것은 아니고, 부득이하여 이를 행해야 할 경우가 있을 때는 인정하였다(다음 장을 볼 것). 그가 전쟁을 비판하고 부정하는 주요한 이유는 그것이 무위 자연의 진리에 어긋나는 권력자들의 행위이며, 또한 그것에 의하여 인간이 살아가는 데 반드시 없어서는 안 될 식량을 확보하는 농촌이 파괴되고 황폐해지기 때문이었다. 따라서 노자에게 있어서 전쟁은 인간의 생존을 위협하고, 인위적인 억지를 강행하는 최대의 반자연이었다. 그는 이와 같은 전쟁의 반자연을 제31·

69 · 73 · 76장 등에서도 준엄하게 비판하고 있다.

제31장
상서롭지 못한 병기(兵器)

대저 훌륭한 병기는 상서롭지 못한 것이니, 만물이 항상 이를 미워한다. 그러므로 유도자는 그것에 몸담지 않는다. 그래서 군자는 평상시에는 왼쪽을 귀히 여기고, 병기를 사용할 때는 오른쪽을 귀히 여긴다. 병기란 상서롭지 못한 것이니, 군자가 소지할 것이 못된다. 부득이하여 이를 사용하게 되면 염담(恬淡)한 것을 최상으로 삼아야 한다. 승리해도 찬미하지 않아야 하는데, 만일 이를 찬미한다면 이는 살인을 즐거워하는 것이니, 대저 살인을 즐거워한다면 곧 뜻을 천하에 얻지 못하는 것이다.

길한 일에는 왼쪽을 숭상하고, 흉한 일에는 오른쪽을 숭상한다. 편장군(偏將軍)은 왼쪽에 있으며 상장군(上將軍)은 오른쪽에 있으니, 상례(喪禮)로써 이에 대처함을 의미한다. 사람 죽이기를 많이 하였으면 비애(悲哀)로써 이에 임해야 하니, 전쟁에서 승리한다 하더라도 상례로써 이에 대처한다.

┃풀이┃ 대저 훌륭한 병기란 아무리 날카로워도 불길한 물건이므로 모든 사람들이 항상 이것을 싫어한다. 그러므로 유도자는 병기를 사용하는 자리에 몸을 두지 않는다.

이 없다는 것.

夫佳兵者는 不祥之器
이니 物或惡之라 故로
有道者는 不處니라 是
以로 君子는 居則貴左
하고 用兵則貴右니라
兵者는 不祥之器이니
非君子之器라 不得已
而用之면 恬淡爲上이
니라 勝而不美하니 而
美之者는 是樂殺人이
니 夫樂殺人者는 不可
以得志於天下矣니라 吉
事는 尙左하고 凶事는
尙右하니라 偏將軍은
居左하고 上將軍은 居
右하니 言以喪禮處之
니라 殺人之衆이면 以
悲哀泣之하니 戰勝이
라도 以喪禮處之니라

가병(佳兵) : 훌륭한 병기, 날카로운 병기. 가(佳)를 추(隹)의 오자로 보고, 부추(夫隹)는 부유(夫唯)와 같은 뜻으로 보아서, 부가병(夫佳

兵)을 '도대체 병기란 것은'의 뜻으로 풀이하기도 함.

불상지기(不祥之器) : 상서롭지 못한 도구.

물혹오지(物或惡之) : 물(物)은 만물·만민, 여기의 혹(或)은 항상의 뜻. 따라서 만물이 항상 미워한다는 것.

불처(不處) : 몸담지 않는다, 즉 그러한 자리에 몸을 두지 않는다는 것.

군자(君子) : 유교가 이상으로 삼는 인격 개념. 여기서는 조정에서 벼슬하는 현자를 의미함.

거즉귀좌(居則貴左) : 여기의 거(居)는 평소의 뜻, 귀좌(貴左)는 왼쪽을 상위(上位)로 삼는다는 것. 옛날에는 왼손을 신성시하는 경향이 있었음.

용병즉귀우(用兵則貴右) : 귀우(貴右)는 오른쪽을 소중하게 여긴다는 것. 옛날에는 죽은 자에 대한 의례·전쟁 등을 싫어하며 불결하다고 생각하는 원시신앙이 있었음.

부득이이용지(不得已而用之) : 어쩔 수가 없어서 무기를 쓰는 경우에는.

염담(恬淡) : 무위 자연의 도에 따라서 아무 욕심이 없는 것, 깨끗한 것.

승이불미(勝而不美) : 전쟁에서 승리를 해도 그 승리를 자기의 공으로 자랑하지 않는 것.

이미지자(而美之者) : 이(而)는 약(若)과 같은 뜻. 즉 만

평소에 왼손을 신성시하여 왼쪽을 귀하게 여기는 군자라도 무기를 사용할 경우에는 오른쪽을 귀하게 여긴다. 이러한 점으로 보아 병기를 다루는 일이 떳떳한 도리가 아님을 알 수 있다.

아무튼 무기란 상서롭지 못한 것이므로 유덕한 군자가 소지할 바가 아니다. 부득이 병기를 사용하여 전쟁을 할 경우에도 욕심부리지 말고 깨끗하게 해치우는 것이 최상이고, 비록 승리를 얻는다 하더라도 그것을 찬미하지 않는다. 만일 전쟁의 승리를 찬미한다면 그것이야말로 살인을 찬미하는 꼴이 되는 것이니, 살인을 찬미하는 마음으로 어찌 높은 뜻을 천하에 펴서 이것을 성취할 수 있겠는가.

일반적으로 길사에는 왼쪽을 숭상하는데 흉사, 즉 전쟁 등에서는 오른쪽을 귀하게 여긴다. 그러므로 군대에서는 부장군은 왼쪽에 자리잡고 최고 사령관은 오른쪽에 자리잡는데, 이것은 전쟁을 장례식 같은 흉사로 간주함을 의미하는 것이다. 많은 인간을 죽이는 것이 전쟁이므로 슬픔을 안고 전쟁에 임할 것이고, 비록 승리를 거둔다 하더라도 장례식을 하는 것처럼 대처해야 하는 것이다.

| 해설 | 이 장은 제30장의 논술과 관련하여 전쟁을 비판하고, 병기를 인간의 손을 피로 더럽히는 상서롭지 못한 흉기로서 경계하고 있다. 다만 이 장은 한 번 읽고도 쉽게 이해할 수 있도록 문장이 중복되어 있으며, 글 뜻도 뒤섞여서 복잡하기 때문에 예부터 본문 속에 주석이 섞여 들

어왔다는 설과 앞뒤 문장에 서로 뒤섞인 것이 있다고 보는 설 등 여러 가지로 본문 비판을 하고 있다. 지금 그 상세한 것을 일일이 다 말할 수는 없지만, 그 요점을 정리하면 다음과 같을 것이다.

1. 첫머리의 부가병자(夫佳兵者)에서 용병즉귀우(用兵則貴右)까지를 본문으로 보는 것.

2. 병자불상지기(兵者不祥之器)에서 언이상례처지(言以喪禮處之)까지는 첫머리의 본문을 설명한 주석이거나 혹은 후차적인 해설의 문장으로 보는 것.

3. 살인지중(殺人之衆), 이애비읍지(以哀悲泣之), 전승이상례처지(戰勝以喪禮處之)의 세 구는 역시 본문으로 보는 것.

이상은 이 장에 대한 종래의 본문 비판을 그 특징적인 여러 설에 의하여 요약한 것인데, 물론 이밖에도 여러 가지 해석이 성립되며, 현재 그것들이 많은 견해로서 제시되고 있다. 그러나 여기서는 더 이상 이 문제를 언급하지 않기로 하고, 일단 이들 본문 비판을 염두에 두고 그것들을 고려하면서 원문대로 번역과 해석을 하였다.

제32장
도의 진실

참된 도에는 이름이 없으며, 박(樸)이 비록 작으나 천하의 누구도 신하로 삼지 못한다. 후왕이 만일 이 소박성을 지키면 천하만물이 자연히 귀복하게 될 것이다. 이렇게

약 전쟁의 승리를 찬미한다면.

득지(得志) : 뜻을 편다, 뜻을 성취한다는 것.

길사상좌(吉事尙左) : 길사(吉事)는 〈예기〉·〈주례〉 등에서 나온 말. 즉 관(冠)·혼(婚) 등의 길한 행사에는 왼쪽을 숭상한다는 것.

흉사상우(凶事尙右) : 흉사(凶事)는 상례의 행사.

편장군(偏將軍) : 상장군을 돕는 부장군.

거좌·거우(居左居右) : 왼쪽에 자리하고, 오른쪽에 자리한다는 말. 전쟁은 흉사이므로 보통의 경우와 달리 오른쪽이 상위임.

언이상례처지(言以喪禮處之) : 전쟁을 장례식으로 취급함을 의미하는 것.

이비애읍지(以悲哀泣之) : 읍(泣)은 리(泣)의 와자(譌字)이며, 임(臨)과 같은 뜻. 즉 슬픔을 안고 전쟁에 임한다는 것.

道常無名이니 樸雖小나 天下莫能臣也이니라 侯王若能守之면 萬物將自賓이니라 天地

相合하여 以降甘露하
나니 民莫之令이라도
而自均이니라 始制有
名하니 名亦旣有라 夫
亦將知止니 知止면 所
以不殆니라 譬道之在
天下는 猶川谷之於江
海니라

도상무명(道常無名) : 상(常)
은 영구불변의 본질·본체,
무명(無名)은 그러한 도에
무엇이라 이름을 붙일 수
없다는 뜻.
박수소(樸雖小) : 박(樸)은
통나무. 이름도 없는 매우
소박한 것을 표현한 것으로
무위 자연의 도를 비유한
말. 여기의 소(小)는 '작아
보이나'의 뜻.
천하막능신야(天下莫能臣
也) : 천하의 어떠한 것도
그 소박한 도를 지배하지
못한다는 것.
약능수지(若能守之) : 여기
의 지(之)는 박(樸)의 정신,
즉 무위 자연의 도.
만물장자빈(萬物將自賓) :
빈(賓)은 귀복(歸服)한다는
뜻. 곧 덕을 사모하여 자연
히 귀복된다는 것.
천지상합 이강감로(天地相
合 以降甘露) : 천지상합(天
地相合)은 천지음양의 이
기가 조화 교합(交合)한다
는 뜻으로, 남녀간의 성적
교합을 자연 현상에 의인화

되면 천지가 서로 교합하여 태평성대의 징조로서 감로(甘
露)를 내리고, 백성들에게 명령하지 않아도 저절로 잘 다
스려진다.

소박한 통나무를 잘라 여러 가지 이름이 붙은 그릇을
만들 듯이, 무위 자연의 도를 이 세상에 전개하면 그러한
이름이 붙은 것들은 자기의 머무를 바를 알게 된다. 머무
를 바를 알게 되면 조금도 위태롭지 않다. 비유하자면 도
가 천하에 있다는 것은 마치 모든 내와 골짜기의 물이 강
과 바다로 흘러드는 것과 같다.

| 풀이 | 도의 영구불변의 본질, 즉 참다운 도는 무엇이라
이름붙일 수가 없는 것이다. 통나무가 비록 작고 보잘것
없는 존재 같으나, 그것이 갖는 소박한 정신 때문에 어느
누구도 그를 지배하지 못한다. 마치 무위 자연의 유덕자
를 어느 누구도 지배하지 못하는 것과 같다.

그런데 만일 후왕과 같은 사회의 지배자가 박(樸)의 정
신을 가지면 천하만물이 모두 그에게 귀복할 것이다. 그
리하여 천지·음양이 잘 조화되고, 태평성대의 징조로서
하늘에서 감로가 내릴 것이며, 백성들도 나라에서 법령을
만들어 특별히 명령하지 않아도 저절로 잘 다스려진다.
통나무를 제재 가공하면 여러 가지 이름이 붙은 그릇이
만들어지듯이, 무위 자연의 도도 이 현상 세계에 오면 그
전일성이 상실되어 이름의 세계, 즉 차별과 대립이 있는
세계가 출현한다.

이처럼 차별과 대립의 세계가 출현하면 그것들이 갖는 한계성을 인식하여 분수를 지키기만 하면 조금도 위태로울 것이 없다. 무위 자연의 도를 체득한 후왕의 천하에 있어서의 위치는 비유하자면 내와 골짜기의 물이 강과 바다로 흘러들어 가듯이 천하만물은 도를 체득한 후왕에게 귀복하는 것이다.

| 해설 | 이 장에서 도가 무명(無名), 즉 로고스를 부정하고, 그 근원에 있는 무엇이라고 이름할 수 없는 카오스라고 가정하자. 또 그 도의 근원적인 전일성이 자연 그대로인 통나무의 순수함에 비유되고, 그 통나무가 제재되어 여러 가지 이름이 붙은 그릇이 되는 것처럼, 근원적인 도로서의 카오스가 인간의 로고스라는 칼날에 의하여 절단된다고 하자.

그러면 여기에 이름의 세계, 즉 지적 인식의 세계가 성립되어 이름을 갖는 각개의 세계(현실적으로 차별과 대립의 양상이 성립한다는 것)에 대해서는 이미 제1·4·15·28장 등에서 논술한 바와 같다.

여기서는 그러한 논설에 입각하여 그와 같은 로고스의 세계의 근원에 있는 카오스의 세계와 이름(차별과 대립)의 세계의 근원에 있는 도의 세계를 깊이 응시하면서, 이름의 세계의 상대성과 한계성을 분명하게 확인하고 있다. 그것을 확인하면서 상대적이고 한계성을 갖는 일체의 개물을 일체의 개물로서 그 하나하나에 자기가 설 자리를

한 옛날 사람들의 발상임. 감로(甘露)는 단맛이 있는 이슬로 태평성대의 상서로운 징조로서 하늘에서 내리는 것으로 생각하였음.

민막지령 이자균(民莫之令而自均) : 균(均)은 모든 것이 제자리에 들어맞아 잘 다스려진다는 것. 곧 백성들에게 명령을 하지 않아도 도의 감화로써 잘 다스려진다는 뜻.

시제유명(始制有名) : 통나무가 비로소 잘리고 깎여 그릇이 되고 이름이 붙는다는 것. 즉 무위 자연의 도가 천지만물의 현상 세계에 전개된다는 뜻.

명역기유(名亦旣有) : 일단 이름을 가지는 세계가 수립이 되면.

부역장지지(夫亦將知止) : 그 이름을 갖는 세계에서 각각의 물건들이 각자가 갖는 한계성을 가려내어 그 한계 내에 머무른다는 뜻. 즉 성인은 '박'의 정신을 갖는 사람이지만, '박'이 잘리고 깎여 그릇이 되듯이 무위 자연의 도도 그 전일성(全一性)이 상실되어 세속적인 차별과 대립의 세계가 출현하면, '박'의 정신을 가진 성인도 그 현실에 대응하여, 이름을 갖는 세계의 한계성을 인식하여 그 한계성을 넘으려고 하지는 않는다는 것. 곧 분수를 지키게 된다는 뜻.

도지재천하(道之在天下) :

여기의 도(道)는 유도자로서의 후왕(侯王).

얻게 하는 것이야말로 진실로 위대한 지배자(후왕), 즉 무위 자연의 성인인데, 그러한 도의 체득자의 지배 하에 있어야만 진정한 평화가 실현된다는 점을 주장하였다.

제33장
지자 · 강자 · 부자 · 장수자

남을 아는 자는 지혜롭고, 스스로를 아는 자는 현명하며, 남에게 이기는 자는 힘이 있고, 스스로에 이기는 자는 강하며, 족(足)함을 아는 자는 부유하고, 힘써 행하는 자는 뜻이 있고, 그 자리를 잃지 않는 자는 영구하고, 죽어도 망하지 않는 자는 장수한다.

知人者는 智하고 自知者는 明하며 勝人者는 有力하고 自勝者는 强하며 知足者는 富하고 强行者는 有志하며 不失其所者는 久하고 死而不亡者는 壽니라

지인(知人) : 남을 아는 것. 즉 남의 시비와 선악을 아는 것.
자지(自知) : 자기를 아는 것. 즉 자신을 반성하여 그 부족함과 허물을 자인(自認)하는 것.
유력(有力) : 힘이 있다고 말할 정도라는 것.
자승자(自勝者) : 자기 욕심을 이기는 것. 즉 자기 욕심을 이겨서 무위 자연의 도(道)에 돌아가는 것.
지족(知足) : 물욕을 자제하여 현재의 상태에 만족하는 것.
강행자(强行者) : 힘써 행하는 자. 즉 도를 체득(體得)

| 풀이 | 남의 시비 · 선악을 잘 아는 자를 지혜로운 사람이라고 하겠지만, 자신을 반성하여 그 부족과 허물을 철저하게 인식하는 자야말로 참으로 현명한 사람이라고 할 것이다. 남과 경쟁하여 그를 이기는 자는 힘이 있으니 능력이 있다고 하겠지만, 자신의 욕심을 이겨서 무위 자연의 도에 복귀하는 자야말로 진정한 강자이다. 또 물욕을 자제하여 현재의 상태에 만족할 줄 아는 자라야 진정한 부자라고 말할 수 있고, 도를 체득하기에 힘써 노력하는 자라야 진실로 도의 완성을 바라는 훌륭한 자라고 할 수 있을 것이다. 도를 견지하여 그 길에서 이탈하지 않는 자야말로 그 지위가 영원하고, 죽어도 망하지 않는 도의 체

득자야말로 그 생명이 영원하다.

| 해설 | 이 장에서는 도에 뜻을 두고 그것을 체득하여 영원한 생명을 보지한 자만이 가장 위대한 인물임을 주장하였다. 그리스의 철학자 소크라테스는 말하기를, "너 자신을 알라."고 하였고, 예수는 훈계하기를, "너를 위하여 재물을 천국에 간직하라."고 하였다. 노자도 또한 여기서 인간의 참지혜, 진정한 부, 참용기, 영원한 생명 등에 대하여 말하고 있는 것이다. 소크라테스의 말에는 인간의 이성과 지혜에 대한 신뢰가 그 밑바탕이 되어 있고, 예수의 가르침에는 하느님과 천국이 그 전제로 되어 있는 데 반하여, 노자는 무위 자연의 도를 그 근원에 응시하여 그것에의 복귀를 궁극적인 관심으로 삼고 있다.

대부분의 세상 사람들은 항상 눈을 밖으로 향하고 있다. 그들은 늘 대상 세계를 문제삼아, 외계의 사물에 한눈을 판다. 그들은 남의 시비와 선악, 현우와 미추를 거론하여, 남을 평정하는 데 뛰어난 안목을 가진 자를 지자 또는 현자라고 한다. 혹은 완력으로 남을 누르거나 재력·지력으로 남을 지배할 수 있는 자를 강자 또는 유력자라고 부른다.

그러나 노자는 그들에게 밖으로 향하는 눈을 안으로 돌려서 자기 자신을 응시하는 눈길을 가지라고 강조하는 것이다. 자기 자신을 응시한다는 것은 자기 존재의 근원에서 도를 발견하는 일이고, 도의 자각을 가지는 것에 의하

하기 위하여 힘쓰고 노력하는 자.
유지(有志) : 도의 체득에 뜻을 둔다는 것.
불실기소(不失其所) : 자기의 설 자리, 즉 도의 입장에서 이탈하지 않는 것. 이른바 천작(天爵)을 견지하여 인작(人爵)을 욕심내지 않는 것을 말함.
사이불망자(死而不亡者) : 덕을 후세에 남겨서 영원한 생명을 소유하는 자. 즉 무위 자연의 도를 체득하여 영원한 생명을 발견한 자를 말하는 것.

현우(賢愚) : 현명함과 어리석음.
미추(美醜) : 아름다움과 추함.

여 자기와 세계의 전부를 이해해 나가는 일이다. 인간이 도의 자각을 가지면서 자기와 세계의 전부를 이해할 때 비로소 참으로 지혜로운 자와 진정한 강자가 어떠한 사람인가를 깨달을 수 있을 것이다. 혹은 진정한 부와 영원한 생명이 무엇인가도 알 수 있을 것이다. 그리하여 그는 세상에서 흔히 말하는 지자·강자·부자·장수자가 반드시 진정한 의미에서 그렇지 않음을 알 수 있을 것이다.

그의 눈이 밖에서 안으로 향할 때, 세속적인 가치관이 새로운 가치의 세계로 전도(顚倒)되는 것이다. 그때 인간은 비로소 자기의 인생에 있어서 무엇이 정말로 노력하기에 합당한 것인가에 대한 뚜렷한 목표를 가져서, 자기가 있어야 할 본래적인 장소를 발견하는 것이다. 〈노자〉의 이 장은 도의 자각을 가진 개인의 이와 같은 회심(回心)과 가치의 전도를 가장 간결한 말로 강하게 표현 것이다.

노자의 사상은 모든 개인을 근원적인 진리 앞에 세우려고 하는 점에 있어서, 또 그 근원적인 진리 앞에서 세속적인 가치관을 전도시키려는 의도에 있어서 개인적·내성적인 강한 성격을 가지며, 또한 구도적·종교적인 심정을 풍부하게 갖는다. 사실 그것은 3세기 이후 중국의 민족 종교인 도교로서의 교리적인 전개를 완수함과 동시에, 종교에 관심을 갖는 광범한 중국 지식인의 생활의 지주(支柱)가 되었던 것이다.

전도(顚倒) : ① 거꾸로 뒤바뀜. ② 엎어지고 넘어짐. 엎어지게 넘어뜨림.

회심(回心) : ① 마음을 돌려먹음. ② 종교 생활에서, 사악한 마음을 뉘우치고 올바른 신앙의 마음으로 돌이킴.

지주(支柱) : ① 의지할 대상을 비유하여 이르는 말. ② 버팀대. 받침대.

제34장
광대무변한 도의 성취

큰 도는 부평초가 물에 흔들리는 것같이 자유자재로 좌우로 움직일 수가 있다. 만물이 이를 의지하여 생겨나도 사양하지 않는데, 공을 이루어도 이름을 갖지 않으니 만물을 의양(衣養)하되 주재자가 되지 않는다. 항상 무욕하니 소(小)라고 이름할 만하고 만물이 이것으로 귀일(歸一)하되 주인이 되지 않으니, 이름하여 대(大)라고 할 것이다. 그것이 종내 스스로 대라고 하지 않으니, 그리하여 진실로 그 대를 이루어 내는 것이다.

| 풀이 | 큰 도는 부평초와도 같이 흔들흔들 요동하여 한 곳에 고정되어 있지 않고, 왼쪽으로도 오른쪽으로 자유자재로 움직인다. 만물은 이 도에 의하여 생기지만 도는 묵묵히 말이 없으며, 위대한 조화의 공을 성취해도 그 공을 자기의 공으로 삼지 않으며, 또 만물을 품어 기르면서도 자기가 그 주인이라고 행세를 하지 않는다.

언제나 무욕하여 아무것도 없다는 점에서는 작다고 할 수 있으나, 만물을 자기에게 귀일시키면서도 주인 행세를 하지 않는 포용력은 또한 크다고도 할 수 있다. 도는 자기 스스로를 크다고 의식하지 않으므로, 그것이 바로 진짜 대일 수 있는 것이다.

| 해설 | 이 장에서는 도가 광대무변하여 인간들처럼 고

大道는 汎兮하여 其可左右니라 萬物恃之하여 而生而不辭하고 功成不名有하여 衣養萬物하되 而不爲主니라 常無欲하여 可名於小하고 萬物歸焉이나 而不爲主하니 可名爲大니라 以其終不自爲大니 故로 能成其大니라

범혜(汎兮) : 범(汎)은 고정되지 않고 흔들리는 모양. 부평초·배 따위가 물 위에 떠서 흔들리는 모양.

기가좌우(其可左右) : 왼쪽으로도 자유자재로 움직이고 오른쪽으로도 자유자재로 움직이는 것.

만물시지 이생이불사 공성불명유(萬物恃之 而生而不辭 功成不名有) : 자기가 만들어 놓고도 그 공을 자랑하지 않는 것.

의양(衣養) : 새가 알을 품어서 부화시키듯, 품어서 기르는 것.

불위주(不爲主) : 주재자가 되지 않는다는 것. 곧 주인 행세를 하지 않음.

상무욕 가명어소(常無欲 可名於小) : 도는 인간과는 달

라서 무욕 자연이므로 볼 만한 형태도 색채도 없는 미묘한 것인데, 그 미묘한 점에서 보면 작다고 말할 수도 있다는 것.
가명위대(可名爲大) : 대(大)라고 이름할 수 있음. 크다고 할 수도 있다는 것. 만물을 품어 길러서 그것을 자기에게 귀일시키면서도 주인 행세를 하지 않는 광대무변한 도의 조화는, 그 광대무변하다는 점에서는 한편 크다고 말할 수도 있다는 것.
이기종부자위대 고능성기대(以其終不自爲大 故能成其大) : 자기의 위대함을 의식하지 않는 자야말로 진실로 위대하다는 것.

정된 가치관념이나 지배자 의식을 갖지 않을 뿐만 아니라, 만물을 추구(芻狗)로 하여 단지 무위 자연에 맡기고, 무지무욕이면서도 일체만물을 부단히 생성·화육해 가는 위대한 조화작용을 설명하였다.

끝으로 한 가지 첨가하여 소개할 것은 이 장의 원문 중에는 '상무욕 가명어소 만물귀언이불위주(常無欲 可名於小 萬物歸焉而不爲主)'의 3구는 없다는 점이다. 그러나 아래의 가명위대(可名爲大)에 대응하여 '가명어소'의 1구가 첨가되었고, '가명어소'를 설명하는 말로서 '상무욕'이 첨가되었으며, '가명위대'를 설명하는 말로서 '만물귀언이불위주'가 각각 첨가되었다고 추정하는 것이다. 〈장자 - 외편〉의 추수편(秋水篇) 등에 도의 지소(至小)·지대(至大)를 설명한 글이 있는데, 위 3구의 첨가는 이에 영향을 받아 후대에서 첨가한 것으로 보고 있다.

제35장
담담한 도의 끝없는 활용과 그 작용

執大象하고 天下往하니 往而不害라 安平大니라 樂與餌에는 過客止하나니 道之出口여 淡乎其無味니라 視之不足見하고 聽之不足聞하되 用之不可旣니라

대상(大象)을 잡아 천하에 가면 어디를 가나 해를 입지 않으며, 안락하고 평온하고 태평하다. 음악과 요리에는 과객이 발을 멈추지만, 도가 입에서 나올 때는 담담하여 그 맛이 없다. 보아도 볼 만한 것이 없고, 들어도 들을 만한 것이 없다. 그러나 이를 활용하면 다함이 없다.

| 풀이 | 위대한 모양을 가진 자, 즉 도를 굳게 지켜서 천하에 행하면 어디를 가나 해를 입지 않으며, 따라서 몸은 안락하고 평온하고 태평하다. 음악이라든가 맛있는 음식 등 세속적인 쾌락에는 세상 사람들이 발을 멈추지만, 무위 자연의 진리는 그것을 말로 표현해 보아도 담담하여 세속적인 감미로움이 없다. 눈을 응시해도 그곳은 보이지 않고, 귀를 기울여도 들리지 않는다. 그러나 이 도를 활용하기만 하면 그 작용은 다함이 없이 온 천하에 널리 퍼지는 것이다.

| 해설 | 전 장에서 도의 광대무변함을 설명하였기 때문에, 이 장은 그것을 이어받아서 도의 체득자가 취하는 있는 그대로의 평안한 자세와 도의 다함이 없는 위대한 작용을 설명하였다. 노자의 현(玄)이 필요없는 것, 눈이 부시도록 찬란한 것, 풋내나는 것 등을 모두 제거하여 본질적이고 근원적인 것만이 거기에 나타나 있다고 보는 흑색의 단순성을 의미한다는 것은 이미 앞에서 설명한 바 있는데, 노자는 또한 이 장에서도 현하고 또 현한〔玄之又玄〕 도를 담담하여 세속적인 맛이 없는〔淡乎其無味〕 것으로서 물〔玄酒〕에 비유하고 있다.

음악은 인간의 마음을 즐겁게 하고 또 위안도 주지만, 명곡이라 할지라도 그것을 계속 되풀이하면 나중에는 단순한 소음으로밖에 들리지 않는다. 또 아무리 산해진미로 상다리가 휘어지게 차려져 있어도, 배가 부른 다음에는

집(執) : 손으로 꼭 잡는 것.

대상(大象) : 제41장에 '대상(大象)은 무형(無形)'이라고 하였는데, 이는 위대한 모양을 갖는 것이니, 즉 도(道)를 말함.

왕이불해(往而不害) : 어디에 가나 해를 입지 않는다는 것.

안평대(安平大) : 안(安)은 안락, 평(平)은 평온, 대(大)는 태(泰)로 보아서 태평을 의미함.

악여이(樂與餌) : 악(樂)은 음악, 이(餌)는 맛이 좋은 요리. 여기서는 감각적 본능을 만족시키는 쾌락을 대표하는 것임.

과객지(過客止) : 지(止)는 발을 멈추는 것. 나그네가 발을 멈춘다는 것은 세속적인 쾌락에는 누구든지 쉽게 가까이 간다는 말.

도지출구(道之出口) : 출구(出口)는 말하는 것. 따라서 말로써 표현된 무위 자연의 진리를 뜻하는 것.

담호기무미(淡乎其無味) : 담호(淡乎)는 제31장의 염담(恬淡)과 같은 뜻으로서 담담한 것을 말함. 욕심이 없이 깨끗한 것. 〈장자〉 산목편에 말하기를, "군자의 사귐은 담담하기가 물과 같고, 소인의 교제는 달기가 감주와 같다."라고 한 것 중의 담담과 같은 뜻임. 무미(無味)는 세상 사람들의 추미에 맞는 짙은 자극성을 갖지 않는다는 것. '도지출

구 담호기무미'란 무위 자연의 진리는 세속적인 쾌락과 같은 사람의 눈을 끄는 화려함이나 자극적인 기교성, 또는 탐닉적인 농후함 등을 갖지 않아서 담담하고 소박하며, 허영이라든가 억지로 꾸민 부자연한 점이 없다는 말임.

시지부족견 청지부족문(視之不足見 聽之不足聞): 눈으로 응시해도 보이지 않고, 귀를 기울여도 들리지 않는다는 것이니, 도(道)의 무형(無形)·무성(無聲)을 설명한 말.

용지불가기(用之不可旣): 기(旣)는 진(盡)과 같은 뜻. 따라서 이것을 활용하면 그 작용은 다함이 없다는 것.

將欲歙之에 必固張之하고 將欲弱之에 必固强之하고 將欲廢之에 必固興之하고 將欲奪之에 必固與之하나니 是謂微明이니라 柔弱勝

결코 더 이상 먹을 수가 없다. 무엇이든 도에 지나친 것은 영속성을 가지지 못하는데, 영속성을 가지는 것은 오직 단순한 것이니, 담담한 것뿐이다.

노자는 현의 단순함을 사랑하고, 현주의 담담한 맛을 사랑한다. 그는 남의 이목을 끄는 것이나 끈적끈적하고 번거로운 것을 좋아하지 않고, 표면적인 것이나 일시적인 것 등을 인간의 천박한 잔재주로 간주하여 배격한다. 그는 어디까지나 자기와 세계에 있어서의 유구한 것, 영원한 것, 본질적인 것을 주의깊게 보는 것이다. 그는 그러한 응시 속에서 아무리 무너뜨리려 해도 무너지지 않는 인간의 자세를 깊이 사색하였다. 그리하여 그 사색 중에서 그가 발견한 진리는 모든 과도한 것과 허식을 버리고 있는 그대로 행동할 것과 무위의 진리에 따라 평범하게 생활한다는 것이었다. 노자는 당연한 것을 당연하게 행하는 무리가 없는 생활, 즉 평범하면서도 비범한 것을 가르친 위대한 철인이었다.

제36장
무작위의 작위

장차 이를 움츠리게 하려면 반드시 잠시 이를 펴게 하고, 장차 이를 약하게 하려면 반드시 잠시 이를 강하게 하고, 장차 이를 폐하게 하려면 반드시 잠시 이를 일으키고, 장차 이를 빼앗으려고 하면 반드시 잠시 이를 준다. 이것을 미명(微明)이라고 이른다. 유약은 강한 것에 이기니 물고기는 못 속에서 빠져나오지 말 것이며, 나라의 이기(利器)는 남에게 보이지 말 것이다.

| 풀이 | 어떠한 것을 움츠리게 할 생각이 있으면 잠시 동안 그것을 펴게 해주어야 하고, 또 약하게 만들 생각이라면 얼마 동안은 좀 뽐내게 내버려 두어야 한다. 또 없애버릴 생각이라면 잠시 우쭐대게 내버려 두어야 하고, 빼앗을 생각이라면 얼마간은 오히려 주어야 한다. 이러한 것을 아주 미묘한 영지라고 하는 것이다.

모든 유약한 것은 강한 것에 이긴다. 그러므로 물고기는 깊은 못 속에서 탈출하지 말아야 몸이 안전하고, 나라를 다스리는 이기인 성인의 영지는 항상 감추어서 남에게 함부로 보여서는 안 된다.

천지자연의 세계를 널리 관찰해 보면 폭풍우가 일어나기 전에는 한때의 고요함이 있는 것처럼, 인생의 일에도 전진의 앞에는 후퇴가 있고, 비약의 앞에는 정체가 있고, 긴장의 앞에는 이완이 있다. 전진과 후퇴는 서로 되풀이하고, 비약과 정체는 밀접하게 얽히고, 긴장은 이완으로 떨어지고, 이완은 또 새로운 긴장을 준비한다. 후퇴·정체 없는 전진·비약은 없으며, 긴장만이 긴장으로서 무한정 계속된다는 것도 있을 수 없는 것이다.

이와 같은 천지자연의 자세를 자기 태도의 궁극적인 본보기로 삼는 무위 자연의 성인도 이러한 상호순환의 원칙

剛强이니 魚不可脫於淵하고 國之利器는 不可以示人이니라

흡지(歙之) : 흡(歙)은 축(縮)과 같은 뜻이니, 즉 오그라들게 하다·움츠리다의 뜻. 〈순자〉의병편(義兵篇)에 말하기를, "이기고 지는 것이 무상하여 약하다가 강해지고 존속하였다 망하기도 하며 자웅이 엇갈린다(勝不勝無常 代翕張張 代存代亡 相爲雌雄耳矣)."는 것과 〈회남자〉 본경훈(本經訓)의 '개합장흡(開闔張歙)' 등을 참조할 것.
필고강지(必固强之) : 고(固)는 고(姑)와 같은 뜻으로서 잠시. 즉 반드시 잠깐 동안 강하게 한다는 것.
미명(微明) : '명(明)을 희미하게 한다.'는 해석도 있으나, 일반적으로는 역시 미묘(微妙)한 밝음, 즉 미묘한 영지(英知)의 뜻으로 풀이함. 제15장의 미묘현통(微妙玄通)과 제41장의 명도약매(明道若昧) 등의 미(微)·매(昧)가 도를 형용하는 말로 사용된 예가 많음.
유약승강강(柔弱勝剛强) : 제7, 8장의 약지승강 유지승강(弱之勝强 柔之勝剛) 등과 같은 뜻. 즉 약한 것이 강한 것을 이기고, 부드러운 것이 단단한 것을 이기

는 것을 말함.

어불가탈어연(魚不可脫於淵) : 물고기는 못 속에 깊이 숨어 있으면 안전하지만, 거기서 탈출하면 위험하다는 것. 연(淵)은 도의 심원함에 비유되는데, 도를 떠나서는 생명까지도 위험하다는 뜻이 포함됨. 탈(脫)은 이(離)와 같은 뜻.

국지이기(國之利器) : 〈한비자〉 유로편(喩老篇)에 "상벌은 나라를 다스리는 이기(利器)"라고 하여 나라의 이기를 상벌로 보는 견해도 있고, 또 장자처럼 성인의 영지로 제정된 제도 규범(規範)으로 보는 견해도 있는데, 여기서는 〈장자〉의 해설대로 따름.

불가이시인(不可以示人) : 경솔하게 남에게 보여서는 안 된다는 것. 성인의 미묘하고 심원한 영지, 즉 유약하면서도 강강을 이기는 국가통치의 비결은 남에게 함부로 보일 것이 아니라는 말.

에 대하여 투철한 자각을 가진다. 그도 또한 구심적인 활동과 원심적인 활동이 서로 순환하여 축소와 확장, 약화와 강화, 빼앗는 것과 주는 것이 서로 의지하는 관계에 있는 자연 세계의 이치를 달관하고, 그 달관을 자기의 현실 생활에 활용하는 것이다.

| 해설 | 이 장에서는 무위 자연의 성인이 이와 같은 자연의 이치와 법칙을 활용하는 것을 약육강식을 일삼는 춘추전국시대의 가혹하고 격렬한 현실을 직시하면서, 구체적인 정치외교의 시책으로 설명한다. 그러나 그 설명이 무위 자연의 성인의 무작위(無作爲)의 작위라는 주장으로서는 지나치게 작위적이어서, 노자 철학의 일반적인 논술과는 크게 그 취지를 달리할 뿐만 아니라, 〈한비자〉 등 이른바 법가(法家)의 권모술수의 주장과도 많이 일치하므로, 노자의 원문에는 없는데 후세의 법가들이 삽입한 것이라고 보는 견해가 있다.

그러한 경향을 본 장에서 살펴보면, 시위미명(是謂微明)·유약승강강(柔弱勝剛强)의 2구는 〈한비자〉의 유로편에 노자의 말을 인용하여 해설하면서, "일을 암암리에 계획하고 일으켜서 큰 공을 천하에 구하는 것을 미명이라 하고, 작고 약하게 보임으로써 거듭 자기를 낮추니 이것이 약이 강에 이기는 것이다."라고 하였는데, 〈한비자〉의 문장이 그대로 〈노자〉의 본문으로 개작된 혐의가 농후하다.

또 〈한비자〉가 주장하는 치국의 비결은 "임금은 그 원하는 바를 보이지 말라. 임금이 그 원하는 바를 보이면 신하가 장차 조탁(彫琢)하려고 한다." "그 지취를 감추고 그 단서를 숨기면 아래 있는 자가 찾을 길이 없다." "권(權)은 보이기를 원하지 않는다. ……허(虛)하게 이를 기다린다." 라는 말 등이다. 그런데 '깊은 못 속에 숨은 물고기처럼 치국의 이기를 숨겨서 남에게 보이지 말라.'는 이 장의 끝구는 〈한비자〉의 사상과 별로 다를 바가 없다.

지취(旨趣) : 어떤 일에 대한 깊은 맛, 또는 오묘한 뜻.

제37장
무위이 무불위(無爲而無不爲)

참 도는 무위이면서 하지 않음이 없다. 후왕이 진실로 이것을 지키면 만물이 장차 저절로 화육될 것이다. 화육되어도 욕심이 일어나면 나는 장차 이를 무명의 박(樸)으로 진정할 것이다. 무명의 박은 또한 장차 무욕의 경지에 이르게 할 것이니, 욕심을 내지 않아 허정(虛靜)해지면 천하는 장차 저절로 안정될 것이다.

道常無爲而로되 無不爲니라 侯王이 若能守之면 萬物이 將自化니라 化而欲作이면 吾將鎭之以無名之樸하리라 無名之樸은 夫亦將無欲이니 不欲以靜이면 天下將自定이니라

| 풀이 | 도의 본래적인 자세는 인간적인 작위가 없기 때문에 무위이면서도 어떠한 큰 일이라도 이루지 못하는 것이 없다. 만일 천하의 지배자가 이 무위 자연의 도를 지켜나간다면, 만물은 저절로 그 덕에 동화될 것이다. 만일 만물이 그 덕에 동화되면서도 오히려 욕망을 일으킨다면 나는 그것을 무명의 박이라고나 할 통나무처럼 소박한 무위

도상무위(道常無爲) : 참 도는 아무것도 하지 않는 것 같다는 말. 제32장의 도상무명(道常無名)을 참조.
무불위(無不爲) : 모든 것을 행하고 있다는 것. 제아무리 큰 일이라도 행하지 못할 것이 없다는 말.
장자화(將自化) : 화(化)는 덕에 동화된다는 것.

화이욕작(化而欲作) : 욕(欲)
은 욕망, 작(作)은 기(起)와
같으니 일어난다는 것. 즉
덕에 동화되기는 하였지만
아직도 욕심이 일어나면.
진지(鎭之) : 욕망을 진정시
킨다는 것.
무명지박(無名之樸) : 박(樸)
은 제32장의 도상무명 박
수소(道常無名 樸雖小)를
참조. 제재되어서 그릇으로
만들어진 후 이름이 붙기
이전의 소박한 통나무. 인
간적인 작위나 욕망을 갖지
않은 자연의 도(道)를 비유
한 것.
불욕이정(不欲以靜) : 정(靜)
은 제16장의 수정독 귀근왈
정(守靜篤, 歸根曰靜) 등을
참조. 무위 자연의 도의 허
정(虛靜)을 자기의 자세로
서 삼는다는 것.
천하장자정(天下將自定) :
스스로 다스려진다, 혹은
스스로 안정된다는 것.

의 도에 의하여 진정시킬 것이다. 통나무처럼 이름조차
없는 무위 자연의 도라면 만물은 모두 무욕으로 돌아갈
것이다. 만물이 무욕에 돌아가 마음이 허정해진다면 천하
는 자연히 다스려질 것이다.

| 해설 | 이 장은 제32장과 함께 박(樸), 즉 이름을 갖지
않은 통나무 같은 자연의 도를 지켜 천하를 다스릴 때 나
타나는 위대한 공적을 찬미한 것이다. 논지나 용어도 제
32장과 공통된 것이 많고, 사상으로서도 특별히 새로운
주장은 보이지 않는다. 단지 후세에 있어서 노자 철학의
구호처럼 사용된 무위이 무불위(無爲而無不爲)라는 말이
이 장에 처음으로 나타난 점이 주목될 뿐이다.

무위이 무불위의 논리에 대해서는 제38장의 상덕 무위
이 무이위(上德無爲而無以爲)와 제48장의 손지우손 이지어
무위 무위이 무불위(損之又損 以至於無爲 無爲而無不爲) 등
에서도 그것을 엿볼 수 있다. 그리고 〈장자 – 외편〉 지락편
(至樂篇)과 〈장자 – 잡편〉 경상초편(庚桑楚篇)·즉양편 등에
서도 비슷한 문구를 찾아볼 수가 있는데, 이 말이 노장철
학의 근본을 이루는 중요한 사상표현인 것만은 의심할 여
지가 없다.

노자에 있어서 '무위이 무불위'는 먼저 천지자연의 조
화를 설명하는 말이었다. 천지자연의 조화는 인간들처럼
특정한 목적의식이나 타산적인 의도를 가지고, 무언가를
하겠다고 안간힘을 쓰거나 법석을 떠는 것이 아니다. 구

름은 무심히 하늘을 오락가락하고, 바람 또한 무심히 들판에 산들거리며, 물은 물대로 무심하게 흘러간다. 무엇 때문이냐고 물어도 구름은 대답이 없고, 어떠한 의미가 있으냐고 물어본들 바람이나 물이 대답할 리 없다. 그와 같은 현상들은 인간을 기쁘게 하기 위하여 있는 것도 아니고 슬프게 하기 위하여 있는 것도 아닌데, 인간들이 제멋대로 자기 감정을 나타내어 기뻐하고 슬퍼할 뿐이다.

이 점에 대해서는 들판을 달리는 짐승이나 땅에 기어다니는 벌레 등을 생각해 볼 때 한층 더 뚜렷해진다. 짐승은 인간에게 먹히기 위하여 이 세상에 출생된 것이 아니고, 벌레도 또한 이 세상이 가치가 있다고 보아 살아가는 것도 아니다. 그들은 그저 출생되었으니까 사는 것이고, 죽음이 찾아오면 죽어갈 뿐이다. 천지 대자연의 조화는 단지 있는 그대로이고, 다만 자연히 그런 것이다. 그러면서도 천하만상은 일순간일지라도 정지하지 않고, 시시각각으로 새로운 양상이 전개되며, 끊임없이 창조적인 신비가 펼쳐진다. 노자는 이와 같은 천지 대자연의 조화를 '무위이 무불위'로 본 것이다.

노자의 '무위이 무불위'는 위에서 말한 것처럼 첫째로는 천지자연의 조화를 설명한 말이었으나, 또 한편 노자는 천지 대자연의 조화의 근원에 있는 무위 자연의 도에 자각한 인간의 당위(當爲)로서도 그것을 원용(援用)하고 있다. 인간은 여러 가지로 잔재주를 동원하고, 자질구레한 이치를 들어서 인간의 의지를 이상화하고, 사회의 존재방

당위(當爲) : 마땅히 있어야 하는 것. 반드시 해야 할 일이라고 요구되는 것.
원용(援用) : ① 자기의 주장에 도움이 되게 어떤 문헌이나 사례·관례 따위를 인용함. ② 법률에서 어떤 사실을 들어 주장함.

식을 규정한다. 어려운 언어개념을 만들어 내고, 복잡한 기술·기교를 생각해 내고, 빛나는 문명을 쌓을 뿐 아니라 화려한 문화를 이루어 나간다.

그러나 그것에 의하여 인간은 과연 어느만큼 행복해졌는가, 혹은 또 인간의 삶이 그것 때문에 어느만큼의 편안한 충일(充溢)을 얻었는가. 거기서 발견되는 것은 허황한 관념의 홍수와 천박한 문화의 범람뿐이 아닌가. 인간의 정신을 어리석게 만드는 엄청난 분망과 소란, 인간의 육체를 미라로 만드는 쓸모없는 방식과 수다뿐이 아닌가. 노자는 이러한 것들은 모두 생명의 쇠약현상으로 이해하여, 그것을 도에 자각을 갖지 못한 자들의 '지식을 뽐내는 무지'라고 비판하는 것이다.

그러므로 그는 인간이 도를 자각하여 자기의 본래적인 자세로 돌아가라고 경고한다. 그러기 위해서는 인간의 작위적인 활동이 한 번쯤은 부정되어야 한다. 작위적인 활동을 부정한 후 천지조화의 작용에 근원이 있는 것(도)에서 자기의 본래적인 자세를 발견할 때, 인간은 있는 그대로의 세계를 편파적으로 보지 않는 안목을 가질 수 있는 것이며, 그리하여 '무불위'의 천지조화의 작용에 허심탄회하게 따라갈 수 있다고 주장한다. 그때 인간은 도와 하나가 되어, 도의 무위가 그대로 자신의 무위로 되는 것과 함께 도의 무불위의 자유스러움이 자신의 무불위의 자유스러움으로 되는 것이다. 즉 도와 일체가 된 인간(무위의 성인)은 인간적인 작위를 부정하는 무위에 의하여 도의 무

충일(充溢) : 가득 차서 넘침.

분망(奔忙) : 매우 바쁨.

안목(眼目) : 사물을 보아서 분별할 수 있는 식견, 또는 사물의 가치를 판별할 수 있는 능력.

위와 일체가 되고, 도의 무위와 하나가 되는 것에 의하여 도의 무불위를 자기의 무불위로서 체현(體現)하는 것이다. 노자에게 있어서 '무위이 무불위'는 천지조화의 작용에 근원이 있는 것(도의 자세임과 동시에 도에 자각한 자, 무위의 성인)의 자세이기도 하였다.

노자에게 있어서 도의 무위는 단순한 무위가 아니고 무불위의 무위이며, 성인의 무위가 또한 단순한 무위가 아니며 무불위의 무위로서 생각되는 곳에, 우리는 〈노자〉 사상의 유연한 현실성과 강인한 적극성이 있음을 주목해야만 할 것이다. 노자의 무위는 논리적으로는 위(爲)→무위→무불위로 전개되고, 무불위는 '위'의 부정으로서의 무위에서 인도된다. 그러나 실제적으로 그의 사상을 살펴보면, 그 무위는 천지조화 작용의 무불위의 위대함에 대한 동경에서 출발하여, 그 무불위의 위대성을 도의 무위에서 의거하여 그 무위를 다시 성인의 무위로서 일체화하고, 거기서 성인의 무불위를 귀결(歸結)하고 있는 것이다. 천지조화를 움직이는 무불위에서 도의 무위로, 그 무위를 자신의 자세로 삼는 성인의 무위에서 다시 성인의 무불위로 전개하는 것이 노자 철학의 실제적인 절차이고, 구체적인 자세였다고 간주된다.

노자 철학의 근본에 있는 것은 천지자연의 조화의 작용에 대한 동경이었다. 노자의 이른바 도라는 것은 이 조화의 작용을 형이상화(形而上化)한 철학개념인 것이다.

체현(體現) : (정신적인 것을) 구체적인 행동이나 활동으로 표현하거나 실현함.

귀결(歸結) : ① (의론이나 행동 따위가) 어떤 결론에 이름, 또는 그 결론. ② 어떠한 가정(假定)에서 추출해 낸 결과.

德 經

下篇

명성과 생명은 어느 것이 더 절실하고,

생명과 재화는 어느 것이 더 소중하며,

얻음과 잃음은 어느 것이 더 걱정일까.

그러므로 심히 애착하면 반드시 크게 소모하고,

재화를 많이 간직하면 반드시 엄청나게 잃는다.

욕망을 눌러 스스로 만족함을 알면 욕되지 않고,

분수를 지켜서 자기 능력의 한계에 머무를 줄 알면 위태롭지 않으니,

언제까지나 편안할 수가 있다.

제38장
상덕과 하덕

　상덕(上德)은 덕이라고 하지 않는지라 이로써 덕이 있으며, 하덕은 덕을 잃지 않으려고 하는지라 이로써 덕이 없다. 상덕은 무위이므로 작위가 없으며, 하덕은 유위이므로 작위가 있다. 상인(上仁)은 유위이지만 작위가 없으며, 상의(上義)는 유위이지만 작위가 있다. 상례(上禮)는 유위인데 이에 응함이 없으면 곧 팔을 휘두르면서 이에 대든다.

　그러므로 도를 잃은 후에 덕이 있고, 덕을 잃은 후에 인이 있고, 인을 잃은 후에 의가 있고, 의를 잃은 후에 예가 있다. 대저 예란 것은 충신이 박(薄)해진 것이며 분란의 시작이다. 전식(前識)은 도의 열매를 맺지 못하는 꽃이며 어리석음의 시초이다. 이로써 대장부는 그 중후한 곳에 처하고 그 천박한 곳에 처하지 않으며, 그 착실한 곳에 처하고 그 부화(浮華)한 곳에 처하지 않는다. 그러므로 저것을 버리고 이것을 취한다.

| 풀이 | 최상의 덕은 자기의 덕을 의식하지 않는다. 그러므로 덕이 있는 것이다. 저급한 덕은 자기의 덕에 집착한다. 그러므로 덕이 없는 것이다. 최상의 덕은 무위이다. 따라서 보라는 듯한 작위가 없다. 저급한 덕은 유위이며, 따라서 거기에는 작위가 있다. 최상의 인(仁)은 유위이기는 하나 작위가 없다. 최상의 의(義)는 유위이며, 또 보라

上德은 不德이라 是以로 有德하며 下德은 不失德이라 是以로 無德이니라 上德은 無爲而無以爲하고 下德은 爲之而有以爲니라 上仁은 爲之而無以爲하고 上義는 爲之而有以爲하며 上禮는 爲之而莫之應하면 則攘臂而扔이니라 故로 失道而後에 德이요 失德而後에 仁이요 失仁而後에 義요 失義而後에 禮니라 夫禮者는 忠信之薄하여 而亂之首요 前識者는 道之華하여 而愚之始也니라 是以로 大丈夫는 處其厚하고 不居其薄하며 處其實하고 不居其華니라 故로 去彼取此니라

상덕부덕(上德不德) : 〈장자〉 추수편의 '지덕부득(至德不得)'과 같은 뜻. 〈노자〉의 상(上), 혹은 대(大)는 〈장자〉의 지(至)와 같은 뜻으로서 최상을 의미함. 최상의 덕, 즉 진실로 도를 체득한 자의 자세는 자기가

도를 체득하였다는 의식조차도 갖고 있지 않다는 것.

하덕불실덕(下德不失德) : 자기가 유덕자라는 것을 의식하여, 억지로라도 그 덕의 유지에 힘을 쓴다는 뜻.

상덕무위이무이위(上德無爲而無以爲) : 〈한비자〉는 '무이위'를 '무불위(無不爲)'의 잘못이라고 주장하지만, 도와 덕을 구별하여 도에는 무불위, 덕에는 무이위로 표현하는 것이 타당한 것 같음. 무이위는 어떠한 작위를 하지 않는다는 것.

하덕위지이유이위(下德爲之而有以爲) : 이 구절은 옛날부터 말썽이 많았던 곳인데, 즉 이 구절 다음 다음의 상의(上義)를 설명하는 말도 또한 '위지이유이위'이기 때문임. 그런데 이것은 상의와 하덕을 동렬로 생각하고, 상인을 하덕과 상덕의 중간, 상례를 하덕 이하라고 생각하면 논리는 통하지만, 역시 해석에 무리가 있음. 아무튼 '유이위'는 작위가 있다, 즉 보란 듯이 행하는 점이 있다는 뜻.

상인위지이무이위(上仁爲之而無以爲) : 위지(爲之)는 인위를 긍정하는 유위의 입장에 선다는 뜻. 무이위(無以爲)는 작위가 없다, 즉 보란 듯한 태도가 없다는 뜻.

상의위지이유이위(上義爲之而有以爲) : 유위적인 입장에서 작위적인 태도를 취

는 듯한 점이 있다. 최상의 예는 유위인데, 그 예에 응답하지 않으면 금방 치기라도 할 듯이 대드는 것이다.

무위 자연의 도가 쇠퇴하면 무위 자연의 덕이 주장되고, 무위 자연의 덕이 쇠퇴하면 인위적인 인의 도덕이 주장되고, 의의 도덕이 쇠퇴하면 예의 도덕이 주장된다.

결국 예도라는 것은 인간의 진실성이 희박해진 것이며, 따라서 세상을 분란케 하는 시초이다. 사물을 예지(豫知)하는 어줍지 않은 지식이라는 것도 사실은 도의 실(實)이 없는 부화한 것이기 때문에 사람을 어리석게 만드는 시작이다. 그러므로 대장부는 중후한 편(상덕)에 처하지, 천박한 편(예)에 처하지 않으며, 착실한 쪽(상덕)에 처하지 부화한 쪽(예)에 처하지 않는다. 그리하여 저 예(禮)나 지(智)를 버리고 이 도를 취하는 것이다.

| 해설 | 하편의 첫머리에 놓여진 이 장은 노자의 이른바 덕, 즉 도를 체득한 자의 참모습이 어떠한 것인가에 대하여 설명한 것이다. 〈노자〉에서도 덕이라는 글자가 가장 많이 나오는 곳인데, 상편 제1장에 도가도 비상도(道可道 非常道)라고 하여 도의 글자로 시작되었으므로 상편을 도경(道經)이라 하고, 하편을 덕경(德經)이라고 하며, 상하 두 편을 통틀어 〈노자〉 전체를 말할 때는 〈도덕경(道德經)〉이라고 하는 것이다. 그러나 이러한 명칭이 상하 양편의 전체에 타당한 것은 아니다.

이 장의 논지는 노자의 덕(무위의 덕)이 유교에서 주장하

는 인 · 의 · 예 · 지 등의 유위의 덕보다 우월하다는 점을 주장한 것이다. 유위의 덕인 하덕(下德)은 다시 상인(上仁) · 상의(上義) · 상례(上禮) 등으로 구분하여 유교 도덕의 하강(下降)을 지적하였는데, 그 중 상인은 공자에, 상의는 맹자에, 상례는 순자에 각각 해당시켜 생각할 수도 있다.

아무튼 여기서는 도에서 지(智)로의 하강적 가치관을 제시하였으며, 그리하여 그것을 노장의 무위에서 유교의 유위로, 혹은 무위의 도에서 무위의 덕으로, 무위의 덕에서 유위의 인의예지로 단계적인 평가를 하고 있다. 이 장의 뜻을 이해하는 데 〈장자 – 외편〉의 마제(馬蹄) · 거협(胠篋) · 천도 · 지북유편 등을 참고하면 많은 도움을 얻을 수 있을 것이다.

한편 여기서 노자가 주장하는 덕에 대하여 약간의 체계적인 설명을 하려고 한다. 덕의 원의가 득(得)인데, 그러므로 덕이란 인간이 도를 획득하는 것, 혹은 인간에 의하여 체득된 도를 이르는 말이다. 도라고 하는 말이 유교와 노장 사이에서 그 내용을 달리하는 이상, 덕이라는 말도 또한 유교와 노장 사이에서 그 내용을 달리한다. 유교의 도는 구체적으로는 군자의 도, 인륜의 도, 인의 · 예지의 도인데, 요약하면 인간의 도(인간이 세운 규범)이다. 이에 반하여 노장의 도는 인간을 초월하여 인간이 세운 규범을 거짓이라고 비판하는 입장을 취하는 도라고 하지 않는 '도', 즉 유구불변의 무위 자연의 근원적인 진리를 말하는 것이다. 따라서 유교의 덕이 인의 · 예지의 도를 체득

한다는 것.

상례위지이막지응 즉양비이잉지(上禮爲之而莫之應則攘臂而扔之) : 이쪽에서 어떠한 작위적인 태도, 이른바 예라는 것을 행해도 상대편에서 바르게 응답을 하지 않으면, 금방 치기라도 할 것처럼 대드는 것이 이른바 상례라는 것임.

실도이후덕(失道而後德) : 도는 있는 그대로의 자연인 데 비하여 덕은 득(得)을 원의(原義)로 하여 도를 체득한 것으로 보는 데서, 도와 덕의 단계를 두게 된 것임. 덕을 주제로 하여 '상덕'이 '부덕'임을 주장하는 이 장 전체의 논지와 이 구의 취지와는 모순되는 것 같으나, 짐작건대 이 구의 본뜻이라고도 볼 수 있는 제18장의 논술과 관련된 성어적(成語的)인 문장이 이미 존재하고 있어서 그것을 인용하였기 때문에 여기와 같은 형태로 된 듯함.

실덕이후인(失德而後仁) : 무위의 덕이 상실되면 인위적인 인의 덕이 주장되어, 무위의 덕이 유위의 도덕으로 규범화하게 된다는 뜻.

부례자 충신지박(夫禮者 忠信之薄) : 무릇 자기와 남 사이에 성실성이 희박해진 것이 예라는 것.

난지수(亂之首) : 수(首)는 시(始)와 같은 뜻.

전식(前識) : 〈중용〉에서의 전지(前知), 〈여씨춘추〉에

하여 군자가 된 인간의 태도를 덕이라고 보는 데 비하여 노장의 덕은 일체만물의 근원에 있는 진리(무위 자연의 도)에 대한 자각을 갖고, 그 도의 이치에 따라 자신도 또한 무위가 되는 것이니, 무위 자연으로 된 박(樸)을 안은 인간의 태도를 덕이라고 부르는 것이다.

유교와 노장 사이의 덕에 대한 견해 차이는 인간을 근본으로 하여 인간의 생활태도를 생각하느냐, 인간을 초월한 입장에서 인간의 생활태도를 생각하느냐의 차이이며, 또한 작위를 의지하는 유위의 입장에 서느냐, 작위를 버린 무위의 입장에 서느냐 하는 차이라고 말할 수 있다.

〈노자〉의 이 장이 노장의 덕을 상덕이라고 하는 데 비하여 유교의 덕을 하덕으로 보고, 하덕으로 보는 유교의 인 이하의 여러 덕을 유위의 범주로 생각하고 있는 것도 그 때문이며, 상덕을 덕으로 하지 않고, 하덕을 덕을 잃지 않으려고 하는 것으로 하여 작위의 유무로 구별하고 있는 것도 그 때문이다. 그리고 덕으로 하지 않는 덕을 상덕으로 보는 논술이, 도라고 하지 않는 도를 상도(常道)라고 보는 제1장의 논술과 대응하는 것임은 물론이다.

제39장
천한 것으로써 근본을 삼는 처세

옛날에 도를 얻었다는 것은 하늘은 도를 얻음으로써 맑고, 땅은 도를 얻음으로써 편안하고, 신은 도를 얻음으로

서의 선식(先識)과 같은 뜻. 즉 사물의 형상을 미리 아는 것, 또는 그런 능력.

도지화(道之華) : 화(華)는 실(實)에 대하는 말. 표면적으론 화려해 보이지만 내용적으로는 충실치 못한 것.

우지시(愚之始) : 우(愚)를 〈서경〉의 상서편에서나 〈회남자〉의 원도훈에서는 거짓의 뜻으로 풀이하였으나, 여기서는 어리석고 못났다는 뜻으로 풀이함.

처기후(處其厚) : 후(厚)는 제55장의 함덕치후(含德之厚)의 후, 〈장자 - 잡편〉 외물편(外物篇)의 지지후덕(至知厚德)의 후와 같은 뜻. 여기서는 충신의 두터운 것. 즉 상덕을 뜻함.

처기실(處其實) : 실(實)은 화(華)의 대가 되는 말. 내면적인 충실을 갖는 것이라는 뜻인데, 여기서는 상덕 또는 무위의 덕을 의미함.

거피취차(去彼取此) : 피(彼)는 예·지(禮知). 차(此)는 무위 자연의 도, 또는 상덕을 말함.

昔之得一者는 天得一 以淸하고 地得一以寧 하고 神得一以靈하고

써 영(靈)하고, 골짜기는 도를 얻음으로써 차〔盈滿〕고, 만물은 도를 얻음으로써 생기고, 후왕은 도를 얻음으로써 천하의 군장(君長)이 되는 것이니, 그것들이 이것을 이루는 것은 도이다.

하늘이 맑음이 없으면 장차 파열할까 두렵고, 땅이 편안함이 없으면 장차 발동(發動)할까 두려우며, 신이 영함이 없으면 장차 그칠까 두렵고, 골짜기가 참이 없으면 장차 말라버릴까 두려우며, 만물이 생(生)함이 없으면 장차 멸할까 두렵고, 후왕이 고귀함이 없으면 장차 넘어질까 두렵다.

그러므로 귀한 것은 천한 것으로써 근본을 삼고, 높은 것은 낮은 것으로써 기초를 삼는다. 이리하여 후왕은 자신을 고과불곡(孤寡不穀)이라 부르니, 이는 천한 것으로써 근본을 삼음이 아닌가, 그렇지 않은가. 그러므로 자주 칭찬하는 것은 칭찬이 없는 것이니, 아름답기 구슬처럼 되려고 하지 말고, 볼품없는 돌과 같이 되라.

| 풀이 | 옛날에 도를 체득한 자의 상태를 말한다면 하늘은 도를 체득하여 맑고, 땅은 도를 체득하여 편안하고, 신은 도를 체득하여 영묘(靈妙)하고, 골짜기는 도를 체득하여 충만하고, 만물은 도를 체득하여 생기고, 후왕은 도를 체득하여 천하의 군장이 된다. 이러한 것들을 그와 같이 만드는 것이야말로 도인 것이다.

하늘이 도를 얻어 맑지 않으면 아마 파열할 것이고, 땅

谷得一以盈하고 萬物得一以生하고 侯王得一以爲天下貞이니 其致之一也니라 天無以淸이면 將恐裂하며 地無以寧이면 將恐發하며 神無以靈이면 將恐歇하며 谷無以盈이면 將恐竭하며 萬物無以生이면 將恐滅하며 侯王無以貴高면 將恐蹶이니라 故로 貴以賤爲本하고 高以下爲基니라 是以로 侯王은 自謂孤寡不穀하니 此非以賤爲本耶아 非乎아 故로 致數譽無譽니 不欲琭琭如玉하며 珞珞如石이니라

석지득일자(昔之得一者): 여기의 일(一)은 도를 의미한다. 득일(得一)은 도를 체득한다는 의미임.
천득일이청 지득일이녕(天得一以淸 地得一以寧): 하늘은 도를 체득하여 맑고, 땅은 도를 체득하여 편안하다는 것.
곡득일이영(谷得一以盈): 곡은 여성의 음부를 신비적으로 표현하여 신비한 것, 생명의 근원, 도의 자세로 비유한 것임.
위천하정(爲天下貞): 정(貞)은 정(正)과 같은 뜻. 곧 군장(君長).

기치지일야(其致之一也) : 그것들을 이렇게 되게 한 것이 바로 일(一)이라는 것.

천무이청……장공궐(天無 以淸……將恐蹶) : 이 12구 는 위의 6구를 부정형으로 되풀이한 데 불과함.

장공발(將恐發) : 발(發)은 동(動)과 같은 뜻. 혹은 발 을 폐(廢)의 약자로 보아 무 너진다는 뜻으로 해석하기 도 함.

장공헐(將恐歇) : 헐(歇)은 휴(休), 곧 휴지·정지.

장공갈(將恐竭) : 갈(竭)은 학(涸)과 같은 뜻. 즉 말라 버린다는 것.

무이귀고(無以貴高) : 원래 는 윗글에 있는 것처럼 정 (貞), 또는 위정(爲貞)이었 으나 아래의 귀(貴)·고(高) 때문에 '귀고'로 고쳤다는 설이 있음.

장공궐(將恐蹶) : 궐(蹶)은 넘어진다는 뜻.

자위고과불곡(自謂孤寡不 穀) : 고(孤)는 고아, 과(寡) 는 과부·홀아비, 불곡(不 穀)은 종·노예.

녹록(珠珠) : 구슬이 빛나는 모양.

낙락(珞珞) : 돌 따위의 볼 품없는 모양.

이 도를 얻어 편안하지 않으면 아마 무너질 것이고, 신이 도를 얻어 영묘하지 않으면 아마 활동을 정지할 것이고, 골짜기가 도를 얻어 충만하지 않으면 아마 말라버릴 것이 고, 만물이 도를 얻어 생겨나지 않으면 아마 멸망할 것이 고, 후왕이 도를 얻어 존귀하지 못하면 아마 넘어질 것이 다. 그러므로 귀한 것은 천한 것을 근본으로 삼고, 높은 것은 낮은 것을 기초로 삼는다.

그리하여 후왕은 자신을 고·과·불곡이라고 낮춰서 부 르는 것이니, 이것이야말로 천하의 것으로써 근본을 삼는 것이 아닌가, 그렇지 않은가. 그러므로 칭찬받기를 자주 원하면 오히려 명예를 얻지 못한다. 모름지기 구슬과 같 이 아름답기를 원하지 말고, 그저 볼품없는 돌처럼 처신 해야 할 것이다.

| 해설 | 이 장에서도 전 장의 상덕(上德)을 체득한 자의 생활태도와 같이 도를 체득한 자의 상태를 설명하여 그것 이 중심(重心)을 아래로 떨어뜨려 안정된 천한 것으로 근 본을 삼는 처세를 주장하였다. 또한 이 장은 제31장과 함 께 옛날부터 여러 가지로 비판을 받아왔는데, 그 자세한 점까지는 무시할 수 있다 하더라도 본문 중에 적어도 후 차적인 해설 문장이 섞여 든 것으로 생각된다.

제40장
도는 일체 존재의 근원

복귀한다는 것은 도의 움직임이고, 유약하다는 것은 도의 작용이니, 천하만물은 유(有)에서 생(生)하며, 유는 무(無)에서 생한다.

| 풀이 | 근원으로 되돌아가는 것이 도의 운동이고, 유약한 것이 도의 작용이다. 이 세계의 모든 것은 유(천지 음양의 기운)에서 생기고, 그 유는 또한 무(형태가 없는 도)로부터 생긴다. 좀더 부연하여 설명하면 다음과 같다. 도는 만물을 생성화육하면서 시시각각으로 변화하고 있는데, 그 운동이란 요컨대 근원이 되는 도에 되돌아가는 것이며, 또 도의 작용은 일체를 성취하여 한없이 광대하지만, 그 힘은 유약하여 우격다짐의 강인성이나 분별없는 행동을 전혀 갖지 않는다.

유(有)와 무(無)에 대해서는 주를 보면 잘 알 수 있을 것이므로 자세한 설명은 생략하겠다. 다만 나중의 2구는 처음의 2구가 도의 운행에 따라 만물이 생기는 천지조화 작용의 반(反)과 약(弱)에 대하여 설명하였으므로, 이와 관련하여 만물이 도에서 생겨나는 생성의 절차를 유와 무의 개념을 사용하여 간결하게 표현한 것임을 알면 된다. 요컨대 도가 일체존재의 근원이라는 것을 설명한 것이 그 취지이다.

反者는 道之動이요 弱者는 道之用이니 天下萬物은 生於有하고 有는 生於無니라

반자도지동(反者道之動) : 반(反)은 반(返)과 같은 뜻으로서, 근원의 복귀를 의미함. 동(動)은 운동 또는 활동.

약자도지용(弱者道之用) : 약(弱)은 유약. 노자는 이것을 여성 또는 물의 유연함을 들어서 구체적으로 설명하고 있음. 용(用)은 작용.

천하만물생어유(天下萬物生於有) : 유(有)는 제1장에 나와 있는 이른바 이름 있는 것, 즉 천지. 혹은 제42장의 도생일 일생이 이생삼(道生一一生二二生三)의 일(一), 즉 일기(一氣) 이하를 가리키는 말.

유생어무(有生於無) : 무(無)는 제1장의 이른바 이름이 없는 것, 혹은 제42장의 일(一)의 근원, 즉 도를 말함.

| 해설 | 이 장에서 강조된 반(反)과 약(弱)의 사상 중 반에 대한 것은 이미 제16장에서 해설하였으므로, 여기서는 약의 사상에 대하여 약간의 설명을 하고자 한다.

〈사기〉의 저자 사마천(司馬遷)이 한고조(漢高祖) 유방(劉邦)을 도와 천하통일의 대업을 성취한 유후(留侯)를 평하기를, "내가 그 사람을 혼자서 상상해 볼 때 당당한 위장부(偉丈夫)인 줄로 알았는데, 그 초상화를 보니 그 모습이 부인 호녀(好女)와 같았다."라고 하였다. '부인 호녀'와 같은 부드러움을 느끼게 하면서도 위대한 공업을 성취한 장량의 강인한 내면성이야말로 노자가 말하는 약의 철학의 뛰어난 체득자라고 할 수 있다.

노자의 약이란 원래 여성의 부드러움과 수동적인 강인함에 주목하는 사상이었다. 혹은 물의 부드러움과 불굴의 유연성을 동경하는 사상이었다. 물은 낮은 곳을 가리지 않고 더러운 곳을 마다하지 않으면서, 사람이 원하는 대로 무심히 흐르고 또한 멎는다. 그러면서도 어떠한 중압(重壓)에도 담담하게 견디어 내고, 단단하고 억센 모든 것을 서서히 정복해 간다.

또 여성은 그 연약한 몸 속에 부드러운 생명력을 간직하여 항상 수동적인 입장에 있으면서도, 그 무서운 능동성을 부지불식간에 발휘한다. 노자는 거기서 무너진 것의 무너지지 않는 모습을 보아, 약(弱)에 안주하는 자의 진정한 굳셈을 체관(諦觀)하는 것이다.

노자의 약은 단순한 약이 아니다. 그것은 강(强)을 손바

유후(留侯) : 한초(漢初)의 노자적 철인 재상 장량(張良).
위장부(偉丈夫) : 체격·인격이 훌륭한 남자. 위남자(偉男子).
호녀(好女) : 아름다운 여자. 미녀.

체관(諦觀) : 충분하게 관찰함. 샅샅이 자세하게 살핌.

닥에서 놀릴 수 있는 약이며, 유(柔)로써 강(剛)을 제압할 수도 있는 약이다. 노자의 약은 역설적인 약이며, 진정한 의미의 강(强)을 세속적인 말로서 약이라고 부른 것이다. 그에게 있어서 이른바 세속적인 강이야말로 사실은 약이고, 세속적인 약이야말로 사실은 강일 수 있다. 노자 사상의 가치 전도(顚倒)가 여기에 나타나고, 그 겉으로는 볼 수 없는 엉뚱한 성격을 여기서도 엿볼 수 있다.

한대(漢代)의 사학자 반고(班固)는 노자의 철학을 평하기를, "비약(卑弱)으로써 자지(自持)하는 것이며, 그 약의 철학은 군인남면(君人南面)의 술(術)이다."라고 하였다. 노자 철학이 그 본질에 있어서 군인남면의 술, 즉 제왕이 천하를 다스리는 정치철학인지 아닌지는 잠시 논외로 하고서라도, 그것이 남면의 술로서 통용될 수 있는 풍부한 정치성을 내포하고 있음은 부정할 수 없을 것이다. 약에 의하여 강일 수 있고, 수동에 의하여 능동을 확보하는 노자의 약의 처세는 사회라는 골짜기에 사는 사람들에게만 중요한 것이 아니라, 권력의 정상에 있는 자들에게도 동일하게 유효한 것이다.

제41장
도의 위대한 조화작용

상사(上士)는 도를 들으면 힘써 이를 행하고, 중사(中士)는 도를 들으면 반신반의하고, 하사(下士)는 도를 들으면

上士는 聞道에 勤而行之하고 中士는 聞道에 若存若亡하고 下士는

聞道에 大笑之하나니 不笑면 不足以爲道니라 故로 建言에 有之하니 明道若昧하고 進道若退하고 夷道若纇하고 上德若谷하고 太白若辱하고 廣德若不足하고 建德若偸하고 質眞若渝하고 大方無隅하고 大器晩成하고 大音希聲하고 大象無形이니라 道隱無名이라 夫唯道는 善貸且成이니라

상사문도(上士聞道) : 상사(上士)는 도를 닦은 어진 선비.

근이행지(勤而行之) : 근(勤)은 면(勉)과 같은 뜻.

약존약망(若存若亡) : 반신반의하는 태도.

불소부족이위도(不笑不足以爲道) : 비웃음을 받지 않으면 도(진정한 진리)라고 할 것이 못된다는 것.

건언(建言) : 격언.

명도약매(明道若昧) : 매(昧)는 암(暗)과 같은 뜻.

이도약뢰(夷道若纇) : 이도(夷道)는 평탄한 도. 뢰(纇)는 실이 얽힌 덩어리, 여기서는 뒤섞여 기복(起伏)이 많은 것.

상덕약곡(上德若谷) : 약곡(若谷)은 골짜기와 같이 일체를 허심탄회하게 받아들이는 것.

크게 웃는다. 웃게 하지 않는 것은 족히 도라고 할 것이 못된다. 그러므로 격언에 이러한 것이 있는데, 즉 "밝은 도는 어두운 것 같고, 전진하는 도는 물러가는 것 같고, 평탄한 도는 울퉁불퉁한 것 같고, 상덕(上德)은 골짜기 같고, 가장 결백한 것은 오욕(汚辱)처럼 보이고, 광대한 덕은 부족한 것 같으며, 확립된 덕은 임시변통 같고, 질박한 덕은 변통하는 것 같으며, 크게 모난 것은 모서리가 없고, 큰 그릇은 늦게 이루어지고, 큰 음은 소리가 희미하고, 큰 형상을 가진 자는 아무 형태가 없는 것이다." 이렇듯 도는 숨겨져 무어라고 이름 붙일 수가 없다. 대저 도는 아낌없이 베풀고 또 만물을 성취시킨다.

| 풀이 | 뛰어난 인간은 도를 들으면 노력하여 그것을 실천하는데, 중간 정도의 인간은 도를 들으면 반신반의하는 태도를 취하고, 하등의 인간은 도를 들으면 비웃는다. 그러나 그들에게 비웃음을 살 정도가 아니면 참 도라고 말할 수는 없는 것이다.

격언에 말하기를, "참으로 밝은 도는 언뜻 보면 어두운 듯하고, 앞으로 나아가는 도는 뒤로 후퇴하는 것처럼 보이며, 평탄한 도는 일견(一見) 울퉁불퉁한 것 같다. 최상의 덕은 골짜기처럼 비어 보이고, 참으로 결백한 것은 일견 더러운 것 같으며, 진실로 광대한 덕은 일견 부족한 것처럼 보인다. 확고한 덕은 일견 임시변통인 것처럼 보이고 참으로 질실(質實)한 덕은 절조가 없는 것처럼 보이며, 매

우 크게 네모진 것은 모서리조차 없다. 진실로 위대한 인물은 남보다 대성하는 것이 늦고, 매우 큰 소리는 오히려 소리가 거의 들리지 않으며, 매우 큰 형상을 가진 자도 또한 오히려 그 형상이 눈에 띄지 않는다."라고 하였다.

　이와 같은 말들로도 알 수 있듯이 도는 숨겨져 있어서 형태가 보이지 않고, 인간의 말로써는 이름지을 수 없는 것이다. 도야말로 천하만물에게 아낌없이 베풀어서 그 존재를 완전하게 한다.

| 해설 | 이 장도 또한 전 장과 같이 도에 대하여 설명한 것이다. 그러나 그 설명은 원리적인 것이 아니라 구체적인 것이며, 도의 근원을 설명한 것이 아니라 인간의 현실생활에 의거한 도의 구체적인 표현방법을 논한 것이다. 이 글 가운데 건언(建言)으로서 인용한 명도약매(明道若昧) 이하의 12구는 광덕약부족(廣德若不足)·대기만성(大器晩成) 등, 옛날부터 사람들의 입에 많이 오르내린 유명한 글귀를 많이 포함하고 있는데, 이러한 것들은 모두 노자의 논리를 표시하는 좋은 예이다.

제42장
유약(柔弱)이 주는 교훈

　도는 하나를 낳고, 하나는 둘을 낳고, 둘은 셋을 낳고, 셋은 만물을 낳으니, 만물은 음기(陰氣)를 포함하고 양기

태백약욕(太白若辱) : 태백(太白)은 진실로 결백한 것. 약욕(若辱)은 때가 묻어 뒤범벅이 되어 있는 모양.
건덕약투(建德若偸) : 건덕(建德)은 확실하게 수립된 덕. 투(偸)는 임시변통.
질진약유(質眞若渝) : 진(眞)을 덕(悳)의 잘못된 표기로 보면, 질진(質眞)은 질덕(質悳)이 되는데, 덕(悳)은 덕(德)의 옛 글자이므로 결국 질덕(質德)이 됨. 이것은 질박 또는 이른바 박(樸)의 덕을 말함. 유(渝)는 상(常)의 반대인데, 변동한다는 의미임.
대상(大象) : 제35장 참조.
부유도 선대차성(夫唯道 善貸且成) : 부유(夫唯)는 강조하는 어기(語氣)를 나타내는 말이며, 대(貸)는 베풀다·미치다의 뜻. 성(成)은 일체만물의 생성화육의 공을 성취한다는 것.

道生一하고　一生二하고　二生三하고　三生萬物하니　萬物은　負陰而

抱陽하고 沖氣以爲和니라 人之所惡는 唯孤寡不穀이어늘 而王公以爲稱이니라 故로 物或損之而益하고 或益之而損이니라 人之所教를 我亦教之하나니 强梁者는 不得其死라 하니 吾將以爲教父니라

도생일 일생이 이생삼 삼생만물(道生一 一生二 二生三 三生萬物) : 도에서 만물에 이르는 생성과정과 생성된 만물과 도의 근본이 같다는 점을 설명하고 있다.

만물부음이포양 충기이위화(萬物負陰而抱陽 沖氣以爲和) : 부(負)와 포(抱)의 원래의 의미가 어머니가 아기를 등에 업고 무릎에 안은 동작인데, 여기서는 만물이 음기와 양기를 품고 있는 상태를 비유적으로 표현한 것. 충기(沖氣)는 혼연히 하나로 융합된 기운.

이위칭(以爲稱) : 고과불곡으로 칭호를 삼는다는 말.

물혹손지이익 혹익지이손(物或損之而益 或益之而損) : 만물은 줄이면 오히려 유익하고, 유익하면 오히려 줄어든다는 뜻.

인지소교 아역교지(人之所教 我亦教之) : 세상 사람들이 경계하여 가르치는 것은 나도 또한 경계하여 가르친

(陽氣)를 지녀서 혼연히 하나로 풀려 화합한다. 사람들이 미워하는 바는 오직 고(孤)·과(寡)·불곡(不穀)인데, 왕공은 이것으로써 칭호를 삼는다. 그러므로 사물은 이것을 줄이면 이익이 되고, 이것을 유익하게 하면 줄어드는 것이다.

사람들이 가르치는 바를 나 또한 가르치려고 하는데, 강강(强剛)한 자는 올바로 죽지를 못한다고 하니, 나는 장차 이 강강을 배제하는 것으로써 가르침의 근본을 삼을 것이다.

| 풀이 | 도가 한 기를 낳고, 한 기가 나누어져 음양의 두 기가 되고, 그 음기와 양기가 교합하여 그것들과 함께 셋으로 불리는 충화의 기가 되고, 그 충화의 기가 만물을 낳는다. 따라서 만물은 각자의 음기를 등에 업고 양기는 품에 안고서 충화의 기에 의하여 조화를 보지하고 있는 것이다.

세상 사람들이 싫어하는 것은 고아가 되는 것이고, 과부나 홀아비가 되는 것이고, 남의 노예가 되는 것이다. 그런데 존귀한 지위에 있는 왕공들은 이러한 말을, 자기를 부르는 말로서 사용하고 있다. 이것으로 보아도 알 수가 있듯이 모든 사물은 언제나 줄이면 오히려 유익하고, 유익하게 하면 오히려 줄어든다.

세상 사람들이 경계로서 가르치는 것은 나도 또한 그렇게 가르칠 것이다. 힘으로 밀고 가는 강강한 자는 올바로

죽지를 못한다는 것이 세인의 경계인데, 나는 이 가르침, 즉 강강을 배척하는 유약의 처세를 교육의 근본으로 삼으려고 한다.

| 해설 | 이 장에서도 앞에서 논하였던 노자의 약(弱)에 대한 사상을 피력한 것이다. 강강(强剛)의 처세를 배척하는 유약의 처세로써 세인의 경계를 삼을 것을 말하였다.

제43장
무위 자연의 교화와 유익함

천하의 지유(至柔)는 천하의 지견(至堅)을 마음대로 구사하고, 형태가 없는 것은 틈새가 없는 데까지 들어간다. 나는 이러한 까닭으로 무위가 유익하다는 것을 안다. 말없는 가르침과 무위의 이로움은 천하에 이것을 당할 자는 거의 없다.

| 풀이 | 세상에서 가장 부드러운 물은 가장 굳은 금석까지도 마음대로 구사하여 움직이게 하고, 틈새가 없는 곳일지라도 자유롭게 침투한다. 그러므로 나는 부드럽고, 또 어떠한 형태에도 구애받지 않는 생활태도, 즉 무위의 처세의 유익함을 안다. 말이 없는 무위 자연의 교화와 아무런 작위가 없는 생활태도의 유익함을 나타내는 것으로서, 이 세상에서 물에 견줄 만한 것이 없다.

다는 것.

강량자 부득기사(强梁者 不得其死) : 강량(强梁)이란 강포(强暴)·강강(剛强)의 뜻으로서 유약의 반대. 부득기사(不得其死)는 올바로 죽지를 못한다는 것이니, 와석종신(臥席終身)하지 못한다는 말.

오장이위교부(吾將以爲敎父) : 교부(敎父)는 교육의 근본, 혹은 최고의 스승이라는 말.

天下之至柔는 馳騁天下之至堅하고 無有는 入無間하니 吾是以로 知無爲之有益이니라 不言之敎와 無爲之益은 天下希及之니라

천하지지유(天下之至柔) : 지유(至柔)는 매우 유약한 것. 곧 물.

치빙(馳騁) : 자유자재로 구사하는 것.

무유입무간(無有入無間) : 무유(無有)는 형태를 갖고 있지 않은 것. 무간은 틈새.

오시이 지무위지유익(吾是以 知無爲之有益) : 오(吾)는 노자. 무위는 무위 자연적 처세.

불언지교(不言之敎) : 말도
없고 이름도 없는 도의 자
세에 그대로 순응하는 자연
의 교화.
천하희급지(天下希及之) :
희(希)는 희(稀)와 같은 뜻
이니, 거의 없다는 것. 지
(之)는 천하지지유(天下之
至柔), 즉 물을 가리킴.

名與身은 孰親하고 身
與貨는 孰多하고 得與
亡은 孰病고 是故로 甚
愛면 必大費하고 多藏
이면 必厚亡이니라 知
足이면 不辱하고 知止
면 不殆하여 可以長久
니라

명여신(名與身) : 명(名)은
명성, 신(身)은 내 몸 또는
나의 생명.
숙친(孰親) : 친(親)은 절실
하다의 뜻.
신여화(身與貨) : 화(貨)는
재화.
숙다(孰多) : 다(多)는 소중
하다의 뜻.
득여망(得與亡) : 득(得)은
자기 소득으로 하는 것, 망
(亡)은 손실. 따라서 득여망
을 득실로 하지 않은 것은,

| 해설 | 이 장에서는 전 장에 이어서 유약의 처세를 거듭
설명하였는데, 물의 지유(至柔)를 상징으로 하여 어떠한
형태에 처해서도 결코 구애받지 않는 처세를 논술한 것이
다. 거기에 덧붙여 무위 자연의 교화와 무위 자연적인 생
활태도의 위대한 효용을 찬미하였다.

제44장
지족(知足)의 처세

명성과 생명은 어느 것이 더 절실하고, 생명과 재화는
어느 것이 더 소중하며, 얻음과 잃음은 어느 것이 더 걱정
일까. 그러므로 심히 애착하면 반드시 크게 소모하고, 재
화를 많이 간직하면 반드시 엄청나게 잃는다. 욕망을 눌
러 스스로 만족함을 알면 욕되지 않고, 분수를 지켜서 자
기 능력의 한계에 머무를 줄 알면 위태롭지 않으니, 언제
까지나 편안할 수가 있다.

| 풀이 | 명성과 생명은 어느 것이 더 절실한가. 생명과
재화는 어느 것이 더 소중한가. 나의 소득으로 하는 것과
나의 손실은 어느 편이 괴로운가. 그러므로 우리가 명
성·이득 같은 것에 애착심을 심하게 가지면 오히려 생명
을 단축시키는 결과를 초래하며, 재화를 욕심내어 많이
축적하다가는 반드시 엄청난 손해를 보게 마련이다. 욕심
을 눌러 만족할 줄을 알면 수치를 당하지 않고, 분수를 지

켜서 자기의 능력을 옳게 인식하면 위태로워지지 않는 것이다. 그리하여 오래도록 마음을 편안하게 할 수 있다.

| 해설 | 이 장은 제33장에 이미 나온 지족(知足)의 처세를 설명한 것이다.

명성·명예를 주제로 한 논술은 〈노자〉 중에서 이 장이 처음인데, 이른바 명(名)을 숭상하는 유교의 사상에 대하여, 그것을 부정하는 도교의 사상적 입장이 명확하게 나타난 점이 특히 주목되는 바이다.

병(病)과 운자를 맞추기 위함임.
심애필대비(甚愛必大費) : 애(愛)는 애착. 대비(大費)는 생명을 소모한다는 뜻.
다장필후망(多藏必厚亡) : 장(藏)은 재화를 축적하는 것, 후망(厚亡)은 엄청난 손실.
지지(知止) : 분수를 지켜서 자기 능력의 한계를 인식하여 적당한 범위에서 멈추는 것.
가이장구(可以長久) : 오랫동안 편안할 수 있음.

제45장
요요명명한 현상의 세계

아주 완성된 것〔道〕은 오히려 훼손된 듯하나 그 활용은 다함이 없고, 가장 충만한 것〔道〕은 오히려 빈 듯하나 그 활용은 역시 다함이 없다. 매우 곧은 것은 오히려 굽은 것 같고, 매우 교묘한 것은 오히려 서투른 것 같고, 뛰어난 웅변은 오히려 더듬는 것 같다. 조(躁)하면 추위를 이기고 정(靜)하면 더위를 이길 수 있으니, 청정(淸淨)은 천하의 표준이 된다.

| 풀이 | 진실로 완성되어 있는 것, 즉 도는 어딘가 이지러진 데가 있는 것처럼 보이지만, 그것은 아무리 사용해도 결코 다함이 없다. 또 진정으로 충실한 것, 즉 도는 언

大成若缺이나 其用不弊하고 大盈若沖이나 其用不窮이니라 大直若屈하고 大巧若拙하고 大辯若訥이니라 躁勝寒하고 靜勝熱이니 淸淨은 爲天下正이니라

대성약결(大成若缺) : 대성(大成)은 크게 이룬 것이니, 진정한 의미에서 이루어진 도(道)를 말하는 것. 결(缺)은 훼(毁)와 같은 뜻이며 성(成)의 반대이니, 이지러지거나 훼손된 것.

기용불폐(其用不弊) : 기용(其用)은 그 활용, 불폐(不弊)는 해지는 일이 없다는 것으로, 요컨대 늘 새로운 것.

대영약충(大盈若沖) : 대영(大盈)은 진실로 충실한 것이니 역시 도를 말함. 충(沖)은 비어 있는 것.

기용불궁(其用不窮) : 궁(窮)은 진(盡)과 같은 뜻이니, 불궁(不窮)은 다함이 없다는 것.

대직약굴(大直若屈) : 굴(屈)은 왕(枉)과 같은 뜻. 구부러진 것, 혹은 비굴(卑屈).

대교약졸(大巧若拙) : 대교(大巧)는 매우 교묘한 것, 졸(拙)은 졸렬하거나 서투른 것. 〈장자〉 거협편에도 이와 같은 말이 나오니 참조할 것.

대변약눌(大辯若訥) : 대변(大辯)은 진정한 의미의 웅변, 눌(訥)은 더듬는 것.

조승한(躁勝寒) : 떠들고 돌아다니면 몸이 훈훈해져서 추위를 이길 수 있다는 뜻.

정승열(靜勝熱) : 응달 같은 데 가만히 앉아 있으면 더위를 이길 수 있다는 뜻.

청정위천하정(淸淨爲天下正) : 정(正)은 표준이라는 뜻, 혹은 우두머리의 뜻으로 보기도 함. 즉 청정하여 천하의 표준이 되는 것.

뜻 보면 속이 빈 듯하나 그것은 아무리 사용해도 무한한 공용(功用)을 갖는다. 이와 마찬가지로 참으로 곧은 것은 오히려 구부러진 것처럼 보이고, 참으로 교묘한 것은 오히려 서투른 것처럼 보이고, 진정한 웅변은 오히려 말을 더듬는 것 같다. 떠들썩하게 활동하면 추위를 이기고, 움직이지 않고 가만히 있으면 더위를 이길 수 있다. 그러므로 청청무위(淸淸無爲)하기만 하면 천하의 표준이 되는 것이다.

| 해설 | 우리의 상식적인 생각으로서는 아름다운 것과 추한 것, 현명함과 어리석음, 선과 악은 엄밀하게 구별된다. 아름다운 것은 도저히 추할 수가 없고, 현명함과 어리석음은 서로 용납되지 않으며, 선과 악은 전혀 다른 것으로 본다. 그리하여 성과 패, 가득 찬 것과 빈 것은 서로 대립하고, 곡과 직, 교와 졸, 웅변과 더듬는 것과는 완전히 상반된 개념으로 본다. 공자도 말하기를, "내가 말로써 사람을 택하다가 재여(宰予)에게 실패하였고, 외모로써 사람을 택하다가 자우(子羽)에게 실패하였다."라고 술회한 것처럼, 우리들의 인식이나 가치판단은 사상(事象)의 외형에 속기가 쉽다. 우리들은 흔히 어리석어 보이는 것을 아주 어리석다고 보고, 미워 보이는 것을 아주 밉다고 단정한다. 혹은 굽어 보이는 것을 끝까지 곧은 것과 구별하고, 곧아 보이는 것은 어디까지나 굽은 것일 수는 없다고 생각한다.

그러나 무위 자연의 입장(있는 그대로의 사상의 모양)을 있는 그대로 허심탄회한 입장에서 보면, 어리석어 보이는 것도 진정으로 어리석다고만은 할 수 없고, 진정한 현자일수록 오히려 어리석은 자로 보이는 것이다.

소리가 너무 크면 인간의 청각으로는 이를 포착할 수 없듯이, 또한 물은 귀중한 것이지만 그것이 풍부하기 때문에 오히려 소중하게 여기지 않듯이, 상식적인 이해의 한도를 넘은 것은 오히려 사물의 참모습과는 반대의 것으로 받아들여진다. 노자는 이와 같은 상식적인 이해의 한도를 넘은 것을 대(大), 혹은 상(上)이라고 부른다. 노자의 이른바 대·상이란 인간의 상식적인 인식이나 세속적인 가치판단을 초월하여 있는 것, 그러한 것을 초월한 곳에서 요요명명(窈窈冥冥)하게 실재하는 있는 그대로의 현상의 세계(무위 자연의 도)를 가리키는 말인 것이다.

도의 입장에서 보면 상식적으로는 어두워 보이는 것도 사실은 더할 나위 없이 밝은 것이고, 상식적으로는 빈 것처럼 보이는 것도 사실은 그지없이 충만되어 있다. 노자는 이와 같은 역설적인 표현을 여러 곳에서 사용하였는데, 가장 정돈된 형태로 이것을 설명한 곳이 이 장이다. 여기서의 논술은 제41장에 건언(建言)으로서 인용한 대음희성(大音希聲)·대상무형(大象無形)·명도약매(明道若昧)·진도약퇴(進道若退) 등의 사상과 함께 노자가 상식적인 인식·판단이나 세속적인 가치관에 대한 비판을 가장 명쾌하게 행한 문장이다.

요요명명(窈窈冥冥) : 요요(窈窈)는 깊숙하고 먼 모양. 명명(冥冥)은 아득하고 그윽한 모양.

제46장
부지족(不知足)은 재앙의 근원

天下有道면 卻走馬以糞
하고 天下無道면 戎馬
生於郊니라 禍莫大於
不知足하고 咎莫大於
欲得이니 故로 知足之
足이면 常足矣니라

천하에 도가 있으면 군령을 전하는 말〔馬〕을 민간에게 불하하여 논밭을 경작하게 하고, 천하에 도가 없으면 군마가 들판에서 새끼를 낳게 된다. 재앙은 만족함을 알지 못하는 것보다 더 큰 것이 없고, 허물은 얻으려고 욕심내는 것보다 더 큰 것이 없다. 그러므로 족한 것을 아는 것에 만족하면 항상 만족하다.

각주마(卻走馬) : 주마(走馬)는 파발마. 각(卻)은 각(卻)과 같으며, 관(官)의 소유물을 일반 백성들에게 불하하는 것.

이분(以糞) : 분(糞)은 비료를 주면서 논밭을 가꾸는 것, 즉 경작을 하는 것.

융마생어교(戎馬生於郊) : 융마(戎馬)는 군마, 교(郊)는 교외의 들판. 즉 전쟁이 나서 군마가 많아, 군마들이 싸움터에서 새끼를 낳을 정도까지 되었다는 뜻.

화막대어부지족(禍莫大於不知足) : 만족함을 알지 못하는 것이 최대의 재앙이라는 것.

구막대어욕득(咎莫大於欲得) : 재화를 얻고자 하는 욕망보다 더 큰 허물은 없다는 것.

지족지족(知足之足) : 만족하는 것을 알아서 이에 만

| 풀이 | 무위 자연의 도가 천하에 행해지면 전쟁이 없어지니까 군령을 전달하는 말〔馬〕을 민간에 불하하여 논밭을 경작하게 한다. 그러나 무위 자연의 도가 행해지지 않으면 전쟁이 일어나게 되고 그 시일을 오래 끌면 많은 군마들이 싸움터에서 새끼를 낳게 된다. 그러므로 위정자가 만족함을 모를 때 가장 큰 재앙이 오는 것이고, 또 위정자가 물욕이 과할 때 백성들에 대한 죄과가 가장 많은 것이다. 그러니까 모든 사람이 만족한 것을 알아서 이에 만족하면, 항상 물심양면으로 만족하게 될 것이다.

| 해설 | 이 장은 제44장과 함께 지족(知足)의 철학을 논술한 것이다. 제44장의 지족이 주로 개인적인 화복(禍福)을 중심으로 하는 처세를 관심사로 삼은 것에 비하여, 여기서는 더 나아가 전쟁과 평화라고 하는 사회적인 문제에까지 확대하여 설명한 것이다. 노자는 전쟁을 인간의 재

앙 중에서 최대의 것으로 보았으며, 이것을 지족의 철학과 관련시킨 점에 하나의 특징이 있다 할 것이다.

제47장
참지혜

문을 나오지 않아도 천하를 알고, 들창으로 엿보지 않아도 천도(天道)를 본다. 나가는 거리가 멀수록 알게 되는 범위는 적어진다. 그러므로 무위 자연의 성인은 가지 않아도 알고, 보지 않아도 환하고, 하노라 하지 않아도 이루어지는 것이다.

| 풀이 | 문 밖에 나오지 않고 방 안에 가만히 앉아 있어도 천하대세를 알 수 있고, 들창문으로 하늘을 내다보지 않아도 하늘의 이치를 알 수 있다. 이러한 하늘의 이치를 밖에서 구하려고 외계로 향하여 멀리 나가면 나갈수록 도에 대한 영지는 점점 더 적어진다. 그러므로 도의 체득자(성인)는 밖으로 나가지 않고도 잘 알고, 밖의 것을 보지 않아도 환하게 사리를 파악할 수 있으며, 따라서 하노라고 하지 않아도 모든 일이 저절로 이루어진다.

| 해설 | 이 장은 앞의 지족(知足)의 처세와 관련하여 제16장이나 제33장의 이른바 명(明)은 밖에서 구할 수 있는 대상적·경험적인 지식이 아니고, 자기 마음에 본래부터

족하면.

不出戶하되 以知天下하고 不窺牖하되 以見天道하나니 其出彌遠이면 其知彌少니라 是以로 聖人은 不行而知하고 不見而名하며 不爲而成이니라

불출호 이지천하(不出戶 以知天下) : 방 안에 가만히 앉아 있어도 천하대세를 알 수 있다는 뜻. 〈여씨춘추〉의 군수편(君守篇)이나 〈한비자〉의 유로편에 이 두 구를 인용하여 말하기를, "정신을 전일(專一)하게 지키면 그 본래적인 영지의 작용에 의하여, 문을 나서지 않고 창을 통하여 내다보지 않더라도 세계의 일체를 알 수 있다."라고 하였음.
불규유 이견천도(不窺牖 以見天道) : 들창문으로 내다보지 않아도 도를 체득하기만 하면 하늘의 이치를 앉아서도 잘 알 수 있다는 것.
기출미원 기지미소(其出彌

遠 其知彌少) : 인간의 감각적 · 지각적 욕망이 밖으로 향하여 뻗어나갈수록 근원적인 것에 대한 영지, 즉 도에 대한 자각은 더욱더 빈약해진다는 것. 이 두 구와 관련된 논술이 〈장자〉에 많이 있는데, 그 중에서도 특히 거협편에 말하기를, "족적(足跡)은 제후의 경(境)에 접하고, 거궤(車軌)는 천 리 밖까지 이어지니, 이는 곧 위에서 지(知)를 좋아한 데 그 허물이 있는 것이다〔足跡接諸侯之境 車軌結乎千里之外 則是上好知之過也〕." 라고 하였으니, 이를 참조할 것.
불행이지(不行而知) : 첫 구의 '불출호 이지천하'와 같은 논지(論旨).

불견이명(不見而名) : 첫 구의 '불규유 이견천도'와 같은 논지. 규(窺)와 견(見)이 서로 응하였음. 그리고 명(名)은 명(明)과 같은 뜻. 혹은 이것을 사물에 명칭을 붙여서 질서를 세운다는 뜻으로 풀이하기도 함.

불위이성(不爲而成) : 하노라 하지 않아도 성과가 있게 마련이라는 것. 〈순자〉 천륜편(天倫篇)에 말하기를, "하지 않아도 이루어지고, 구하지 않아도 얻어진다. 대저 이것이 천직이라는 것이다〔不爲而成 不求而得 夫是之謂天職〕."라고 하였으니, 이를 참조할 것.

갖추어진 초감성적 · 초경험적인 직관의 영지인 것을 설명하였다. 유교의 학문이 감성적 · 감각적인 경험의 지식을 중요시하고, 따라서 밖에서 구하는 박학다문(博學多聞)을 높이 평가하는 데 반하여, 노자는 그러한 박학이 인간 마음의 본래적인 순수성을 밖으로 확산시켜, 인간을 감각과 지각의 노예로 삼을 위험이 있다고 보아, 이것을 경고한 것이 이 장의 논지이다.

중국의 철학사에는 밖에서 구하는 것의 위험을 가장 철저하게 경계하였다. 당대(唐代) 선종(禪宗)의 거장인 혜능(慧能)이 말하기를, "몸 밖으로 구하지 말라. 자성(自性)이 미혹되면 이것이 곧 중생이요, 자성을 깨달으면 이것이 곧 부처이다." 혹은 "보리(菩提)는 단지 마음에 향하여 구한다. 어찌하여 밖에서 구하려고 애쓰느냐."라고 하였다. 또한 임제종(臨濟宗)의 거장인 의현(義玄)이 말하기를, "먼저 스스로 믿는 것이 필요할 뿐, 밖을 향하여 구하지 말라." "너희들이 조불(祖佛)과 다르지 않기를 원하면 밖에서 하지 말라. 너희들의 일념(一念) 위의 청정광(淸淨光), 이것이 너희 집 안의 법신(法身)의 분(分)이다."라고 하였다. 이처럼 인간의 마음을 본래 맑고 깨끗한 허공과 같은 것으로 보아, 일체의 영지가 이 마음속에 내재되어 있다고 하는 생각은 후일의 유교에도 크게 영향을 미쳤다.

송나라 때의 육상산(陸象山)은 말하기를, "우주는 곧 나의 마음이고, 내 마음은 곧 우주이다." "만물은 모두 나에게 갖추어져 있다. 단지 그 이치를 분명하게 할 필요가 있을 뿐이다."라고 하였고, 명나라 때의 왕양명(王陽明)도 말하기를, "나의 마음은 곧 사물의 이치이다. 처음부터 밖에서 빌려 올 필요가 없다." "마음은 곧 이치이다. 천하에 또 마음 밖의 일, 마음 밖의 이치가 어찌 있으랴."라고 하였는데, 이러한 것들은 모두 노자 철학의 영향이다.

　노자의 이 장에서의 논술은 그러한 것을 소박하게 표현한 것인데, 그와 같은 철저한 유심적(唯心的) 직관주의(直觀主義)의 시초를 이루고 있다는 점에서 매우 주목할 만한 것이다.

제48장
무지무욕(無知無欲)

　학문을 하면 지식이 날로 늘어가지만, 도를 닦으면 갖고 있는 것이 날로 줄어든다. 줄고 또 줄어서 무위에 이르는데, 무위의 경지에 이르면 모든 것을 성취한다. 천하를 취하려면 항상 무사(無事)하게 해야 하는 것인데, 무사하지 못하고 일을 꾸미게 되면 천하를 취할 수 없는 것이다.

| 풀이 | 유교에서는 학문을 닦으면 지식이 날로 늘어서 이른바 박학다문하게 되지만, 노자의 무위의 도를 닦으면 지식과 정욕은 오히려 감소된다. 감소되고 감소되어 더할 수 없이 감소되면 무위의 경지에 이르는데, 이 무위의 도

爲學日益이요 爲道日損이니 損之又損이면 以至於無爲하나니 無爲而無不爲니라 取天下에는 常以無事니라 及其有事하여는 不足以取天下니라

위학일익(爲學日益) : 학문을 하면 날마다 지식이 늘어난다는 것.
위도일손(爲道日損) : 무위자연의 도를 닦으면 지식과 정욕이 날로 감소된다는 것.

로써 행하면 천하만사 어느 것이나 성취되지 않는 것이 없다. 예를 들면 천하를 통일하여 지배하는 데 있어서도 무위의 도로써 평온무사하게 해야 하는 것이지, 인위적인 잔재주를 부려서는 절대로 되지 않는 것이다.

┃해설┃ 이 장은 전 장의 '불출호 이지천하(不出戶 以知天下)'와 '기출미원 기지미소(其出彌遠 其知彌少)'의 뜻을 이어받아서 세속적인 학문, 즉 예학(禮學)을 중심으로 한 유교적 학문의 습득과 노자의 무위 자연의 진리의 체득자가 본질적으로 그 태도를 달리하여, 전자가 날로 증가해 가는 방향인 박(博)을 소중히 여기는 데 반하여, 후자가 줄일 수 있는 데까지 줄이는 과(寡)를 중하게 여기는 것을 분명히 하였다.

〈사기〉의 저자 사마천의 아버지 사마담(司馬談)은 공자학파를 두고 비판하기를, "유자(儒者)는 박학하기는 하지만 쓰임이 적고, 열심히 노력하지만 공이 적다."라고 하였다. 또한 〈논어〉에도 말하기를, "군자는 널리 글을 배운다." "널리 배워서 돈독하게 한다."라고 한 것처럼, 유교의 학문은 박(博)을 존중하여, 날마다 지식이 증가하는 것을 그 본질적인 특징으로 삼는다.

그러나 노자는 장자와 함께 유교의 박학을 비판하기를, "유한으로써 무한을 따르려는 것은 위태한 것이다〔以有涯隨無涯殆已 : 〈장자 - 내편〉 양생주편(養生主篇)〕."라고 하였고, "만물과 더불어 변화하여 변함 없는 것을 갖지 못한다〔方

且與物化 而未始有恒 : 〈장자〉 천지편).”라고 하였다. 또 〈노자〉 제14장의 복귀어무물(復歸於無物), 제16장의 치허(致虛)·수정(守靜), 제22장의 포일(抱一) 등으로 무지무욕(無知無欲), 혹은 과지과욕(寡知寡欲)의 처세를 강조하였다.

물(物)이 없는 곳에 복귀하기 위해서는 물이 있는 곳이 부정되어야 하고, 하나를 안기 위해서는 다(多)가 부정되어야 하며, 치허·수정을 위해서는 번거로움과 소란한 것이 부정되어야 한다. 거기서는 날마다 줄어드는 것(인간이 버릴 수 있는 한의 모든 것)을 차례로 버린다고 하는 순수화의 노력이 중요한 의미를 가지며, 순수화의 극치(일체를 버릴 수 있는 무일물(無一物)의 경지에서 도의 무지무욕과 하나가 되는 것)가 인간의 궁극적인 생활태도로서 동경되는 것이다. 그리고 노자의 무위란 이와 같이 버릴 수 있는 한의 모든 것을 버린 무지무욕의 경지를 일컫는 말일 뿐이다.

날마다 증가하는 것보다 날마다 줄어드는 것을 중시하는 노자의 무위의 철학은 불교의 〈무량수경(無量壽經)〉의 교설(敎說 : 모든 번뇌를 없애고, 모든 욕망의 진지를 파괴하고, 더러운 마음을 닦고, 맑고 깨끗한 것을 드러내며, 미묘한 법을 얻어서, 최정각(最正覺)을 성취하는 것)과도 많은 공통점을 갖는다. 실제로 초기의 〈한역 불전(漢譯佛典)〉에서는 “불(佛)은 도를 깨달은 것이고, 열반(涅槃)은 무위이며, 불법승(佛法僧)은 삼보(三寶)이다.”라고 하는 등, 모두 〈노자〉의 말을 번역어로 사용하였다. 또 “불도(佛道)의 수행자, 즉 사문(沙門)도 집과 처자를 버리고, 애욕을 버리고, 육정

은 뜻. 즉 천하는 인력으로 지배할 수 없다는 것.

최정각(最正覺) : 불과(佛果)를 말함. 부처님이 바른 지혜로 우주의 진리를 깨달은 까닭. 〈화엄경간정기〉에 지극한 것을 최, 잘못을 여읜 것을 정, 깨달음을 각이라 하였다.
사문(沙門) : 불교에서, 출가하여 도를 닦는 사람을 이르는 말.

(六情)을 단절하고 계(戒)를 지켜서 무위하고, 그 도는 청정하여 마음을 하나로 할 수 있는 것이다."라고 하여 노자나 장자 식의 번역문으로 정의를 내릴 정도이다.

이와 같은 〈한역 불전〉에 의거하여 교리와 실천을 전개한 중국 불교가 노자와 매우 밀접한 사고를 그 가운데 많이 포함하고 있는 것도 또한 필연지세(必然之勢)일 것이다. 적어도 육조(六朝)시대의 중국 불교는 노자가 강조하는 날로 줄이는 것, 즉 '일손(日損)'을 불도 수행의 동의어(同義語)로서 사용하였다.

제49장
도와 혼연일체가 된 성인의 태도

聖人은 無常心하여 以百姓心으로 爲心하여 善者를 吾善之하고 不善者를 吾亦善之하나니 德善이니라 信者를 吾信之하고 不信者를 吾亦信之하나니 德信이니라 聖人在天下하여는 歙歙하여 爲天下渾其心하나니 百姓이 皆注其耳目이나 聖人은 皆孩之니라

상심(常心) : 고정된 마음.
이백성심위심(以百姓心爲心) : 만백성의 마음을 자기

성인은 상심(常心)이 없고 백성들의 마음으로써 마음을 삼는다. 나는 선한 자를 선하다 하고, 불선한 자도 선하다고 하는데, 덕은 선하기 때문이다. 나는 신(信)이 있는 자를 신(信)이라 하고, 불신한 자도 또한 신이라고 하는데, 덕은 신이기 때문이다. 성인의 천하에 대한 태도는 흡흡(歙歙)하여 천하를 위하여 그 마음을 혼돈하게 한다. 백성들이 모두 그 이목을 집중하지만, 성인은 이들을 모두 어린아이처럼 무지무욕하게 한다.

| 풀이 | 성인에게는 영구불변의 마음이란 없는 것이고, 단지 만민의 마음을 자기의 마음으로 삼는다. 성인은 선

인을 물론 선하다고 받아들이고, 또 불선인이라도 또한 선하다고 받아들이는데, 이것은 덕이란 것이 원래 진정한 선이기 때문이다. 신(信)이 있는 자를 물론 신이 있다고 받아들이지만, 신이 없는 사람도 성인은 또한 신이 있다고 받아들이는데, 이것은 성인의 덕이란 원래 진정한 신이기 때문이다.

이러한 성인이 천하에 임할 때는 아무것에도 집착하지 않는 마음으로 천하를 위하여 자기 마음을 혼돈하게 하고, 천하만민의 이목이 자기에게 집중되어도 그들을 모두 마치 어린아이처럼 무지무욕의 상태로 만든다.

| 해설 | 이 장은 제27·62장의 논술과 관련하여, 도의 체득자인 성인이 자기를 겸허하게 하여 일체를 무심하게 받아들이고 세속적인 입장에서 선으로 보는 인간, 불선으로 보는 인간 또한 신의를 지키는 인간, 신의를 지키지 않는 인간도 똑같이 인정함으로써 무위 자연의 도에 혼연일체가 되어가는 위대한 인격이라는 것을 설명하였다. 〈장자〉 대종사편의 이른바 물(物)과 마땅함이 있어서 그 극을 알지 못하는 성인의 태도를 노자의 식으로 표현한 문장이라고 볼 수 있다.

이 장에서 특히 문제가 되는 것은 선·불선, 혹은 신·불신에 대한 구별을 어떻게 해야 하느냐 하는 점이다. 이 문제에 대하여 노자는 다음과 같이 설명한다.

세속적인 도덕의 입장에서 볼 때 선과 불선은 엄격히

의 마음으로 삼아서 편견이나 아집을 갖지 않는 것. 〈맹자〉 양혜왕(梁惠王)편에 말하기를, "이 마음을 미루어 다른 사람에게 더해 주는 것이다[斯心加諸彼而已]."라고 하였으니, 이를 참조할 것.

선자오선지 불선자오역선지(善者吾善之 不善者吾亦善之) : 세속의 도덕적인 입장에서 선이다, 불선이다 하는 것을 다 같이 선으로써 받아들이는 것. 제27장의 시이성인……무기인(是以聖人……無棄人)과 제62장의 인지불선 하기지유(人之不善 何棄之有) 등을 참조할 것. 선 혹은 불선이 되는 것은 도의 입장에서 볼 때 절대적인 구별은 못된다. 이것은 제2장의 개지선지위선 사불선이(皆知善之爲善 斯不善已)와 제20장의 선지여악 상거하약(善之與惡 相去何若) 등을 참조할 때, 세속적인 선악의 구별은 상대적일 뿐이므로, 도의 체득자인 성인은 선·악 상대의 입장을 초월한 도의 절대적인 선의 입장에서 선인도 불선인도 모두 선으로서 받아들인다는 뜻임.

덕선(德善) : 성인이 체득한 선이 도의 입장에서 볼 때 절대적인 선이라는 것. 덕은 도를 체득한 성인의 생활태도로서 제38장의 덕에 대한 설명을 참조할 것.

신자오신지(信者吾信之) : 신(信)은 남을 속이지 않는 성실한 말. '선자'에 대하여 '신자'라고 한 것은 선의 구체적인 것으로 유교의 도덕에서 강조하는 신을 그 대표로서 든 것임. 세속적인 도의 입장에서는 신·불신이 엄격히 구별되지만, 도의 입장에서는 신·불신이 모두 신(信)이 있는 것으로서 긍정적으로 수용됨.

성인재천하(聖人在天下) : 무위의 성인이 천하에 군림하게 될 때. 제32장의 도지재천하(道之在天下)를 참조할 것.

흡흡(歙歙) : 마음에 집착하는 점이 없는 모양.

혼기심(渾其心) : 혼(渾)은 혼돈하게 한다는 것. 성인의 마음의 자세를 설명하는 말, 혹은 천하만민을 가르치는 말이라고도 풀이한다. 여기의 기(其)는 성인을 말함.

백성개주기이목(百姓皆注其耳目) : 성인의 위대함을 의식하여 그 존재에 주목한다는 것.

성인개해지(聖人皆孩之) : 해지(孩之)는 어린아이처럼 무지무욕하게 한다는 것. 백성들에게 자기의 위대함을 의식케 하는 위대함은 진정한 위대함이 아니고, 〈장자〉 마제편에서 의미하는 '계력(帝力)이 나에게 있어서 도대체 무엇이냐.' 하

구별된다. 선은 어디까지나 선이고, 불선은 어디까지나 악이다. 선으로 보는 것을 악일 뿐이라고 부정하거나, 불선이라고 보는 것을 또한 선으로 긍정하는 일이 있어서는 안 되는 것이다. 그러나 승승(繩繩)하여 이름 붙일 수가 없는 근원적 실재인 도의 입장에서 볼 때 거기에는 이름도 형태도 없고, 따라서 선도 악도 없다. 도는 인간이 선이라 하고 악이라 하는 가치적인 이름을 초월하여, 혹은 선과 악의 대립을 그 근원에서 하나로 합하여 그저 저절로 만물을 낳게 하고, 저절로 만물을 이루고 있는 것에 불과하다. 도는 인간들처럼 선과 악을 구별하지 않기 때문에 선에 대하여 무심한 것처럼 악에 대해서도 무심하며, 어떠한 것도 거역하지 않고 어떠한 것에도 사로잡히지 않으며 일체에 대하여 자유자재이다. 그러므로 위대한 생성화육의 공을 성취하여 인간도, 초목도, 벌레도, 물고기도 모두 버리지 않고 받아들인다. 만일 선만이 가치가 있다 하여 불선을 배척하고, 선이 있는 자만을 의롭다 하여 불신한 자를 버리면, 도의 위대성은 상실되어 인위적인 상대의 입장으로 타락할 것이다. 따라서 노자는 이와 같은 광대무변하고 근원적인 하나의 도를 동경하는 것이다.

그러므로 노자의 성인(도의 체득자)도 도의 이와 같은 광대무변함을 자기의 광대무변함으로 삼아 도의 근원적인 하나, 즉 선도 없고 악도 없는 곳에서 일체만물을 무심하게 받아들인다. 그에게는 도라고 할 수 있는 도(세속적인 도덕의 규범이란 영구불변의 규칙이 아니고, 이름이라고 할 수

있는 이름이니 결국 도가 아님)는 도가 아니므로 인간의 말에 의한 가치의 판단은 상대적인 일면성만을 갖는다는 자각이 있다. 그는 이러한 자각에 의거하여 세속적인 가치관에 신경을 곤두세우는 천하만민의 이목을 그 혼돈 속으로 되돌리려고 하는 것이다. 모든 사람이 도의 혼돈에 각성할 때 선인이 극락왕생을 할 뿐만 아니라, 불선인도 또한 극락왕생을 할 수가 있을 것이다. 노자의 선과 악, 신과 불신은 세속적인 도덕이나 가치관을 초월한 상도(常道)의 입장에서 생각되고 있는 것이다.

제50장
속인과 성인의 삶을 기르는 법

　세상 사람들은 흔히 살 곳을 나와 죽을 곳으로 들어가는데, 사실 장수하는 사람도 열에 셋은 되고, 요절하는 사람도 열에 셋은 되고, 살 수 있는 인생을 공연히 움직여 사지로 들어가는 사람도 또한 열에 셋은 된다. 무엇 때문인가? 그 인생을 사는 데 너무 집착하기 때문이다. 내가 듣기로는 삶을 기르기를 잘하는 사람은 육지를 여행해도 외뿔소와 호랑이를 만나지 않고, 군대에 들어가도 갑병(甲兵)을 입지 않는다. 들소도 그 뿔을 들이댈 틈이 없고, 호랑이도 그 발톱을 댈 곳이 없고, 병기도 그 칼날을 댈 곳이 없다고 하니, 무엇 때문인가? 그에게는 죽을 곳이 없기 때문이다.

고 호기를 부리게 하는 무위의 정치야말로 진실로 위대한 것이라는 말.

出生入死하니　生之徒十有三이요　死之徒十有三이요　人之生動之死地가　亦十有三이니　夫何故요　以其生生之厚니라　蓋聞하니　善攝生者는　陸行에　不遇兕虎하고　入軍에　不被甲兵하나니　兕無所投其角하고　虎無所措其爪하며　兵無所容其刃이라하니　夫何故요　以其無死地니라

출생입사(出生入死) : 살 곳

을 나와서 죽을 곳으로 들어간다는 것.

생지도십유삼(生之徒十有三) : 생지도(生之徒)는 살 곳에 있는 사람, 즉 장수할 사람. 십유삼(十有三)은 열 명에 세 명 정도라는 것.

사지도(死之徒) : 죽을 곳에 있는 사람, 즉 요절할 사람.

인지생동지사지(人之生動之死地) : 첫 구의 출생입사와 같은 뜻으로서 살 수 있는 인생이 공연히 죽을 곳으로 향하는 것.

이기생생지후(以其生生之厚) : 인생에 너무 집착하는 것.

개문선섭생자(蓋聞善攝生者) : 개문(蓋聞)은 '내가 듣기로는' 혹은 '속담에'의 뜻. 섭생(攝生)은 삶을 기르는 것, 삶의 원리대로 사는 것을 말함.

시호(兕虎) : 시(兕)는 외뿔이 있는 들소, 호(虎)는 호랑이.

입군불피갑병(入軍不被甲兵) : 입군(入軍)은 군대에 들어간다, 혹은 전장에 나아간다는 것. 갑(甲)은 투구와 갑옷. 병(兵)은 무기.

호무소조기조(虎無所措其爪) : 조(措)는 치(置)와 같은 뜻이니, 두다의 뜻. 즉 호랑이도 그 날카로운 발톱을 쓸 곳이 없다는 것.

이기무사지(以其無死地) : 죽을 가능성, 즉 목숨을 잃을 위험이 도무지 없다는 것.

| 풀이 | 세상에는 오래 살 수 있는 몸을 버리고 죽을 곳으로 뛰어드는 자가 있다. 원래 인간은 오래 살 수 있는 자들이 열에 셋은 있고, 젊어서 죽을 자들이 열에 셋은 있으며, 살아갈 수 있는데도 공연히 죽을 곳으로 향하는 무리도 열에 셋은 있다. 그 이유가 무엇이냐 하면, 그 죽을 곳으로 향하는 무리는 너무 강하게 삶에 집착하기 때문이다.

속담에 "삶의 원리에 통달하여 삶을 잘 기르는 자는 육지를 여행해도 들소나 호랑이를 만나지 않고, 싸움터에 나가서도 투구·갑옷·총·칼 따위를 갖지 않는다. 또 그러한 사람에게는 들소도 그 뿔을 들이댈 틈이 없고, 호랑이도 그 발톱을 들이댈 틈이 없고, 칼도 그 칼날을 댈 곳이 없다."라는 말이 있다. 그런데 그 이유가 무엇이냐 하면, 그들에게는 죽음의 위험이라는 것이 전혀 없기 때문이다. 〈장자〉에 말하기를, "그 죽음을 가볍게 여기는 것이 아니다. 단지 안위(安危)를 살피고, 화복(禍福)간에 안주하고 거취(去就)를 삼가서, 진실로 목숨을 해치지 않음을 말한다."라고 하였다.

| 해설 | 이 장은 첫 구의 출생입사(出生入死)에서 이기생생지후(以其生生之厚)까지의 전반부와 개문(蓋聞)에서 마지막까지의 후반부로 구분되는데, 전반부의 서술을 마무리하는 인생의 집착은 후반부의 서술을 마무리하는 죽을 곳이 없는 것과 서로 대응한다. 전자가 세속적인 사람들의 삶을 기르는 법이고, 후자가 무위의 성인(유도자)의 삶을

기르는 법을 설명하는 구성으로 되어 있다.

제51장
도와 덕의 존귀성

　도가 만물을 낳고, 도의 공덕이 만물을 기르고, 만상의 형태가 나타나고, 그 형태 있는 것의 질서가 이루어지니, 그러므로 만물은 모두 도를 존숭(尊崇)하지 않음이 없고, 그 공덕을 귀하게 여기는 것이다. 도와 그 공덕의 존귀함은 누가 명령하여 그렇게 하는 것이 아니라, 언제나 자연히 그렇다. 그러므로 도가 만물을 낳고, 그 도의 공덕이 만물을 기르고, 이를 신장(伸長)하고 양육하며, 안정시키고 충실하게 하고, 기르고 비호한다. 도는 만물을 낳지만 자기 소유로 삼지 않고, 공덕은 만물을 육성하면서도 뽐내지 않고, 성장시키면서도 지배자로 자처하지 않는데, 이러한 것을 현묘한 덕이라고 하는 것이다.

｜풀이｜ 도가 만물을 낳고, 그 위대한 공덕으로 만물을 기른다. 그리하여 만물의 형태가 나타나고, 그 형태 있는 것들의 고저·상하의 위치가 정립된다. 그러므로 만물은 모두 도를 높이고, 그 위대한 공덕을 귀하게 여기는 것이다. 도와 덕의 존귀성은 누구의 명령에 의해서가 아니고 언제나 자연히 그렇게 되는 것이다.

　위에서 말한 바와 같이 도가 만물을 낳고, 그 공덕으로

道生之하고　德畜之하고　物形之하고　勢成之하니　是以로　萬物은　莫不尊道而貴德이니라　道之尊과　德之貴는　夫莫之命而常自然이니라　故로　道生之하고　德畜之하여　長之育之하고　亭之毒之하고　養之覆之하니　生而不有하고　爲而不恃하고　長而不宰라　是謂玄德이니라

덕축지(德畜之) : 덕(德)은 도가 갖는 위대한 공덕.
물형지(物形之) : 만물의 형태가 나타난다는 것. 여기의 지(之)는 글자 수를 맞추기 위한 어조적인 글자임.
세성지(勢成之) : 여기의 지도 위의 경우와 같음. 세(勢)는 도에 의하여 성립된 만물의 고저·상하의 자연적인 위치 정립을 말함. 그런데 이 세는 〈노자〉 가운데 여기서만 보이는 글자이고, 후대에 이른바 법가에 의하여 강조된 점으로 보아 〈노자〉 본래의 것은 아닌

듯함.
부막지명이상자연(夫莫之命而常自然) : 무위 자연의 도덕의 존귀성은 다른 사람에 의하여 주어지거나 혹은 인위적으로 주어지는 것이 아니고, 유구한 그 자체의 가치로서 자연히 성립되어 있다는 것.
정지독지(亭之毒之) : 정(亭)은 정(定)과 같은 뜻이니, 즉 안정을 뜻하며, 독(毒)은 독(篤)과 같은 뜻이니, 충실을 의미함.
양지복지(養之覆之) : 복(覆)은 비호한다는 의미.
생이불유 위이불시(生而不有 爲而不恃) : 도는 만물을 낳지만 이를 혼자 소유하려고 하지 않고, 덕은 만물을 생성화육하지만 결코 자기의 공덕을 자랑하지 않는다는 것.
시위현덕(是謂玄德) : 현덕은 현묘한 덕을 말함.

만물을 기르고 신장시켜 그것을 양육하고 안정시키며, 또 그것을 충실히 하고, 함양(涵養)하고 비호한다. 도는 만물을 생성하지만 자기 것으로 소유하지 않고, 덕은 만물을 육성하지만 자기 공로를 자랑하지 않고, 또 만물을 성장시키지만 자기가 지배자인 척하지도 않는다. 이렇듯 겸허한 태도를 이른바 현덕이라고 하는 것이다.

| 해설 | 이 장에서는 노자의 이른바 무위 자연의 도와 일체만물을 생성화육하는 위대한 조화작용(현덕)을 찬미하였다. 이러한 주장은 이미 제2·10·32·34장 등에 유사한 부분이 많이 나타났으며, 특히 처음의 두 구[生之·畜之]와 나중의 네 구는 제10장을 참조하기 바란다. 그리고 나중의 네 구 중 위이불시 장이부재(爲而不恃 長而不宰)의 두 구는 〈장자-외편〉달생편(達生篇)에도 도가의 철인 편경자(扁慶子)가 인용한 말로서 그대로 실려 있다.

제52장
상도(常道)에 들어간 생활태도

天下有始하여 以爲天下母니라 旣得其母면 復知其子하니 旣知其子하고 復守其母면 沒身不殆니라 塞其兌하고 閉其門이면 終身不勤이나 開其兌하고 濟

천하에 처음(도)이 있는데, 그것이 천하의 어머니이다. 이미 그 어머니를 알면 또한 그 아들(만물)을 알거니와 이미 그 아들을 알고서 또한 그 어머니를 지키면 몸이 다하기까지 위태롭지 않다. 그 구멍[이목구비(耳目口鼻)]을 통한 욕망을 막고, 그 정욕이라는 문을 닫으면 몸이 다하기까지 고단하지 않은데, 그 구멍을 열어 욕망을 충족시키는 일을 계속하면 몸이 다하기까지 구원받지 못한다.

소(小)를 보는 것을 명(明)이라 하고, 유(柔)를 지키는 것을 강(强)이라 하니, 인간의 영지의 빛을 사용하여 그 명(明)에 복귀하면 몸에 재앙을 남기는 일이 없다. 이것을 상도(常道)에 들어간다고 하는 것이다.

| 풀이 | 이 세상에는 천지의 처음이 되는 도가 있는데, 이것이 천지의 어머니이다. 천지의 어머니를 분명히 알면 그 아들(그 어머니에 의하여 생긴 천하만물)을 알 수 있으며, 그 아들을 알아서 그 어머니를 잘 지키면 일생 동안 편안하게 살 수 있다.

이목구비 등 이른바 칠규에 의한 욕망을 막고, 또 자기의 정욕이라는 문을 닫기만 하면, 한평생 피곤하지 않다. 그러나 이와는 반대로 그 욕망이라는 구멍을 열어놓고, 그것을 이루려고 애를 쓰면 한평생 구원을 얻지 못한다.

아주 작은 것, 즉 도를 올바르게 보는 것을 명(明)이라 하고, 항상 유연성을 지니는 것을 강하다고 한다. 인간의 내부에 있는 영지의 빛을 활용하여 도를 아는 절대의 지혜에 되돌아가면 자기 일신에 재앙을 남기지 않는다. 이것을 참이 있는 것, 즉 도에 들어간 생활태도라고 하는 것이다.

| 해설 | 이 장은 첫 구에서 몰신불태(沒身不殆)까지와 색

其事면 終身不救니라
見小曰明이요 守柔曰
強이니 用其光하여 復
歸其明이면 無遺身殃
이니 是謂習常이니라

천하유시 이위천하모(天下有始 以爲天下母) : 이 세계에는 천지의 시작이 되는 도가 있는데, 그것은 만물을 산출하는 조화의 근원이므로, 이 세계의 어머니라고 불린다는 것.

기득기모(旣得其母) : 기(旣)는 다음의 부(復)에 대응하는 글자. '그러한 다음에 다시'의 뜻. 득기모(得其母)의 득은 지(知)와 같은 뜻. 기모(其母)는 도, 그러므로 도를 밝힌다는 의미가 됨.

기지기자(旣知其子) : 자(子)는 도의 작용에 의하여 생성된 만물. 즉 도의 피조물인 만물의 진상을 분명하게 안다는 것.

몰신불태(沒身不殆) : 몰신(沒身)은 몸이 다하기까지, 즉 일생 동안.

색기태(塞其兌) : 태(兌)는 구멍. 이목구비 등과 같은 이른바 칠규(七竅), 즉 인간의 감각기관인데, 여기서는 그러한 감각기관에 의하여 유발되는 욕망을 말함.

폐기문(閉其門) : 문(門)은 정욕을 자극하는 유혹물의 출입구.

종신불근(終身不勤) : 종신(終身)은 평생토록. 근(勤)

은 피(疲)와 통하니, 즉 피곤한 것.

제기사(濟其事): 제(濟)는 성(成)과 같은 뜻, 기사(其事)는 욕망을 충족시키는 일.

견소왈명(見小日明): 도의 미묘함을 소(小)로 표현하였음. 명(明)은 눈이 잘 보이는 것을 의미하며, 여기서는 절대적인 지혜라는 뜻.

용기광(用其光): 광(光)은 인간에게 본래적으로 구비된 영지의 빛.

복귀기명(復歸其明): 명(明)은 위의 견소왈명의 명(明)으로서, 도를 밝히는 절대적인 지혜.

시위습상(是謂習常): 습(習)은 습(襲)으로도 쓰며, 들어간다는 뜻. 상(常)은 상도(常道)와 같은 뜻. 이 구 전체의 뜻은 '무위의 도에 되돌아가 편안하게 일생을 마친다.'로 풀이함.

기태 폐기문(塞其兌閉其門)에서 종신불구(終身不救)까지, 그리고 견소왈명(見小日明)에서 무유신앙(無遺身殃)에 이르는 세 부분의 문장과 전체의 결론이라고도 할 수 있는 마지막 구인 시위습상(是謂習常)으로 나누어서 생각할 수 있다. 세 문장의 마지막에 있는 구, 즉 몰신불태·종신불구·무유신앙 등이 최후의 시위습상에 이어져서 이 장 전체를 마무리하였다.

노자의 도는 일체만물을 낳는 위대한 생성자라는 점에서는 천하의 어머니로 불리고(제25장), 만물의 생멸변화를 초월한 영원한 실재라는 점에서는 영구불변의 것으로 불리며(제1장), 인간적인 욕망을 무(無)로 돌린 아주 작은 존재라는 점에 있어서는 소(小)라고도 불리는데(제34장), 이 장은 이와 같은 어머니이며 항상 있는 것이며 소(小)인 도에 대한 근원적인 자각, 즉 명(明)을 가지고 거기로 복귀하는 것이 인간에게 진정한 평안을 가져다 준다고 주장하고 있다. 이 장을 마무리하는 상도에 들어가는 생활태도가 그것인데, 〈하상공본〉이 이 장을 근원적인 것의 복귀를 가르치는 장이라는 뜻에서 귀원장(歸元章)이라고 한 것도 이러한 의미에서는 타당하다고 보겠다.

제53장
도둑질한 영화

使我介然有知면 行於

나로 하여금 개연(介然)히 조그만 지혜가 있다고 하면

무위의 대도(大道)를 걸어서 단지 사도(邪道)에 빠지지 않을까를 경계해야 할 것이다. 무위의 대도는 매우 평탄하건만 그래도 사람들은 사도로 가려고 한다. 그리하여 조정은 더러워지고, 논밭은 황폐하고, 창고는 비었는데도, 아름답게 채색된 옷을 입고, 날카로운 칼을 차고, 맛있는 음식에 물리고, 재화가 남아돈다. 이러한 것을 도둑질한 영화라고 한다. 그것이 어찌 무위의 대도가 되겠는가.

| 풀이 | 만일 내가 얼마간의 밝은 지혜를 갖고 있다면 나는 무위의 대도를 자유롭게 걸어서 사도에 떨어지지 않도록 경계하고 조심할 것이다. 그런데 이 무위의 대도는 매우 평탄한데도, 사람들은 곧잘 사도에 들어가려고 한다.

그리하여 조정 안에는 부정부패가 성행하고, 논밭은 전쟁으로 인하여 경작을 하지 않아 황폐해지고, 창고에는 곡식 한 톨 없이 텅텅 비어 있는 형편인데도, 세상의 권력자들은 아름다운 색채의 화려한 옷을 입고, 번쩍거리는 예리한 칼을 차고, 맛있는 음식을 배불리 먹어 그것에도 싫증이 날 정도이고, 그리고도 재물이 남아돈다. 이러한 것을 일로 도둑질한 영화라고 하는데, 그것이 도가 아님은 물론이다.

| 해설 | 노자의 무위란 인간의 작위를 거짓된 것이라 하여 부정하는 사상인데, 그러한 작위가 거짓된 것이라고 부정되는 이유는 그것에 의하여 인간의 본래적인 생활태

大道하여 惟施是畏니라 大道는 甚夷하되 而民好徑이니라 朝甚除하고 田甚蕪하고 倉甚虛하나 服文綵하고 帶利劍하고 厭飮食하고 財貨有餘를 是謂盜夸니 非道也哉니라

개연유지(介然有知) : 개연(介然)은 아주 작은 모양, 지(知)는 무위 자연의 진리를 깨달은 지혜.

대도(大道) : 무위 자연의 진리.

유시시외(惟施是畏) : 시(施)는 이(迤)의 차자(借字)인데 사(邪)와 같은 뜻. 대도를 떠나서 사도(邪道)로 들어가는 길을 경계한다는 말. 외(畏)는 경계하고 조심한다는 뜻.

대도심이(大道甚夷) : 이(夷)는 평탄하다의 뜻. 무위 자연의 진리는 심히 평탄하다는 것.

민호경(民好徑) : 경(徑)은 지름길, 사도(邪道).

조심제(朝甚除) : 조(朝)는 조정을 말하는 것이며, 제(除)는 도(塗)의 차자(借字)로서 오(汚)와 같은 뜻. 즉 정부 안에 부정부패가 성행하고 있다는 뜻.

전심무(田甚蕪) : 전(田)은 논과 밭, 무(蕪)는 황폐. 즉 전쟁 때문에 농사를 지을 수 없어서 논밭이 황폐해졌

다는 것.

창심허(倉甚虛) : 창고가 텅
텅 비어 있다는 것이니, 곡
식 등 생활 필수품이 저장
되어 있지 않다는 것.

복문채(服文綵) : 문채(文
綵)는 아름다운 색채. 즉 아
름다운 색채의 화려한 옷을
입는다는 뜻.

대리검(帶利劍) : 예리한 칼
을 찬다는 것.

염음식(厭飲食) : 맛있는 음
식이라도 항상 많이 먹으면
그것에 물린다는 뜻.

시위도과(是謂盜夸) : 과(夸)
는 사치. 즉 자연히 이룬 것
이 아니고 도둑질한 영화라
는 것.

비도야재(非道也哉) : 도가
아니다, 어찌 도일 수 있는
가. 비도(非道)는 제30장의
부도(不道)와 같은 뜻.

善建者는 不拔하고 善
抱者는 不脫하여 子孫
이 以祭祀不輟이니라
修之於身이면 其德乃
眞하고 修之於家면 其
德乃餘하고 修之於鄉
이면 其德乃長하고 修
之於邦이면 其德乃豊
하고 修之於天下면 其

도가 왜곡되고 손상되기 때문이다. 무위의 사상은 인간의
현실을 허위가 많은 것, 또 사회의 현실을 사악이 충만한
것으로 보는 곳에 성립하는 사상으로서, 그 근저를 흐르
고 있는 것은 현재 이 세상에 있는 것에 대한 날카로운 비
판과 부정의 정신이다.

〈노자〉 중에 현재의 위정자 계급, 즉 국가 권력의 담당
자들에게 향해진 이와 같은 비판과 부정에 관한 논술이
몇 군데 보이는데(제9 · 31장 등), 이 장에서도 또한 그들의
부패와 타락을 격렬한 논조로써 비난하고, 그들의 사치와
영화를 도적들의 영화라고 준엄하게 규탄하였다. 그리고
위정자에 대한 불신과 정치의 현실에 대한 분노를 가장
직선적으로 표현하고 있는 이 장의 논술을 보고, 우리는
노장(老莊)의 무위 사상의 근저에 도사리고 있는 격한 파
토스적 내면성의 일단을 가장 분명하게 엿볼 수 있다.

제54장
도의 위대한 효능

잘 세운 것은 뽑히지 않고, 잘 안은 것은 탈락되지 않
아, 자손이 이 불발불탈(不拔不脫)의 도로써 길이 제사를
계속할 수가 있다. 이 도로 자신을 수양하면 그 덕이 참되
고, 이 도로 가정을 보살피면 그 덕이 여유가 있고, 이 도
로 고을을 보살피면 그 덕이 장구(長久)하고, 이 도로 나라
를 다스리면 그 덕이 풍성하고, 이 도로 천하를 다스리면

그 덕이 두루 미친다.

그러므로 수신(修身)하는 길로 자신의 상태를 살피고, 수가(修家)하는 길로 가정형편을 살피고, 위향(爲鄕)하는 길로 향리의 실정을 살피고, 치국(治國)하는 길로 국정을 살피고, 천하를 다스리는 길로 천하의 사세(事勢)를 살핀다. 내가 무엇으로 천하가 그러한 것을 알 수 있느냐 하면, 즉 이것(광대무변한 자연의 도)으로 가능하다.

| 풀이 | 진실로 잘 확립된 도는 뽑혀 달아나는 일이 없고, 또 진실로 잘 체득된 도는 탈락되는 일이 없다. 그리하여 자손들은 이 불발·불탈의 도에 의하여 길이 그 조상을 계속 제사지낼 수가 있다.

그 도로 나 자신을 수양하면 그 덕은 매우 순수하고, 그 도로 내 가정을 보살피면 그 덕은 여유가 있고, 그 도로 향리를 보살피면 그 덕은 오래가고, 그 도로 나라를 다스리면 그 덕은 풍부하고, 그 도로 천하를 다스리면 그 덕은 온 천하에 두루 미치게 된다.

그러므로 수신(修身)하는 도로 자신의 상태를 관찰하고, 가정을 다스리는 도로 가정의 실태를 관찰하고, 애향(愛鄕)하는 도로 향리의 실태를 살피고, 나라를 다스리는 도로 국정을 관찰하고, 천하를 다스리는 도로 천하대세를 두루 살핀다. 내가 어떻게 천하가 그렇다는 것, 즉 자연의 도에 의하여 천하대세의 실상을 잘 알 수가 있느냐 하면, 도의 광대무변함을 통해서 아는 것이다.

德乃普니라 故로 以身觀身하고 以家觀家하고 以鄕觀鄕하고 以國觀國하고 以天下觀天下하나니 吾何以知天下然哉아 以此니라

선건(善建) : 선(善)은 무위 자연의 도에 입각하는 것, 건(建)은 수립하는 것.

불발(不拔) : 발(拔)은 뿌리 뽑는 것이니, 불발(不拔)은 견고한 것.

자손이제사불철(子孫以祭祀不輟) : 언제까지나 자손들의 제사를 받는다는 것이니, 집안이 자손 대대로 번성한다는 말. 철(輟)은 지(止)와 같은 뜻.

수지어신(修之於身) : 지(之)는 무위 자연의 도. 아래에 나오는 지(之)도 모두 같은 뜻. 수(修)는 체득하여 활용하는 것.

기덕내진(其德乃眞) : 진(眞)은 작위, 인위의 반대. 천진난만한 것.

기덕내여 기덕내장 기덕내풍 기덕내보(其德乃餘 其德乃長 其德乃豊 其德乃普) : 내여·내장·내풍·내보 등은 모두 도에 의하여 체득된 덕의 넓고 큰 것을 표현한 말.

이신관신(以身觀身) : 자기 자신이 체득한 도에 의하여 자기의 수도(修道) 여부를 관찰한다는 것.

이가관가(以家觀家) : 도의
체득에 의한 가정관을 가지
고 자기 가정의 실정을 관
찰하는 것.
이향관향(以鄕觀鄕) : 도의
체득에 의한 향리관(鄕里
觀)으로써 향리의 실정을
살피는 것.
오하이지천하연재(吾何以
知天下然哉) : '내가 무엇으
로써 천하가 그렇다는 것을
알 수 있느냐'라는 말. 이것
은 도에 의하여 천하가 다
스려지는 상태를 분명하게
아는 것은 바로 앞 구의 '이
천하관천하'를 이어받아서
그 이유를 설명하려는 것으
로 본다.

| 해설 | 이 장에서는 확고하게 체득된 무위 자연의 도가 개인을 진실한 인간으로서 완성시킬 뿐 아니라, 가정의 질서를 확보하고 향리의 평화를 유지해 나가는 데도, 나아가서는 국가를 다스리고 천하를 지배해 가는 데도 위대한 효능이 있음을 주장한 것이다. 이러한 주장을 하는 데 있어서 처음의 두 구가 제27장과 같은 발상이고, 마지막의 두 구는 제21·57장과 비슷한 표현을 사용하고 있다. 또 도의 위대함을 설명하는 중간의 논술은 〈장자〉의 천도편과 같은 발상이고, 신(身)에서 천하(天下)에 이르는 도의 효능에 대한 설명은 유교의 수신제가 치국평천하(修身齊家治國平天下)와 비슷한 데가 있다.

〈노자〉 중에서도 유교사상의 영향을 가장 현저하게 느낄 수 있는 문장이고, 따라서 이 장이 한 장으로서 마무리된 시기도 다른 장에 비하여 훨씬 뒤일 것으로 추측된다.

제55장
어린아이와 같은 무심의 경지

含德之厚는 比於赤子
하여 蜂蠆虺蛇不螫하고
猛獸不據하고 攫鳥不
搏이니라 骨弱筋柔而
握固하니 未知牝牡之
合而全作은 精之至也
요 終日號而不嗄는 和
之至也니라 知和曰常
이요 知常曰明이니라

마음에 깊이 덕을 간직한 사람은 어린아이에 비교할 수 있다. 벌·전갈·독사도 쏘지 못하고, 맹수도 잡지 못하고, 사나운 새도 할퀴지 못한다. 뼈는 약하고 근육은 부드러우나 손아귀의 힘은 강하다. 아직 남녀의 교합을 모르는데도 성기가 발기하는 것은 정기가 완전하기 때문이고, 하루 종일 울어도 목이 쉬지 않는 것은 음양의 조화가 완전하기 때문이다. 조화를 아는 것을 참이라 하고, 참을 아는 것을 명(明)이라고 한다. 생명을 억지로 유익하게 하려는 것을 재앙이라 말하고, 마음으로 기력을 부리는 것을 강하다고 하는데, 만물은 강대하면 곧 노쇠한다. 이러한 것을 도에 어긋난다고 하는데 도에 어긋나면 곧 앞길이 막힌다.

| 풀이 | 덕을 마음속에 깊이 간직하고 있는 사람은 비유하면 어린아이와 같은 것이다. 벌이나 전갈, 혹은 독사 종류도 어린아이는 쏘지 않으며, 맹수들도 그를 붙잡으려고 하지 않고, 사나운 새도 발톱으로 할퀴려고 하지 않는다. 그 골격은 아직 약하고 근육 또한 매우 부드러운데, 주먹만은 꼭 쥐고 있다. 남녀의 교합도 아직 모르는데 성기가 발기하는 것은 정기가 완전히 보존되어 있기 때문이며, 하루 종일 울어도 목이 쉬지 않는 것은 음양의 조화가 완전히 이루어져 있기 때문이다.

이와 같이 조화의 원리에 대하여 자각을 갖는 것을 영구불변의 도에 들어맞는다고 하는 것이고, 또 영구불변의 도에서 자각을 갖는 것을 절대의 지혜라고도 한다. 억지로 장수하려는 것을 불길한 징조라 하고, 마음으로 기력을 부리는 것을 억지 강세(強勢)라고 한다. 만물이란 모두 지나치게 강대하면 곧 쇠퇴하는 법인데, 이러한 것을 가리켜서 무위 자연의 도에 어긋나는 부자연스러운 행동이라고 한다. 부자연스러운 행동을 하면 곧 그 앞길이 막혀

益生曰祥이요 心使氣曰强이니 物壯則老하나니 是謂不道니 不道早근니라

함덕지후(含德之厚) : 덕(德)을 마음속에 깊이 간직하고 있는 사람.

봉채훼사불석(蜂蠆虺蛇不螫) : 봉(蜂)은 벌, 채(蠆)는 전갈, 훼사(虺蛇)는 독사의 종류. 불석(不螫)은 쏘지 않는다는 것.

맹수불거(猛獸不據) : 거(據)는 붙잡는다는 뜻.

확조불박(攫鳥不搏) : 확조(攫鳥)는 사나운 새, 맹금(猛禽)) 박(搏)은 친다〔擊〕는 뜻으로서 발톱 따위로 할퀴는 것.

미지빈무지합(未知牝牡之合) : 남녀의 교합을 모른다, 즉 정사를 모른다는 것.

전작(全作) : 전(全)은 최(朘)의 차자(借字)로서 어린아이의 생식기. 작(作)은 기(起)와 같은 뜻인데, 발기를 의미함.

정지지야(精之至也) : 정기가 매우 순수한 상태로 보존되어 있는 것.

종일호이불애(終日號而不嗄) : 호(號)는 울부짖는 것, 애(嗄)는 목이 쉬는 것.

화지지(和之至) : 심신(心身)에 있어서의 음양의 조화가 완전하게 보존되어 있다는 것.

지화왈상(知和曰常) : 조화의 원리에 대한 자각을 갖는 것을 참이라고 함. 화(和)는 도를 체득한 자의 자세인 동시에 도 그 자체의 자세이기도 함.

지상왈명(知常曰明) : 상(常)은 영구불변한 것. 명(明)은 밝은 지혜, 진지(眞知). 영구불변의 도를 자각하는 것은 절대의 지혜라고도 함.

익생왈상(益生曰祥) : 익생(益生)은 인위적인 수단을 써서 억지로 장수하려고 하는 것. 상(祥)은 하늘이 내리는 좋은 징조의 뜻으로 사용하는 것이 보통이나, 재앙의 뜻으로 쓰기도 함. 상(祥)을 앙(殃), 즉 앙(殃)의 차자(借字)로 보는 학자도 있음.

심사기왈강(心使氣曰强) : 심사기(心使氣)는 마음이 생명을 형성하는 정기를 부려서 음양의 조화를 어지럽히도록 강요를 하는 것. 강(强)은 자연의 도리에 따르지 않는 무리한 강행.

물장즉로(物壯則老) : 장(壯)은 강(强)과 같은 뜻으로서 강대하다는 것. 노(老)는 쇠(衰)와 같은 뜻으로서 노쇠·쇠퇴를 말함.

시위부도(是謂不道) : 부도(不道)는 무위 자연의 도에 어긋나는 것.

부도조이(不道早已) : 조이(早已)는 앞길이 막힌다는 것.

버린다.

| 해설 | 〈노자〉 중에는 무위 자연의 도의 체득자를 어린아이에 비유한 글이 여러 곳에 보이는데, 제10·20·28장 등이 그것이다. 노자에게 있어서 어린아이란 무지 무욕, 즉 도를 체득한 자의 무심의 경지를 상징하는 말이다. 그것은 이미 성인이 된 인간이 시간의 흐름을 반대 방향으로 돌려서 갓난아이가 된다고 하는 육체의 기적을 실현하는 일이 아니라, 다소 지혜도 있고 욕심도 있는 어른이 사려분별을 가지면서, 사려분별에 어지럽혀지지 않는 자유스러운 생활태도를 자신의 것으로 만드는 일이다.

이미 지혜와 욕망을 가진 어른이 그것을 가지지 않은 어린아이의 마음이 되려는 것이므로, 그 마음은 단순한 어린아이의 마음일 수만은 없다. 어린아이의 마음을 잃은 자가 다시 그 마음을 가지려는 것이고, 지금 가지고 있는 것을 부정하여 원래의 자세로 돌아가려는 것이므로 복귀라는 것인데, 따라서 지혜와 욕망을 버리는 것이 강조되는 것이다.

"너희가 어린아이와 같이 되지 않으면 천국에 들어가지 못한다."라고 가르친 것은 그리스도인데, 노자도 또한 도의 무지무욕으로 돌아가기 위하여 어린아이같이 되라고 가르치는 것이다. 그리고 인간의 지혜와 욕망에 묶여서 몸을 움직일 수 없게 된 인간을 이제 다시 도의 세계, 즉 있는 그대로 행동하는 본래적인 자유의 세계로 해방시키

려는 것이다. 노자에 있어서의 어린아이는 인간의 마음을
경직시키는 지혜와 욕망의 사슬을 부수어버리고 아무런
구속감 없이 행동할 수 있는 무위의 자유인을 상징하는
말이다.

이 장은 노자의 이와 같은 생각을 설명하는 문장으로서
옛날부터 유명한 것이다. 소박한 표현과 간결한 서술로
어린아이의 생태를 묘사하였으나, 매우 날카로운 관찰력
을 보여주고 있다. 마음의 철인인 노자의 어린 생명에 대
한 놀람과 귀여움을 피부로 느끼게 하는 문장임과 동시
에, 그의 풍부한 시적 재능과 잘난 척하지 않는 서민성이
뚜렷이 나타난 문장이라 하겠다.

제56장
무위의 현동(玄同)

아는 사람은 말하지 않고, 말하는 사람은 알지 못한다.
욕망의 구멍을 막고, 정욕의 문을 닫고, 기를 쓰고 달려드
는 태도를 누르고, 그러한 태도에 의한 여러 가지 얽힘을
풀고, 자기의 영지의 빛을 부드럽게 하여 그 빛을 더럽히
는 자에 동화하는데, 이것을 도와 현묘한 합일이라고 한
다. 그러므로 이러한 도의 체득자와는 친할 수도 없고, 이
를 소원(疎遠)할 수도 없고, 이익을 줄 수도 없고, 해를 가
할 수도 없고, 귀하게 할 수도 없고, 천하게 할 수도 없다.
그러므로 세상에서 가장 귀하다.

知者는 不言하고 言者
는 不知니라 塞其兌하
고 閉其門하며 挫其銳
하고 解其紛하며 和其
光하고 同其塵이 是謂
玄同이니라 故로 不可
得而親하고 不可得而
疎하며 不可得而利하
고 不可得而害하며 不
可得而貴하고 不可得
而賤이니 故로 爲天下
貴니라

지자불언(知者不言) : 도의 진상을 아는 사람은 유별나게 자기 주장을 내세우지는 않는다는 것.

언자부지(言者不知) : 자기 주장을 유별나게 내세우는 사람은 실제로는 도의 진상을 모른다는 것.

색기태(塞其兌) : 제52장의 주를 참조할 것.

폐기문(閉其門) : 역시 제52장의 주를 참조할 것.

좌기예(挫其銳) : 제4장을 참조할 것.

해기분(解其紛) : 역시 제4장을 참조할 것.

화기광(和其光) : 광(光)은 영지의 빛. 여기의 화(和)는 누구러뜨림. 즉 자기의 빛나는 재주와 슬기를 깊숙이 내포한 채, 평범하고 속되게 산다는 것.

동기진(同其塵) : 진(塵)은 앞 구의 광(光)을 더럽히는 것. 동(同)은 동화, 즉 하나가 된다는 말. 색기태에서 동기진까지의 6구에 기(其) 자가 6개 있는데 위의 세구, 즉 색기태·좌기예·화기광의 기는 도를 체득한 자이고, 아래의 세 구, 즉 폐기문·해기분·동기진의 기는 각각 앞 구의 태(兌)·예(銳)·광(光) 등을 가리킴.

시위현동(是謂玄同) : 현동(玄同)은 망언망지(忘言忘知)의 경지에서 도의 합일을 실현하는 것.

불가득이친(不可得而親) : 도와 현묘한 합일을 이룬

┃풀이┃ 진실로 도의 진상을 아는 자는 애써 자기 주장을 하지 않는다. 따라서 자기 주장을 지나치게 하는 자는 도의 진상을 모르는 것이다. 유도자는 감각기관을 통한 욕망을 누르고, 그 욕망이 들어오는 문을 닫으며, 또 유도자는 자기의 지지 않으려는 생각을 누르고, 그것 때문에 일어나는 여러 가지 갈등을 해결한다. 뿐만 아니라 유도자는 자기의 영지의 빛을 누그러뜨려서, 그 빛을 더럽히는 자와 화(和)하여 하나가 된다. 이러한 것을 일러 도와의 현묘한 합일이라고 하는 것이다.

그러므로 이와 같은 도와의 현묘한 합일자는 그와 특별하게 친할 수도 없고, 그렇다고 소원해질 수도 없다. 또한 그에게 이익을 줄 수도 없지만, 어떠한 해를 줄 수도 없다. 그를 귀하게 할 수도 없고, 천하게 만들 수도 없다. 그러므로 도와의 합일자야말로 이 세상에서 가장 값진 존재인 것이다.

┃해설┃ 전 장에서 속에 덕을 두텁게 포함한 무위의 유도자의 어린아이 같은 무심의 경지, 즉 화지지(和之至)를 설명하였으므로, 이 장에서는 그것을 이어받아서 무위의 성인의 현동(玄同), 즉 말도 아는 것도 잊는 경지에서 도와의 합일을 설명하였다.

이 장의 주체라고 할 현동이라는 말은 〈장자〉 거협편에도 나오는데, 이것을 노장철학의 근본적인 개념으로서 특히 강조한 사람은 서진(西晉)시대(4세기)의 노장학자 곽상

(郭象)이다. 그 이후 도가에 있어서의 깨달음의 경지를 설명하는 말로서, 도교의 교리 중에서 중요한 의미를 갖게 되었다.

노자의 철학이 이성보다는 혼돈을, 지식보다는 체험을, 의론보다는 인생 그 자체를 중요시하는 것은 이미 여러 차례 논술한 바이지만, 말도 아는 것도 잊는 경지야말로 도와의 합일이 실현된다. 혹은 도와의 합일을 실현하기 위해서는 현묘하고 현묘한, 말할 수도 알 수도 없는 경지에 서야 한다는 이 현동의 주장은 카오스(혼돈) 철학으로서의 노자의 성격과 그 사고에 끈질긴 로고스(이성)를 경시하는 경향이 있음을 가장 단적으로 표시한 것이다.

자는 그와 친할 수도 없다는 것.
고위천하귀(故爲天下貴) : 그러므로 이 세상에서 도의 체득자야말로 가장 값진 존재라는 말.

제57장
무위 무사(無爲無事)의 정치

정도로써 나라를 다스리고, 기계(奇計)로써 군대를 움직이고, 무위 무사로써 천하를 지배한다. 내가 그와 같은 것을 어떻게 아느냐 하면 무위 자연의 도, 이것에 의해서 안다. 천하에는 금령(禁令)이 많은데, 백성은 점점 가난해지고, 백성들에게 문명의 이기가 많아지면 나라는 점점 혼란해지고, 사람들에게 기교가 많아지면 기괴(奇怪)한 물건이 많이 제작되고, 법령이 점점 정비되면 도둑은 오히려 많아진다.

그러므로 성인이 말하기를, "내가 무위 자연이면 백성

以正治國하고 以奇用兵하되 以無事取天下하나니 吾何以知其然哉아 以此니라 天下에 多忌諱면 而民彌貧하고 民多利器면 國家滋昏하고 人多伎巧면 奇物滋起되고 法令滋彰이면 盜賊多有니라 故로 聖人이 云하되 我無爲而民自化되고 我好靜而民自正되고 我無事而民自富되고 我無

이정치국(以正治國): 정(正)은 정도를 말하는 것.

이기용병(以奇用兵): 기(奇)는 임기응변의 방법.

이무사취천하(以無事取天下): 무사(無事)는 무위 무사, 취(取)는 지배하는 것.

오하이지기연재(吾何以知其然哉): 위의 세 구의 내용이 옳다는 사실을 내가 어떻게 아느냐 하면.

이차(以此): 차(此)는 무위 자연의 도. 무위 자연의 도로 그렇다는 것을 안다는 것.

천하다기휘(天下多忌諱): 기휘(忌諱)는 금령(禁令), 터부.

민다이기(民多利器): 이기(利器)는 문명의 이기를 말함.

국가자혼(國家滋昏): 자(滋)는 점점 더, 혼(昏)은 혼란.

인다기교(人多伎巧): 기(伎)는 기(技). '백성의 기술이 발달하면'의 뜻.

기물자기(奇物滋起): 기물(奇物)은 기묘(奇妙)함을 자랑하는 물건.

아무위이민자화(我無爲而民自化): 자화(自化)는 저절로 교화된다는 말.

아호정이민자정(我好靜而民自正): 정(靜)은 맑고 고요한 것.

아무사이민자부(我無事而

은 자연히 교화되고, 내가 고요한 것을 좋아하면 백성은 저절로 바르게 되고, 내가 무위 무사이면 백성은 자연히 넉넉해지고, 내가 무욕이면 백성은 자연히 순박하게 된다."라고 하였다.

| 풀이 | 나라를 다스리는 데는 정도로써 하고, 군대를 움직이는 데는 기이한 계략으로써 한다고 하는데, 천하의 지배자가 되기 위해서는 무위 무사로써 하는 것이다. 내가 그것을 어떻게 아느냐 하면 무위 무사의 도에 의해서 안다.

이 세상에 백성을 잘 살게 한답시고 금령을 많이 선포할수록 오히려 백성은 점점 가난해지고, 백성들에게 문명의 이기가 보급될수록 나라는 오히려 점점 혼란에 빠진다. 백성들의 기술이 발달할수록 기묘함을 뽐내는 물건들이 많이 만들어지고, 법령이 정비되면 될수록 도둑은 더 증가한다(법치주의의 맹점을 지적한 말이다.).

그러므로 성인은 다음과 같이 말하는 것이다. "내가 무위이면 백성은 저절로 교화되고, 내가 맑고 고요한 것을 좋아하면 백성은 저절로 바르게 되고, 내가 무사의 태도를 견지하면 백성은 저절로 넉넉해지고, 내가 무욕이면 백성은 저절로 순박해진다."라고.

| 해설 | 이 장은 제3·19·37·48장 등의 논술과 관련하여, 이 세계에 진정한 평화를 오게 하고, 백성들에게 궁

극적인 행복을 실현하게 하는 것은 오직 무위 자연의 도에 의거하는 청정무욕의 정치이며, 인간적인 작위를 부리지 않는 본래 무사의 지배임을 분명히 한 것이다. 자구의 표현까지 위에 열거한 여러 장의 것과 중복되는 점이 많고, 사상으로서도 새로운 것이 전혀 없다.

民自富) : 부(富)는 넉넉한 것.
아무욕이민자박(我無欲而民自樸) : 무욕(無欲)은 제3장, 박(樸)은 제28장, 그리고 무욕과 박의 관계에 대해서는 제37장을 참조할 것.

제58장
민민(悶悶)의 정치

그 정치가 민민하면 그 백성이 순박하고, 그 정치가 찰찰하면 그 백성의 순박성이 상실된다. 화라는 것은 사실은 복이 의지하는 바이고, 복이라는 것은 사실인즉 화가 잠복하는 곳이니, 누가 그 끝을 알 것인가. 그러므로 세상에는 절대적으로 정상적인 것은 없다. 정상적인 것도 곧 기괴(奇怪)한 것이 되고, 훌륭하다고 보았던 것도 또한 요괴(妖怪)스러운 것으로 되니, 인류가 이 상대의 진리를 잃어버린 것은 새삼스러운 일이 아니다.

그러므로 성인은 자기가 방정(方正)하다고 해서 남을 절단하려고 하지 않고, 자기가 깨끗하다고 해서 남을 깎으려고 하지 않고, 자기가 곧다고 해서 방종하지 않고, 자기에게 영지의 빛이 있다고 해서 남에게 자랑하지 않는다.

| 풀이 | 위정자가 흐리멍덩하여 대범한 정치를 하면 백성은 순박하게 되고, 위정자가 분명하여 똑똑한 정치를

其政悶悶하면 其民淳淳하고 其政察察하면 其民缺缺이니라 禍兮福之所倚요 福兮禍之所伏이니 孰知其極이리오 其無正이라 正復爲奇하고 善復爲妖하니 人之迷는 其日固久니라 是以로 聖人은 方而不割하고 廉而不劌하고 直而不肆하고 光而不耀니라

기정민민(其政悶悶) : 민민(悶悶)은 애매한 모양. 흐리멍덩한 것.
기정찰찰(其政察察) : 찰찰(察察)은 날카롭게 분석해가는 모양, 또렷또렷한 모양, 똑똑한 모양. 앞 구와 함께 제20장을 참조할 것.
결결(缺缺) : 파손된 모양.

여기서는 순박성이 상실되어 독실(篤實)한 점이 없다는 뜻.

화혜복지소의(禍兮福之所倚) : 의(倚)는 의(依)와 같은 뜻이니, 의지하다·기대다. 즉 화에 의지하여 복이 있으니, 화와 복은 함께 있다는 것.

복혜화지소복(福兮禍之所伏) : 복(伏)은 잠복의 뜻.

숙지기극(孰知其極) : 극(極)은 극한(極限). 즉 누가 그 끝을 알 것인가.

기무정(其無正) : 정(正)은 기(奇)와 상반되는 말. 정상적인 것.

정부위기(正復爲奇) : 기(奇)는 정의 반대로 진실하지 않은 것, 비정상적인 것.

선부위요(善復爲妖) : 요(妖)는 괴이한 것, 불길한 것.

인지미(人知迷) : 미(迷)는 만물이 상의상대(相依相對)한다는 이치에 밝지 못한 것.

기일고구(其日固久) : 어제 오늘에 시작된 것이 아니라, 훨씬 이전부터였다는 것.

방이불할(方而不割) : 방(方)은 모가 난 것, 방정(方正). 할(割)은 절(切)과 같은 뜻. 즉 잘라서 방정하게 하는 것이니, 남을 억지로 규정하지 않는 것을 말함.

염이불귀(廉而不劌) : 귀(劌)는 깎아서 상처를 내는 것. 따라서 자기가 깨끗하다고 해서 남을 헐뜯지 않는 너

하면 백성은 그 순박성이 상실된다. 화는 복이 의지하는 바이고 복은 화가 잠복하는 곳이라고 하는데, 어느 누구도 그 끝을 모른다. 이 세상에는 절대적으로 정상적인 것은 없는데, 정상적이라고 하는 것도 사실은 비정상적인 것이 되고, 훌륭하다고 하는 것도 사실은 괴상한 것으로 변한다. 따지고 보면 인간이 이 상대성의 진리를 상실한 것은 지금 시작된 것이 아니고 훨씬 이전부터였다. 그러므로 무위 자연의 성인은 자기가 방정하다고 해서 남을 거기에 맞도록 규정하지 않고, 자기가 깨끗하다고 해서 남이 자기와 같지 못한 것을 헐뜯지 않는다. 또한 자기가 곧다고 해서 제멋대로 하지도 않고, 자기의 영지의 빛이 빛난다고 해서 그것을 외부에 나타내어 자랑하지 않는다.

| 해설 | 전 장에서 무위 자연의 도에 의거한 성인의 무사 정치를 논하였는데, 이 장은 그것을 이어받아서 민민의 정치를 설명하였다. 민민이란 찰찰에 상대되는 말인데, 민민과 찰찰은 이미 제20장에 나와 있다. 노자의 이른바 민민의 정치라는 것은 명쾌하게 사리를 따져서 무엇이든지 이론이나 이치로 해결해 가려는 찰찰의 정치(지적 작위를 귀하게 여기는 로고스의 지배)에 상대되는 말이며, 요(窈)하고 명(冥)한 도의 혼돈성과 형태 없는 형태인 도의 유암성(幽暗性)에 그대로 합일하려는 무위의 지배(카오스의 정치)를 이르는 말이다. 그러한 주장의 근저에 있는 것은 물론 명쾌한 것에 대한 불신이기 때문에 분명하게 처리한다

는 것이 오히려 위험하다고 경계하는 것이니, 이는 앎이 있는 세계가 갖는 상대성 만물의 근원적인 일체성에 대한 체관이다.

이 장에서 쪼개지 않고, 깎지 않고, 제멋대로 하지 않고, 빛내지 않는 성인의 무위를 마무리하는 말로서 설명하고 있는 것도 이 때문이다. 그리고 '화는 복이 의지하는 곳이고 복은 화가 잠복하는 곳'이라는 글귀는 옛날부터 노자의 대표적 격언으로 유명하며, 또 '사람의 미혹됨이 진실로 오래이다.'라는 것도 중국에서 종교 사상가들이 애용하는 말이다.

제59장
색(嗇)의 정치

사람을 다스리고 하늘을 섬기는 데는 색(嗇)만한 것은 없다. 오직 색한 것을 일러 조복(早服)이라 하고, 조복을 일러 거듭하여 덕을 쌓는 것이라고 한다. 거듭하여 덕을 쌓으면 하지 못하는 것이 없고, 하지 못하는 것이 없으면 그 극한을 알지 못하는 것이 없으며, 그 극한을 알지 못하는 것이 없으면 그것으로써 나라를 보유할 수 있다. 나라를 보유하는 어머니는 나라를 장구하게 할 수 있으니, 이것을 일러 뿌리가 깊고 튼튼하여 장생불사하는 길이라고 하는 것이다.

治人事天에 莫若嗇이니 夫唯嗇을 是謂早服이요 早服을 謂之重積德이니라 重積德則無不克하고 無不克則莫知其極하고 莫知其極이면 可以有國이니라 有國之母는 可以長久니 是謂深根固柢하여 長生久視之道니라

치인사천(治人事天) : 인간을 다스리고 하늘을 섬긴다는 것.

막약색(莫若嗇) : 색(嗇)은 검소하다의 뜻.

시위조복(是謂早服) : 조복(早服)은 일찌감치 도에 따르는 것, 복(服)은 종(從)과 같은 뜻. 복(服)을 복(復)으로 쓴 책도 있는데, 그 경우는 도의 복귀라는 뜻으로 풀이할 수 있음.

중적덕(重積德) : 중(重)은 거듭하는 것, 적덕(積德)은 덕을 쌓는다는 것. 따라서 거듭 덕을 쌓는 것을 말함.

무불극(無不克) : 무불위(無不爲)와 같은 뜻. 즉 하지 못하는 것이 없다는 말.

막지기극(莫知其極) : 극(極)은 구극(究極)하는 바. 제58장의 숙지기극(孰知其極)과 제28장의 무극(無極) 등을 참조할 것.

유국(有國) : 나라를 보유한다는 것. 〈논어〉 계씨편(季氏篇)에 나오는 말. 〈맹자〉 양혜왕 장구 하편에 말하기를, "하늘의 도리를 두려워하는 자는 그 나라를 보전할 수 있다〔畏天者保其國〕." 라고 하였는데, 그 보국(保國)과 같은 뜻임.

유국지모(有國之母) : 유국(有國)의 근본이 되는 도를 어머니에 비유한 것. 만물지모(萬物之母)·천하지모(天下之母)와 같은 뜻임.

심근고저(深根固柢) : 저(柢)는 근(根)과 같은 뜻. 즉 뿌

| 풀이 | 백성을 다스리고 하늘을 섬기는 데는 검소한 것이 제일이다. 오직 검소한 것을 조복이라고 하는데, 이는 일찌감치 도에 복종하는 것이다. 일찌감치 도에 복종한다는 것은 거듭하여 덕을 쌓는다는 뜻이다. 거듭하여 덕을 쌓으면 어떠한 일이든지 못할 것이 없다. 못하는 일이 없으면 도와 같은 무한한 작용을 갖는다. 무한한 작용을 갖게 되면 한 나라를 보유할 수 있다. 나라를 보유하는 데 어머니격이 되는 검소는 나라의 운명을 장구하게 한다. 이것을 뿌리가 깊고 튼튼하게 박혀서 장생불사하는 길이라고 하는 것이다.

| 해설 | 이 장도 또한 전 장과 관련하여 성인의 무위의 지배〔색(嗇)의 정치〕에 대하여 설명하였다. 색이라고 하는 것은 원래는 '곡식을 거두어 깊이 저장한다.', '자기의 것으로서 받아들인다.'는 것을 원뜻으로 하는데 다시 '낭비를 적게 한다.', '검소하다' 등의 뜻을 갖게 되었고, 다시 '물건을 아낀다.', '인색하다' 등의 나쁜 뜻으로도 사용하게 되었다. 색부(嗇夫)라는 말이 농부를 의미하는 것으로서도 알 수 있듯이, 원래 자급자족의 농촌경제를 기반으로 하는 농민들의 검소한 생활을 상징하는 말이었다. 도시의 생활이 사치를 목표로 하고 있으며, 문명이라는 것이 낭비의 동의어임에 비하여, 농촌생활은 자연에 의존하고 절약과 내핍이 그들의 생활의 근본원리가 된다. 노자는 이와 같은 농촌생활의 현실 중에서 그의 검소함과 간

소함과 사고(색의 정치철학)를 전개시켰다.

손지우손(損之又損)하는 과욕의 철학을 주장하고, 도의 무위 무욕을 인간의 궁극적인 이상으로 삼는 노자에게 있어서, 간소의 원리인 '색'의 실천은 도의 근원에 복귀하기 위한 가장 좋은 방법이었다. 그러므로 그에게 있어서 색을 힘써 행하는 것은 하늘을 섬기고 도에 따르는 중요한 길인 동시에 거듭하여 덕을 쌓는 길이기도 하였으며, 나라를 다스리는 중요한 길이기도 하였다. 이 장의 논술은 노자의 이와 같은 색의 원리와 그의 무위 자연의 정치철학과의 관계를 간결하게 설명한 것 이다.

리를 깊고 견고하게 하는 것을 말함. 뿌리를 튼튼하게 한다는 말.

장생구시(長生久視) : 시(視)는 활(活)과 같은 뜻이니, 장생불사하는 것을 말함. 즉 영원한 생명을 갖는다는 것.

제60장
약팽소선(若烹小鮮)의 정치

대국(大國)을 다스리는 것은 작은 생선을 찌는 것과 같다. 도로써 천하에 임하면 그 귀신이 신령력(神靈力)을 내리지 않는다. 그 귀신이 신령력을 내리지 않는 것이 아니라, 그 신령력이 사람을 상하게 하지 않는 것이다. 그 신령력이 사람을 상하게 하지 않을 뿐만 아니라, 성인도 또한 사람을 상하게 하지 않는다. 대저 둘이 서로 상하게 하지 않으므로, 덕이 모두 백성에게 돌아간다.

治大國은 若烹小鮮이니라 以道莅天下면 其鬼不神이니 非其鬼不神이라 其神不傷人이요 非其神不傷人이라 聖人亦不傷人이니 夫兩不相傷이라 故로 德交歸焉이니라

| 풀이 | 대국을 다스리는 것은 작은 물고기를 요리하는 것과 같다. 어떠한 술책도 부리지 않고 무위의 도로써 천

약팽소선(若烹小鮮) : 소선(小鮮)은 작은 물고기, 팽(烹)은 찌거나 조리는 것.

이도리천하(以道莅天下) :
리(莅)는 임(臨)과 같은 뜻
임.

기귀불신(其鬼不神) : 귀(鬼)
는 귀신. 여기의 신(神)은
신령력. 귀신이 내리는 재
앙도 그 신령력 중의 하나
임.

기신불상인(其神不傷人) :
그 신령력이 결코 백성을
상하게 하지 않는다는 것.

부양불상상(夫兩不相傷) :
양(兩)은 귀신과 성인. 즉
귀신과 성인이 서로 백성을
상하게 하지 않는 것이니,
그들에게 위해(危害)를 주
지 않는다는 말.

고덕교귀언(故德交歸焉) :
덕(德)은 덕택. 교(交)는 교
대로·차례차례로, 귀(歸)는
백성들에게 돌아감. 즉 귀
신의 덕택도 성인의 덕택도
모두 백성들에게 돌아간다
는 것.

하에 군림하면 나라가 잘 다스려져서 귀신도 재앙을 내리
는 따위의 신령력을 잃는다. 귀신이 신령력을 잃는 게 아
니라, 그 신령력이 백성을 상하게 하지 않는 것이다. 그
신령력이 백성을 상하게 하지 않을 뿐 아니라, 성인도 또
한 백성을 상하게 하지 않는다. 따라서 귀신도 성인도 모
두 백성을 상하게 하지 않으니, 그 덕이 모두 백성에게로
돌아가는 것이다.

| 해설 | 이 장도 역시 노자의 정치철학을 논한 것이다.
이른바 작은 생선을 조리는 것 같은 무위의 정치인데, 작
은 물고기를 비유로 들고 있는 점에서 전 장의 색(嗇)과 같
은 농촌생활의 풍치가 엿보인다.

대국(大國)이라는 말은 이 장에서 처음으로 나타나는데,
이 장의 대국을 다스리는 정치론이 뒤에 나오는 소국과민
(小國寡民)의 정치사상과 어떠한 관계를 갖느냐 하는 것이
문제가 된다(제80장을 참조할 것). 그러므로 이 장을 대국,
즉 통일국가의 출현을 구체적으로 예견할 수 있는 전국시
대의 말기, 혹은 그러한 국가가 실존한 진·한(秦漢)시대의
집필로 보는 견해도 있다. 이 장의 논술이 〈장자〉의 천
도·선성편의 논술과 비슷한 점이 있는 것도 그러한 견해
를 뒷받침해 주고 있다.

〈장자〉의 "움직이는 것은 하늘이고, 고요한 것은 땅인
데, 마음을 하나로 안정시키면 천하의 왕이 된다. 그 육체
를 상하게 하지 않고, 그 정신을 피로하게 하지 않고,

……성인의 마음으로 천하를 기른다." 또는 "성인은 일세(一世)와 같이하여 담막(澹漠)을 얻었다. 이때를 당하여 음양은 화정(和靜)하고, 귀신은 요란하지 않고, ……만물은 상하지 않고, 군생(群生)은 일찍 죽는 일이 없다. ……하고자 하는 일 없이 저절로 그렇게(자연) 되었다."라는 말 등은 모두 〈노자〉의 이 장과 비슷한 사상 표현이다.

제61장
유약·겸하의 정치

　대국(大國)은 하류이며 천하만물이 만나는 곳이니, 천하의 빈(牝)이다. 빈은 항상 고요한 것으로써 무(牡)에 이기고, 고요한 것으로써 겸하(謙下)한다. 그러므로 대국이 소국에 겸하하면 곧 소국을 취하고, 소국이 대국에 겸하하면 곧 대국을 취한다. 그러므로 혹은 겸하로써 취하기도 하고, 혹은 아래에 처하여 취하기도 한다. 대국은 백성을 겸양(兼養)하려는 것에 지나지 않고, 소국은 큰 데 들어가 남을 섬기려는 것에 지나지 않으니, 대저 양자가 각각 그 원하는 바를 얻으려고 한다면 큰 자가 마땅히 겸하해야 하는 것이다.

| 풀이 | 대국은 말하자면 큰 강의 하류이다. 천하만물이 모두 모이는 곳이며, 온 세상이 모두 사모하는 위대한 여성이라고도 할 수 있다. 여성은 언제나 가만히 있으면서

大國者는 下流이며 天下之交이니 天下之牝이니라 牝常以靜勝牡하고 以靜爲下니라 故로 大國은 以下小國하여 則取小國이니라 小國은 以下大國하여 則取大國이니라 故로 或下以取하며 或下而取니라 大國은 不過欲兼畜人하고 小國은 不過欲入事人이니 夫兩者는 各得其所欲이니 大者는 宜爲下니라

대국자하류(大國者下流): 하류(下流)를 〈논어〉 자장편(子張篇)에서 '천하의 악이 모두 모이는 곳'이라 하여 유교에서는 반가치적(反

價値的) 개념으로 사용하고 있는데, 노자는 그것을 비약(卑弱)과 다투지 않는 덕을 상징하는 말로서 적극적으로 긍정하고 있음.

천하지교(天下之交) : 교(交)는 만물이 서로 만나는 곳.

천하지빈(天下之牝) : 천하의 모든 사람이 사모하는 위대한 여성이라는 것. 제25·52장의 천하모(天下母)와 제28장의 천하곡(天下谷) 등을 참조할 것.

빈상이정승무(牝常以靜勝牡) : 빈(牝)은 여성적인 유화를 상징하고, 무(牡)는 남성적인 강인함을 상징함.

이정위하(以靜爲下) : 유화(柔和)하여 낮은 데 만족하는 것. 하(下)는 겸하·겸손.

대국이하소국(大國以下小國) : 이(以)는 정(靜)으로써. 즉 대국이 정의로써 겸하한다는 것.

취소국(取小國) : 취(取)는 신뢰를 얻는다, 신뢰를 받는다는 것.

혹하이취(或下以取) : 대국이 겸하하여 소국에게 신뢰를 얻는 것.

혹하이취(或下而取) : 소국이 아래에 있어서 대국의 신뢰를 얻는 것.

불과욕겸축인(不過欲兼畜人) : 겸축(兼畜)은 겸양(兼養), 아울러 기른다는 것. 〈장자〉의 겸제(兼濟), 〈묵자(墨子)〉의 겸애(兼愛), 〈맹자〉의 겸선(兼善) 등의 뜻을

도 남성을 이기는데, 그녀는 고요히 낮은 데 만족한다.

그러므로 대국은 가만히 있으면서 소국에 겸손하면 소국의 신뢰를 획득할 수 있고, 소국은 또한 가만히 있으면서 대국에 겸손하면 대국의 신뢰를 얻을 수 있다. 그러니까 겸손하여 소국의 신뢰를 얻기도 하고, 낮은 데 만족하여 대국의 신뢰를 얻기도 한다. 대국은 소국을 지배하여 그 모든 백성을 아울러 기르기를 바라고, 소국은 대국의 지배하에 들어가 그 나라를 섬기려는 것이다. 그러므로 이 대국·소국 양편이 원하는 바를 이루기 위해서는 먼저 대국이 겸손하면 되는 것이다.

| 해설 | 이 장도 역시 노자의 정치론에 관한 것인데, 지금까지 제57·58·59·60장에서 이무사취천하(以無事取天下)·기정민민(其政悶悶)·치인사천 막약색(治人事天莫若嗇)·치대국 약팽소선(治大國若烹小鮮) 등을 주장하여 무위 자연의 정치론을 전개해 온 노자는 여기서 이빈승무(以牝勝牡)의 정치와 이정위하(以靜爲下)의 지배술을 설명하여, 유약의 처세를 정치론으로서 전개하였다. 다만 이 가운데 소국에 겸하하다, 대국에 겸하하다는 논술은 〈맹자〉 양혜왕 장구 하편의 내용처럼, 어진 이라야 큰 나라로서 작은 나라를 섬길 수가 있는 것이다.

그렇기 때문에 탕왕(湯王)은 갈(葛)나라를 섬기고, 문왕은 곤이(昆夷)를 섬겼다. 오직 지혜 있는 자라야 작은 나라로 큰 나라를 섬길 수가 있다. 그렇기 때문에 태왕(太王)이

훈육(獯鬻)을 섬기고 월(越)나라 왕 구천(句踐)이 오(吳)나라를 섬겼다.

큰 나라로서 작은 나라를 섬기는 것은 하늘의 도리를 즐기는 자이며, 작은 나라로서 큰 나라를 섬기는 것은 하늘의 도리를 두려워하는 자이다. 이는 곧 "하늘의 도리를 즐기는 자는 천하를 보전할 수 있으며, 하늘의 도리를 두려워하는 자는 나라를 보전한다."라는 말과 비슷한 논술인데, 그것은 〈맹자〉의 논술을 염두에 두고 노자적인 표현으로 고쳐서 만든 문장이라는 의심을 갖게 한다.

전 장에서 소국과민(小國寡民)의 정치사상과 대국 중심의 정치사상과의 관계를 말하였는데, 이에 연관해서 이 장 역시 노자 본래의 사상과는 관계가 먼 후세 사람들에 의하여 첨가된 것으로 생각할 수 있다.

참조할 것.
불과욕입사인(不過欲入事人) : 입(入)은 소국이 대국에 입조(入朝)하는 것이니, 소국이 대국 지배하에 들어가서 그 임금을 섬기는 것.
부양자(夫兩者) : 양자(兩者)는 대국과 소국.
각득기소욕(各得其所欲) : 대국은 천하의 백성을 아울러 기르는 것에 의하여 평화를 실현하려 하고, 소국은 대국에 종속되어 자기의 안전을 꾀하는 것을 말함.
대자의위하(大者宜爲下) : 대국이 먼저 겸하해야 한다는 것.

제62장
최상의 가치를 지닌 도

도라는 것은 만물의 오(奧)이니, 선인의 보배이며, 불선인의 보배로 삼는 바이다. 훌륭한 말은 진실로 팔 수 있고, 훌륭한 행실은 진실로 남에게 가할 수 있으니, 사람의 불선함도 버릴 것이 어디 있겠는가. 그러므로 천자를 세워서 3공을 둘 때는 공벽(拱璧)으로 사마(駟馬)에 앞세움이 있다 하더라도 앉아서 이 도를 나아가게 함만 못하다. 옛날부터 이 도를 귀하게 여기는 까닭은 무엇인가. 구하면

道者는 萬物之奧니 善人之寶요 不善人之所保니라 美言은 可以市하고 尊行은 可以加於人이니 人之不善도 何棄之有리오 故로 立天子하고 置三公에 雖有拱璧以先駟馬라도 不如坐進此道니라 古之所以貴此道者는 何요

不日求以得하고 有罪
以免耶아 故로 爲天下
貴니라

만물지오(萬物之奧) : 오(奧)
는 집의 서남쪽 모퉁이의
깊고 어두컴컴한 곳. 집 안
에서 제일 존귀하게 여기는
장소이므로 만물의 근원인
도에 비유한 것임. 제4장의
만물지종(萬物之宗)과 같은
뜻.
선인지보(善人之寶) : 도는
선인의 보배라는 말.
불선인지소보(不善人之所
保) : 보(保)는 의지하는 바
되는 것. 그러나 여기서는
보(保)와 음이 같으므로, 뜻
도 보배로 풀이함. 앞 구와
함께 풀이하면 선인에게 보
배인 것은 불선인에게도 보
배라는 것. 왜냐하면 도는
선인과 불선인 모두의 근원
이기 때문임.
미언가이시(美言可以市) :
미언(美言)은 훌륭한 말. 시
(市)는 팔린다는 뜻이지만,
여기서는 물건이 팔려서 여
기저기로 옮겨 가듯이 널리
퍼져 나간다는 뜻.
존행가이가어인(尊行可以
加於人) : 존행(尊行)은 훌
륭한 행위. 가어인(加於人)
은 남에게 베푸는 것이니,
자선을 행한다는 뜻인 듯
함.
하기지유(何棄之有) : 버릴
것이 있겠느냐. 즉 훌륭한

얻고, 죄가 있으면 면한다고 하지 않았느냐. 그러므로 천
하의 존귀한 것이라고 하는 것이다.

| 풀이 | 도는 만물의 가장 깊숙한 곳에 있는 것인데, 선
인의 보배인 동시에 불선인의 보배이기도 하다. 훌륭한
말은 진실로 널리 세상에 전파되고, 훌륭한 행실은 다른
사람에게까지 혜택을 줄 수 있다고 하는데, 남의 불선한
행동이라 할지라도 그것이 도를 근원으로 하는 이상 어찌
버릴 수 있겠는가. 그러므로 천자를 세우고 3공을 두어 통
치기관이 정비되었을 때는 한아름되는 구슬을 앞에 세우
고 사두마차를 뒤따라 보내어 훌륭한 선물이라면서 바치
지만, 가만히 앉아서 이 도라고 하는 선물을 바치는 것보
다 못하다.

옛사람들이 이 도를 가치가 있다고 본 이유는 무엇인
가. 이 도에 의하여 구하면 얻어지고, 죄가 있어도 구원을
받기 때문이다. 그러므로 도야말로 이 세상에서 최상의
가치를 갖는 것이다.

| 해설 | 이 장에서는 도가 만물을 다 포용하여 그 근원에
있는 궁극적인 존재라는 것, 또 만물을 널리 포용하는 궁
극적 존재이므로 만물의 선도 불선도 허심탄회하게 받아
들여서 어떠한 것도 버리지 않는다는 것, 아무것도 버리
는 일이 없으므로 정치의 원리로서 최상의 것이며, 만민
의 행복을 실현하여 최고의 가치를 갖는다는 것을 분명하

게 하였다. 이 장에서 주목할 점은 과거에 죄를 지었더라도 도에 의하여 구원을 받는다는 사상이다. 이 말은 도가 불선의 인간까지도 버리지 않는다는 논술과 함께, 죄나 악(불선)에 대한 노자의 사상적 입장을 특징짓는 것으로서 주목된다.

노자의 도는 선과 불선을 포용하여 하나이며, 도 앞에서는 선인도 없고 불선인도 없으므로 불선도 또한 선이 되고, 불의도 또한 의가 된다. 선·악의 구별을 무시하는 것은 아니지만, 선·악의 구별보다도 그 구별의 근원에 있는 것을 응시하는 것이다. 그러므로 근원적인 입장에서 보면 악으로 간주되는 것도 선으로 보고, 불선인으로 간주되는 것도 선인으로서 용서를 받는다. 노자의 도는 악한 인간도 거부하지 않고, 죄 있는 인간도 결코 버리는 일이 없다. 거기서는 모든 살아 있는 물건이 도의 아들로서 포용되어, 살아 있는 것 그 자체가 선으로서 긍정된다.

어느 누구도 의(義)에 의하여 다른 사람의 죄를 심판하고, 악으로서 다른 사람을 배척할 특권은 허락되어 있지 않다. 유교나 기독교가 의로운 자나 선한 자를 위한 복음이라고 한다면, 노자의 도는 불의라고 하여 거부되는 것, 또는 불선으로서 버려진 인간을 위한 복음이라고 할 것이다. "회개하라, 천국이 가까웠다."고 하는 것은 예수의 가르침인데, 중국에서도 인간이 범한 죄가 하늘에 대한 고백에 의하여 용서받는다는 사상은 초기의 도교 중에 현저하게 나타난다. 이른바 수과(首過)라는 것이 그것이다. 이

말과 행동이 가치 있는 것이라면, 불선한 언행도 그것이 도에 근원하는 이상 버릴 필요가 없다는 것.

치삼공(置三公) : 중국 주나라의 관제(官制)에 나오는 말. 태사(太師)·태부(太傅)·태보(太保)를 말함.

공벽(拱璧) : 한아름되는 큰 구슬.

이선사마(以先駟馬) : 선(先)은 앞세우다, 사마(駟馬)는 사두마차. 즉 공벽을 사마에 앞서 가게 하는 것. 고대 중국에서는 남에게 선물을 보낼 때 두 가지 물건을 2회에 나누어서 보냈음.

좌진차도(坐進此道) : 앉아서 무위 자연의 도를 상대자에게 설교하는 것.

불왈구이득(不曰求以得)) : '구하면 이 도에 의하여 얻는다고 하지 않았느냐'의 뜻.

유죄이면야(有罪以免耶) : 죄가 있어도 도에 의하여 구원을 받으므로, 그 죄를 면할 수 있다는 것.

고위천하귀(故爲天下貴) : 도가 이 세상에서 최상의 가치를 갖는 것이라는 말. 제56장의 고위천하귀(故爲天下貴)를 참조할 것.

것은 고백이라고 하는 종교적인 행위에 의하여 인간이 하늘, 즉 도에 복귀하고자 하는 노력인데, 노자의 불선에 대한 생각과는 전적으로 같지는 않지만 도 앞에 불선이 용서받는다고 하는 노자의 사상이 원리적으로 계승되어 있다고 볼 수 있다.

또 이와 비슷한 사상이 〈관음경(觀音經)〉에도 있는데, 이 〈관음경〉의 사상은 중국 6조(六朝)시대 이후의 일반사회에서 열렬한 신앙과 귀의를 획득하였다. 그것을 지탱한 중국 사람들의 '유죄이면'에의 비원(悲願)도 역시 노자의 도에 의한 면죄의 사상과 관계가 없는 것은 아니다. 인간의 죄가 도에 의하여 사면될 수 있다는 노자의 가르침은 여러 가지 변화를 나타내면서도 중국의 종교사상의 전개 중에서 일관된 저류(底流)로서의 생명을 지속하는 것이다.

제63장
성인의 신중한 태도

무위를 행하고 무사를 경영하고 맛없는 것을 맛보고, 작은 것을 크게 하고 적은 것을 많게 하고, 원한을 갚기를 덕으로써 하고, 어려운 일을 그 쉬운 데서 도모하고, 큰 것을 그 사소한 데서부터 행한다. 천하의 어려운 일은 반드시 쉬운 데서 일어나고, 천하의 큰 일은 반드시 사소한 데서 일어난다. 이로써 성인은 결코 큰 것을 행하려고 하지 않으므로 능히 그 큰 것을 성취한다. 대저 경솔한 승낙

비원(悲願) : ① 중생을 구하려는 부처나 보살의 서원(誓願). ② 온갖 힘을 기울여서 이루려고 하는 비장한 소원.

爲無爲하고 事無事하고 味無味하고 大小多少하며 報怨以德하고 圖難於其易하고 爲大於其細이니라 天下難事는 必作於易하고 天下大事는 必作於細이니 是以로 聖人은 終不爲大라 故로 能成其大이니라 夫輕諾은 必寡

은 반드시 신뢰도가 낮고, 쉽다는 것이 많으면 반드시 어려운 것이 많다. 이로써 성인은 모든 일에 신중을 기하여 오히려 어렵다고 보므로, 실제로는 별로 어려움이 없는 것이다.

| 풀이 | 무위를 나의 행위로 하고, 일 없는 것을 나의 일로 하고, 맛없는 것을 나의 맛으로 한다. 작은 것에는 큰 것을 주고, 적은 것에는 많은 것을 주고, 원한은 덕으로써 갚는다. 곤란한 일은 쉬울 때 착수하고, 큰 일은 아직 작을 때 해치운다.

　이 세상에서의 어려운 일은 언제나 쉬운 일에서부터 생기고, 세상의 큰 일은 언제나 사소한 일에서부터 생긴다. 그러므로 무위 자연의 성인은 결코 큰 일을 하려고 하지 않지만 실지로는 큰 일을 성취하는 것이다. 경솔한 승낙은 별로 신뢰할 수가 없고, 모든 일을 너무 쉽게 생각하면 반드시 어려운 경우를 당하게 된다. 그러므로 무위의 성인은 쉬운 일이라도 어렵게 다루고, 그리하여 실지로는 조금도 곤란이 일어나지 않는 것이다.

| 해설 | 이 장에서는 무위의 성인의 신중한 인생태도를 설명한 것이다. 그 성인은 담담하여 자신에게 집착하지 않으며, 도량이 넓으면서도 면밀하다. 이는 무위 자연의 편안함이 잠자리에서 뒹굴며 아무것도 하지 않는 게으름과는 다르다는 것을 입증하는 구체적인 재료이다.

信하고 多易은 必多難이니 是以로 聖人은 猶難之라 故로 終無難矣니라

위무위(爲無爲) : 무위 자연의 도(道)를 행하는 것.
사무사(事無事) : 무사(無事)는 인지·인위의 잔재주를 버리고 도와 일체가 된 무심한 행동.
미무미(味無味) : 앞의 미(味)는 무미를 맛본다는 뜻.
보원이덕(報怨以德) : 원한을 덕으로써 갚는다는 것.
도난어기이(圖難於其易) : 어려운 일은 쉬울 때 시작한다는 것.
위대어기세(爲大於其細) : 큰 일은 아직 그 규모가 작을 때 처리한다는 것.
필작어이(必作於易) : 작(作)은 기(起)와 같은 뜻이니, 일어나는 것.
종불위대(終不爲大) : 종(終)은 드디어·끝내는·결코의 뜻. 불위대(不爲大)는 제 스스로를 크다고 의식하지 않는 것.
능성기대(能成其大) : 진실로 큰 것일 수 있다는 것.
경낙필과신(輕諾必寡信) : 경낙(輕諾)은 경솔하게 승낙하는 것. 과신(寡信)은 신뢰도가 낮다는 뜻.
다이필다난(多易必多難) :

상대하기가 쉽다고 우습게
여겼다가 너무 어려워서 괴
로워하는 일이 많다는 것.
유난지(猶難之) : 유(猶)는
'쉽다고 보이는 것도 오히
려'의 뜻.

이 글 중의 보원이덕(報怨以德)은 공자의 곧은 것으로써 원한을 갚는다는 시시비비(是是非非)주의와 대조하여, 두 성인의 서로 다른 인생의 처세술을 가장 단적으로 보여주는 것이다.

제64장
풍설(風雪)에 동요하지 않는 영지

其安易持하고 其未兆
易謀하고 其脆易泮하
고 其微易散이니 爲之
於未有하고 治之於未
亂이로다 合抱之木도
生於毫末하고 九層之
臺도 起於累土하고 千
里之行도 始於足下니
라 爲者는 敗之하고 執
者는 失之하니 是以로
聖人은 無爲라 故로 無
敗하고 無執이라 故로
無失이니라 民之從事에
常於幾成而敗之하니
愼終如始면 則無敗事니
라 是以로 聖人은 欲不
欲하고 不貴難得之貨하
고 學不學하고 復衆人
之所過하고 以輔萬物之
自然하여 而不敢爲니라

그 안정된 것은 유지하기 쉽고, 그 징조가 나타나지 않은 것은 도모하기 쉬우며, 그 무른 것은 녹이기 쉽고, 그 미세한 것은 흩뜨리기 쉽다. 일은 생기기 전에 처리하고, 어지럽기 전에 다스린다. 한아름되는 나무도 호말(毫末)에서 생기고, 9층의 누대도 한 삼태기의 흙에서 일어나고, 천 리의 길도 발밑의 한 걸음에서 시작된다. 작위하는 자는 실패하고, 꽉 잡으려는 자는 놓친다. 그러므로 성인은 작위하지 않으므로 실패하지 않으며, 집착하지 않으므로 잃지 않는다. 백성들은 일을 할 적에 항상 거의 다 되어가다가 실패한다. 끝을 조심하기를 처음과 같이 하면, 곧 일에 실패하는 경우가 없다. 그러므로 성인은 무욕을 원하고 얻기 어려운 재화를 귀히 여기지 않으며, 불학(不學)을 배워서 많은 사람들의 잘못하는 바를 회복하고, 그리하여 만물의 자연을 도울 뿐 작위하지 않는다.

ㅣ풀이ㅣ 안정되어 있는 것은 지속하기 쉽고, 일의 기틀이

아직 나타나지 않은 때는 대책을 마련하기가 쉽다. 물렁물렁한 것은 녹이기가 쉽고, 작은 것은 흩뜨리기가 쉽다. 일은 생기기 전에 잘 처리해야 하고, 또 어지러워지기 전에 잘 다스려 둘 필요가 있다. 한아름되는 큰 나무도 아주 작은 싹에서부터 자라고, 9층의 높은 누대도 한 삼태기의 흙무더기에서 시작되며, 천릿길도 첫걸음에서 시작된다. 멋있게 해보려고 힘쓰는 자는 오히려 실패하고, 꽉 잡고 놓치지 않으려는 자는 오히려 떨어진다. 그러나 무위 자연의 성인은 무리를 하지 않으므로 실패가 없으며, 악착같이 달라붙지 않으므로 놓치지 않는다.

세상 사람들이 어떠한 일을 할 때, 언제나 거의 다 이루어 가다가 실패한다. 그러나 처음 시작할 때처럼 마무리를 신중하게 하면 일에 실패하지 않을 것이다. 그러므로 무위의 성인은 세속적인 욕망을 갖지 않기를 원하고, 얻기 힘든 재화를 소중하게 생각지 않는다. 박학을 버리는 것을 배우고, 사람들의 도에 넘친 태도를 본래의 자세로 되돌려서 만물의 있는 그대로의 자세를 회복하고 억지로 어떠한 작위를 가하지 않는다.

| 해설 | 이 장은 첫머리의 기안이지(其安易持)에서 무집고무실(無執故無失)까지와 민지종사(民之從事)에서 마지막 구까지의 두 부분으로 나뉘어져 있다. 두 부분은 어느 것이나 격언적인 어구를 앞에 내세우고, '그러므로 성인'이란 말로 결론을 짓는 논술 형식을 취하고 있다. 한편 이 장

은 안정, 지(持)는 유지.

기미조이모(其未兆易謀) : 미조(未兆)는 기틀이 보이지 않는 것. 제20장 참조. 모(謀)는 대책을 세운다, 또는 해결책을 강구한다는 것.

기취이반(其脆易泮) : 취(脆)는 무른 것, 단단하지 못한 것. 반(泮)은 해(解), 혹은 산(散)으로도 풀이하는데 푼다·녹인다의 뜻.

기미이산(其微易散) : 미(微)는 표면에 나타나지 않는 미세한 것.

위지어미유(爲之於未有) : 미유(未有)는 현상으로서 성립되기 이전. 여기의 위지(爲之)는 처리한다는 뜻.

합포지목(合抱之木) : 합포(合抱)는 한아름. 즉 한아름되는 나무.

생어호말(生於毫末) : 호말(毫末)은 털의 끝. 아주 미세한 것을 비유한 말로서 추호지말(秋毫之末).

기어누토(起於累土) : 누토(累土)는 흙덩이를 쌓아올린 것. 한 삼태기의 흙이란 뜻.

위자패지(爲者敗之) : 위(爲)는 참으로 본때 있게 해보이고자 하는 사람의 행동을 말하며, 패지(敗之)는 실패한다는 것.

집자실지(執者失之) : 손으로 꽉 쥐려고 하다가는 오히려 놓친다는 것.

민지종사(民之從事) : 백성들이 행동하는 경우, 또는 백성들이 일을 하는 경우.

상어기성이패지(常於幾成
而敗之) : 기성(幾成)은 일
이 거의 다 이루어져가는
것. '구인위산 공휴일궤(九
仞爲山功虧一簣)'와 같은
사상.
　신종여시(愼終如始) : 맨 마
지막의 마무리를 처음 시작
할 때와 같이 신중하게 행
하는 것.
　욕불욕(欲不欲) : 불욕(不
欲)은 세속적인 욕망을 가
지지 않는 것.
　학불학(學不學) : 불학(不
學)은 세속적인 학자들처럼
이른바 박식의 학문을 하지
않는 것.
　복중인지소과(復衆人之所
過) : 복(復)은 본래의 자세
로 되돌린다는 뜻. 소과(所
過)는 도를 넘는 것, 즉 지
나치는 것.
　보만물지자연(輔萬物之自
然) : 보(輔)는 복(復)과 같
은 뜻인데, 여기서는 되돌
린다는 뜻. 만물지자연(萬
物之自然)은 만물의 있는
그대로의 자세.
　불감위(不敢爲) : 어떠한 작
위를 억지로 가하지 않는다
는 것.

은 전 장의 논술과 관련하여 무위의 성인의 신중한 인생태
도를 설명하였다. 노자의 무위의 사상의 밑바탕에 있는 것
이 인생의 실패에 대한 날카로운 응시이며, 세속적인 경영
이 무너지기 쉽다는 것에 대한 깊은 성찰이라는 것을 뚜렷
이 느끼게 하는 글이다. 이 세상에서의 실패를 체험한, 그
리하여 인생의 풍설(風雪)에 잘 견디면서 풍부한 영지를 연
마한 철인의 면모를 잘 나타내었다. 이 글 가운데의 몇몇
어구는 하나의 격언으로서 그대로 통용되는데, 예를 들면
"한아름되는 나무도 작은 싹에서 생긴다〔合抱之木 生於毫
末〕." "천릿길도 한 걸음부터〔千里之行始於足下〕." "끝을 조
심하기를 처음과 같이〔愼終如始〕." 등이 그것이다.

　노자의 자연관과 많은 공통점을 갖고 있는 사람으로서
로마의 철인왕(哲人王)인 마르쿠스 아우렐리우스를 들 수
가 있다. 그에게 있어서도 자연은 유구한 것이고, 인간의
작위를 초월한 것이며, 일체만물을 생성화육하는 우주의
커다란 질서이고, 또한 일체만물의 내부에 존재하는 본래
적·근원적인 진실이기도 하였다.

　아우렐리우스에 있어서 인간의 편안한 삶, 또는 죽음은
우주의 자연에 그대로 따르는 것에 의하여 얻어진다고 보
았고, 그의 사생관(死生觀)도 처세훈도 모두 거기서 나왔
으며, 또 거기로 돌아간 것이었다. 자연은 그에게 있어서
도 만물지종(萬物之宗)이며 위대한 종사(宗師)였다. 그가
자연의 이성이니 우주의 지도적 이성이니 하는 말을 자주
사용하는 데서도 명백한 것처럼, 그의 자연 또는 우주의

자연은 로고스적인 성격을 강하게 갖는 것이며, 따라서 그리스적인 로고스 철학의 계통을 끈 것이라는 점에 주목해야 한다. 그럼에도 불구하고 그의 철학은 유구한 것, 영원한 것, 보편적·근원적인 것을 자연으로서 날카롭게 응시하고, 그러한 응시 위에 서서 인간의 동요되지 않는 편안한 생활태도와 무리하지 않는 처세를 사색하고 있는 점에서 노자와 많은 공통점을 갖고 있다.

제65장
현덕의 정치

옛날의 도를 잘 닦은 자는 백성들을 총명하게 하려고 하지 않고, 장차 이를 어리석게 하려고 하였다. 백성들을 다스리기 어려움은 그들에게 지혜가 많기 때문이다. 그러므로 지혜로써 나라를 다스리는 것은 나라의 적이고, 지혜로써 나라를 다스리지 않는 것은 나라의 복이다. 이 두 가지를 아는 것은 또한 법도이니, 항상 이 법도를 아는 것을 일러 현덕이라고 한다. 현덕은 깊고도 멀어서 세속과는 반대인데, 그런 후에야 대순(大順)에 이른다.

ㅣ풀이ㅣ 옛날의 무위의 도를 잘 닦은 사람은 그 도에 의하여 백성들을 총명하게 만들려고 하지 않았고, 오히려 그 도에 의하여 백성들을 어리석게 만들려고 하였다. 원래 백성을 다스리기 힘든 까닭은 백성들에게 신통하지 못

古之善爲道者는 非以明民하고 將以愚之니라 民之難治는 以其智多니라 故로 以智治國은 國之賊이요 不以智治國은 國之福이니라 知此兩者는 亦稽式이니 常知稽式을 是謂玄德이니라 玄德은 深矣遠矣하여 與物反矣나 然後乃至大順이니라

고지선위도자(古之善爲道者) : 옛날 무위의 도를 잘 닦은 사람. 위(爲)는 수(修)와 같은 뜻.
비이명민(非以明民) : 명(明)은 다음 구의 지(智)와 같은

뜻. 즉 세속적인 총명을 말한다.

장이우지(將以愚之) : 우(愚)는 무위의 도와 일체가 된 무지를 말함.

이기지다(以其智多) : 기(其)는 백성을 가리키는 것.

국지적(國之賊) : 나라를 해친다는 것.

국지복(國之福) : 나라에 복을 가져온다는 것.

지차양자(知此兩者) : 양자는 앞 구의 고이지치국(故以智治國)에서 국지복(國之福)까지를 가리키는 말.

계식(稽式) : 해식(楷式)이라고도 함. 법칙·규칙의 뜻.

상지계식(常知稽式) : 위에서 설명한 법칙을 항상 잘 아는 것.

시위현덕(是謂玄德) : 무위 자연의 도를 체득한 자의 기묘한 자세, 혹은 그 인격성을 이르는 말.

현덕심의원의(玄德深矣遠矣) : 현묘(玄妙)한 덕의 깊고도 먼 것을 찬미한 말.

여물반의(與物反矣) : 물(物)은 현상의 세계, 즉 세속(世俗). 반(反)은 다음 구의 순(順)에 대한 말인데, 반대 방향으로 간다, 또는 반대의 입장을 취한다는 것.

연후내지대순(然後乃至大順) : 연후(然後)는 그런 후, 즉 지혜를 소중히 여기는 세속적인 가치관을 부정하고 도의 무지무욕을 자기의 무지무욕으로 삼은 후를 말

한 지혜가 많기 때문이다. 그러므로 지혜를 가지고 나라를 다스리면 나라의 해가 되고, 지혜를 가지고 나라를 다스리지 않으면 나라의 복이 된다는 말이 있다.

이 두 가지 교훈을 잘 이해하는 것이 또한 위정의 법칙이다. 항상 이 법칙을 잘 이해하고 있는 것을 가리켜 현덕(현묘한 덕)의 체득이라고 하는 것이다.

현덕은 참으로 깊고도 멀다. 이 덕은 세속에 반대하는 입장을 취하는데, 그렇게 반대하는 입장을 취한 연후에야 커다란 순응(順應 : 도와의 합일)에 도달하는 것이다.

| 해설 | 이 장에서는 무위 자연의 도와 일체가 되는 무지무욕의 사회의 실현을 이상으로 삼는 노자적 성인의 현덕의 정치를 설명하였다.

인간의 진정한 행복은 현명한 지혜를 존중하고 교활한 재주나 지혜를 겨루어서 남과 자신까지도 해치는 대립과 투쟁의 사회에 의하여 이룩되는 것이 아니다. 오히려 그 대립과 투쟁의 근원에 있는 것(인간 존재의 본래적인 진실에 대한 자각)을 가지고 대현(大賢)을 어리석은 것 같다는 그 어리석음이 인류에게 평화를 가져오며, 또 도를 아는 무지에 투철한 현덕의 사회야말로 인류에게 항구적인 평화를 가져옴을 밝힌 것이 이 장의 논지이다.

이것은 예전부터 노자의 이른바 우민정치(愚民政治)를 주장한 논술이라 하여 물의를 일으킨 글인데, 단지 우리는 노자의 우민의 '우'라는 것이 무위의 '우'이지, 유위의

'우'가 아니라는 것을 인식해야 한다. 노자는 진정한 앎을 상식적인 말로는 무지라고 하였고, 참으로 밝은 지혜를 세속적인 말로는 우라고 하였다.

이 장과 같은 논술은 〈장자〉 천지편에도 있는데, 이 장의 주해(主解)로서 참고하면 크게 도움이 될 것이다.

하는 것. 대순(大順)은 도에 그대로 순응하는 무위의 경지를 말함.

제66장
백곡(百谷)의 왕

강과 바다가 백곡의 왕인 까닭은 그것이 진실로 겸하(謙下)함으로써 능히 백곡의 왕인 것이다. 그러므로 백성들의 위에 서려고 하면 반드시 말로써 이에 겸하하고, 백성들의 앞에 서려고 하면 반드시 몸으로써 이의 뒤에 선다. 그러기에 성인은 위에 있어도 백성들이 무겁다고 하지 않으며, 앞에 있어도 백성들이 방해한다고 하지 않는다. 그러므로 천하가 그를 추대하기를 즐거워하며 싫어하지 않는다. 누구하고도 싸우려고 하지 않으므로 천하에 이와 싸울 자가 능히 없다.

江海所以能爲百谷王者는 以其善下之라 故로 能爲百谷王이니라 是以로 欲上民에 必以言下之하고 欲先民에 必以身後之니라 是以로 聖人은 處上而民不重하고 處前而民不害니라 是以로 天下樂推而不厭이니 以其不爭이라 故로 天下莫能與之爭이니라

ㅣ풀이ㅣ 큰 강이나 큰 바다가 백곡의 왕이 될 수 있는 까닭은 그것이 낮은 데 처하여 진정으로 겸하기 때문이다. 그러므로 지배자로서 백성들의 위에 서려고 한다면 반드시 겸손한 말로써 백성들에게 겸하해야 하고, 선구자로서 민중의 앞에 서려고 한다면 반드시 그들의 뒤에서

강해소이능위백곡왕자(江海所以能爲百谷王者) : 백곡왕(百谷王)은 많은 시냇물을 모아서 이를 다스리는 지배자가 된다는 뜻. 강과 바다를 물의 세계의 제왕에 비유한 것.
이기선하지(以其善下之) :

낮은 데 있어서 겸손하기 때문에.

시이욕상민(是以欲上民) : 지배자로서 백성의 위에 서려고 하면.

필이언하지(必以言下之) : 겸손한 말로써 백성에게 겸하한다는 것.

욕선민(欲先民) : 백성들의 선구자가 되려면.

필이신후지(必以身後之) : 앞장서지 않고 백성들의 뒤에 선다는 것.

처상이민부중(處上而民不重) : 지배자로 군림해도 짐스러워하지 않는다는 것.

처전이민불해(處前而民不害) : 앞에 있다고 하여 거치적거린다고 생각지 않는다는 것. 불해(不害)는 위해를 가하지 않는다는 뜻으로도 해석함.

낙추이불염(樂推而不厭) : 추대하기를 즐거워하고 싫어하지 않는다는 것.

따라가야 한다. 그러기에 무위의 성인은 백성들의 위에 있지만 백성들이 무거운 짐으로 생각지 않고, 앞에 있어도 백성들은 그를 방해자로 생각지 않는다. 그렇기 때문에 온 천하 사람들이 즐거이 그를 추대하며 조금도 싫어하지 않는다. 또한 무위의 성인은 누구와도 싸우려고 하지 않으므로 세상에서 그와 맞싸울 수 있는 자는 아무도 없는 것이다.

| 해설 | 이 장에서는 제8장과 함께 최상의 덕으로 찬미하였던 물을 비유로 하여, 진실로 겸하한 처세로 임하기 때문에 이 세상의 누구와도 다투지 않음을 설명한 것이다. 그 가운데의 어구들은 제7·22·32장 등의 것과 비슷한 것이 많고, 사상으로서도 특이한 점이 없다.

단지 후세에서 무위의 성인을 설명하는 말로서 많이 사용된 낙추이불염(樂推而不厭)이라는 말이 이 장에 보이는 것이 주목할 점이다.

제67장
도의 세 가지 보배

천하가 모두 이르기를, 나의 도는 크기는 하지만 불초(不肖)한 것 같다고 한다. 대저 오직 크기 때문에 불초한 것 같으니, 만일 현명하다면 그 작은 것이 오래였으리라.

나에게 세 가지 보배가 있다. 잘 간직하여 이를 보배로

天下皆謂我道大似不肖
라 하니 夫唯大라 故로
似不肖니 若肖면 久矣
라 其細矣夫인저 我有
三寶하여 持而保之하
니 一曰慈요 二曰儉이

삼으니, 그 첫째는 자비요, 둘째는 검소함이요, 셋째는 감히 천하의 앞장이 되지 않는 것이다. 자비하므로 능히 용기가 있으며, 검소하므로 능히 널리 베풀 수 있고, 감히 천하의 앞장이 되지 않으므로 능히 기량 있는 자의 우두머리가 된다. 지금 사람들은 자비를 버리고도 또한 용감하려고 하고, 검소를 버리고도 또한 널리 베풀려고 하며, 뒤에서 따르지 않으면서 또한 앞장서려고 하는데, 이는 죽은 것이다.

대저 자비는 이것으로써 싸우면 곧 이기고, 이것으로써 지키면 곧 견고하다. 하늘이 장차 이를(자비로써 싸우려는 자) 구하고자 자비로써 이를 지킨다.

| 풀이 | 세상 사람들은 나의 무위의 도를 크기는 하지만 도답지 않다고들 비평한다. 그러나 크기 때문에 도답지 않아 보이는 것이며, 도답게 보인다면 나의 도는 이미 오래 전에 아주 작은 것으로 변해 버렸을 것이다.

나의 도에는 세 개의 보배가 있는데, 나는 항상 그것을 소중하게 간직한다. 그 첫째는 자비심이고, 그 둘째는 검소함이고, 그 셋째는 감히 남의 앞에 서지 않는 것이다. 자비심을 갖기 때문에 진정 용기있는 자가 될 수 있고, 검소하기 때문에 남에게 널리 베풀 수 있고, 남의 앞에 나서지 않기 때문에 오히려 이른바 기량이 있다는 인재의 우두머리가 될 수 있는 것이다.

그런데 지금은 자비심을 버리고서도 용기있는 자가 되

요 三曰不敢爲天下先이니라 慈故로 能勇하고 儉故로 能廣하고 不敢爲天下先이라 故로 能成器長이니라 今舍慈且勇하고 舍儉且廣하고 舍後且先이면 死矣니라 夫慈以戰則勝하고 以守則固니라 天將救之하니 以慈衛之니라

아도대사불초(我道大似不肖) : 나의 도는 크기는 하지만 진정한 도와는 틀리는 것 같다는 말임. 초(肖)는 사(似)와 같은 뜻. 혹은 불초를 현(賢)에 대하는 말로 보아 어리석다로도 풀이함.
부유대고사불초(夫唯大故似不肖) : 진실로 위대한 도는 위대하기 때문에 오히려 위대하게 보이지가 않는다는 것.
약초(若肖) : 평범한 자의 눈에도 진정한 도인 것과 같이 보이면.
구의기세의부(久矣其細矣夫) : 훨씬 전에 아주 작은 도로 전락하였을 것이라는 말.
지이보지(持而保之) : 지(持)는 보지(保持), 보(保)는 보(寶)와 같은 뜻.
일왈자(一曰慈) : 자(慈)는 인류애.
자고능용(慈故能勇) : 자애심을 갖는 자는 반드시 남

의 위난(危難)을 구제하는 용기를 갖는다는 것. 자애심을 가지므로 참으로 용기 있는 자일 수 있음.

검고능광(儉故能廣) : 자기 생활을 검소하게 하여 재산에 여유가 생기므로, 많은 사람에게 널리 베풀 수 있다는 것.

고능성기장(故能成器長) : 기(器)는 한정된 기량을 갖는 많은 재주와 슬기가 있는 사람, 장(長)은 그 우두머리.

사의(死矣) : 결국 자신의 파멸을 초래하게 됨.

이전즉승(以戰則勝) : 자애심을 가진 자는 잘 싸우려 하지 않지만, 일단 싸우기만 하면 반드시 이긴다는 것.

이수즉고(以守則固) : 수비를 하는 경우에는 단단히 지킨다는 것.

천장구지(天將救之) : 지(之)는 다음 구의 위지(衛之)의 지(之)와 함께 '자비로써 싸우고 혹은 지키는 자'를 가리킴. 따라서 그러한 사람을 하늘이 장차 구하려고 할 때.

이자위지(以慈衛之) : 하늘이 자비심을 가지고 유도자를 지켜준다는 것.

려고 하고, 검소함을 버리고서도 널리 베풀려고 하며, 남의 뒤에 서기를 그만두고 남의 앞에 나서려고 하는데, 그렇게 되면 그 목숨을 잃게 될 뿐이다.

자비심이란 여간해서는 싸우려고 하지 않지만 그것으로 싸우기만 한다면 이기고, 지키기만 한다면 그 수비는 견고하다. 그러므로 하늘도 그를 구원하려고 하여, 자비심으로 그를 수호해 주는 것이다.

| 해설 | 이 장에서는 노자가 무위의 도의 실천에 있어서 갖는 세 가지의 보배를 설명한 글이다. 3보라는 말은 중국 불교가 불교의 번역어로서 사용해 온 이래 오로지 불(佛)·법(法)·승(僧)을 의미하는 말로서 사용되어 왔지만, 본래는 노자가 사용한 말이다.

노자의 3보 중 자(慈)는 유교에서는 자식에 대한 어버이의 사랑을 표현하는 말로서 〈예기〉와 〈논어〉에 나오는데, 노자는 좀더 넓게 인간이 인간에 대한 자비심, 즉 인류애로서 유교의 인(仁)과 거의 같은 뜻으로 사용하고 있다. 검(儉)은 노자의 이른바 손(損)과 과(寡)의 원리를 실천하는 것이고, 불감위천하선(不敢爲天下先)과 비슷한 생각이 제7장과 제66장에도 있는데, 후기신 이신선(後其身而身先)·필이신후지(必以身後之) 등이 그것이다.

제68장
무위의 도

진실로 선비인 자는 사납지 않으며, 정말로 잘 싸우는 자는 화내지 않으며, 진실로 적을 이기는 자는 맞붙지 않으며, 사람을 잘 부리는 자는 그의 아래가 된다. 이것을 부쟁의 덕이라고 하며, 이것을 남의 힘을 잘 활용하는 것이라고 하며, 이것을 천도에 합한다고 하는 것이니, 옛날의 지극한 도이다.

| 풀이 | 진실로 훌륭한 인물은 사납지 않으며, 참으로 잘 싸우는 자는 화를 내거나 격렬하지 않으며, 진실로 적을 이기는 자는 정면으로 맞부딪치지 않으며, 남을 잘 부리는 자는 상대에게 겸손하게 대한다. 이것을 다투지 않는 덕이라고 하며, 이것을 남의 힘을 잘 활용하는 것이라고 하며, 이것을 하늘과 하나가 되는 것이라고 한다. 결국 이 모든 것은 옛날의 무위의 도인 것이다.

| 해설 | 이 장에서는 제52장의 수유왈강(守柔曰强)과 제73장의 부쟁이선승(不爭而善勝) 등과 관련하여, 인간을 진정한 강자로 만드는 것은 유약하여 다투지 않는 덕에 있는 것이라고 설명하였다.

善爲士者는 不武하고 善戰者는 不怒하고 善勝敵者는 不與하고 善用人者는 爲之下니라 是謂不爭之德이요 是謂用人之力이요 是謂配天이니 古之極이니라

선위사자불무(善爲士者不武) : 선이사자(善爲士者)는 '훌륭한 인물은'이란 뜻. 불무(不武)는 사납지 않음.
불여(不與) : 여(與)는 적(敵)과 통하니, 대적하다·맞부딪치다의 뜻.
위지하(爲之下) : 겸손하여 남의 밑에 선다는 것.
부쟁지덕(不爭之德) : 덕(德)은 도를 체득한 사람의 생활태도.
시위배천(是謂配天) : 배(配)는 합(合)과 같은 뜻. 즉 천지의 도에 합당한 것.
고지극(古之極) : 옛날의 무위의 도의 극치라는 것.

제69장
주(主)가 되지 않고 객(客)이 되는 것

用兵에 有言하니 吾不敢爲主而爲客하고 不敢進寸而退尺하라 하니 是謂行無行하고 攘無臂하고 執無兵하고 扔無敵이니라 禍莫大於輕敵이니 輕敵이면 幾喪吾寶니라 故로 抗兵相加에 哀者勝矣니라

병법에 이러한 말이 있다. "나는 감히 주(主)가 되지 않고 객(客)이 되며, 감히 한 치 전진하지 않고 한 자 후퇴한다."라고 하니, 이를 일러 가지 않는데도 가고, 팔이 없는데도 걷어붙이고, 무기가 없는데도 이를 잡고, 적이 없는데도 다가가는 것이라고 한다.

적을 가벼이 여기는 것보다 더 큰 화는 없으니, 적을 가볍게 보면 나의 보배는 거의 다 잃어버릴 것이다. 그러므로 거병(擧兵)하여 서로 칠 때도 전쟁의 비애를 느끼는 자가 승리한다.

용병유언(用兵有言) : '병법에 이러한 말이 있다.'의 뜻.
오불감위주이위객(吾不敢爲主而爲客) : 상대가 전쟁을 걸어올 때, 비로소 수동적으로 이에 응한다는 것.
불감진촌이퇴척(不敢進寸而退尺) : 조그만 전진을 위하여 무리하지 않고, 안전하다면 많이 후퇴하는 것도 사양하지 않는다는 것.
행무행(行無行) : 행진하지 않는 것을 자기의 행진으로 삼는다는 것.
양무비(攘無臂) : 팔이 없는데도 걷어붙인다는 것. 세상 사람들이 그렇게 하는 것과 같은 위압감을 상대방에게 준다는 것.

| 풀이 | 병법에 이러한 말이 있다. 즉 "자기는 주동자가 되지 않고 수동적인 입장을 취하며, 한 치의 전진을 위하여 무리하지 않고, 안전을 위해서는 한 자라도 서슴없이 후퇴한다."라고. 이것을 행진없는 행진이라 하고, 팔이 없는데 걷어붙이고, 무기가 없는데도 무기를 잡고, 적이 없는데도 적대하는 것이라고 한다.

적을 얕잡아보는 것처럼 큰 화가 되는 것은 없다. 왜냐하면 적을 얕잡아보다가는 나의 보배, 즉 국토와 국민의 대부분을 잃을 것이기 때문이다. 그러므로 군대를 동원하여 서로 공격할 때는 전쟁의 비애를 절실히 느끼는 자가 승리를 거두게 되는 것이다.

| 해설 | 전 장에서 다투지 않는 덕이 무(武)의 세계에서도 위대한 진리를 지니고 있음을 설명하였으므로, 이 장에서는 그와 관련하여 용병의 비결은 주인이 되지 않고 손님이 되는 것임을 주장하였다. 즉 상대자의 도전에 마지못해 응하는 것, 전진보다도 후퇴를 원칙으로 해야 한다는 것, 적을 가볍게 여겨서 얕잡아보지 말아야 한다는 것, 그리고 전쟁 그 자체를 인류의 비극으로서 슬퍼하는 감정을 근본적으로 가지고 있어야 한다는 점 등을 주장하였다.

집무병(執無兵) : 병(兵)은 무기.
잉무적(扔無敵) : 적이 아닌 것에 다가간다는 것.
기상오보(幾喪吾寶) : 기(幾)는 거의, 거의 다. 오보(吾寶)는 토지와 국민.
애자승의(哀者勝矣) : 전쟁의 비애를 느끼는 자가 이김.

제70장
실행되지 않는 도

나의 말은 매우 알기 쉽고 매우 행하기 쉬운데도, 천하에 잘 아는 자도 없고 잘 행하는 자도 없다. 말에는 근원이 있고 일에는 통솔자가 있거늘, 대저 오직 (이러한 이치를) 알지 못하니, 그러므로 나를 알지 못한다. 나를 아는 자는 드물고, 나를 따르려는 자도 귀한지라. 그러므로 성인은 조의(粗衣)를 걸치고 (마음에는) 구슬을 간직하고 있다.

吾言은 甚易知하고 甚易行하되 天下莫能知하고 莫能行이니라 言有宗하고 事有君하되 夫唯無知라 是以로 不我知니라 知我者는 希하여 則我者貴니 是以로 聖人은 被褐懷玉이니라

오언심이(吾言甚易) : 오언(吾言)은 노자의 무위 자연의 도.
언유종(言有宗) : 나의 설교에는 근원이 있으니, 그 근원은 바로 도라는 것.
사유군(事有君) : 사(事)는

| 풀이 | 나의 설교는 매우 이해하기도 쉽고 매우 실행하기가 쉬운데도, 이 세상에는 그것을 이해할 수 있는 자도 없고 실행할 수 있는 자도 없다. 모든 말에는 그 말의 근원이 되는 것이 있고, 모든 사물에는 그것을 통솔하는 자,

모든 사상(事象)과 사물(事物), 그리고 인간의 모든 행위도 포함됨. 군(君)은 그 사(事)를 통솔하는 자.

부유무지(夫唯無知) : 도를 이해하지 못하는 것. 부유(夫唯)는 다음 구의 시이(是以)와 서로 대응함.

시이불아지(是以不我知) : 불아지(不我知)는 나(노자)를 이해하지 못한다는 것.

지아자희(知我者希) : 희(希)는 희(稀)와 같은 뜻.

칙아자귀(則我者貴) : 칙(則)은 본받는 것, 귀(貴)는 희귀하다는 뜻.

피갈회옥(被褐懷玉) : 갈(褐)은 올이 굵은 삼베로 만든 옷. 피(被)는 그러한 옷을 입는다는 것. 회(懷)는 포(抱)와 통하니, 안고 있다·품고 있다의 뜻. 옥(玉)은 진리, 즉 노자의 무위 자연의 도.

즉 도가 있는 법인데 도대체 그것을 이해하지 못하니, 따라서 나를 이해하지 못하는 것이다. 이 세상에서 나를 이해하는 자는 드물고, 나를 본받으려는 자 또한 귀하다. 그러므로 무위의 성인은 조잡한 옷을 몸에 걸치고, 마음속에는 구슬과도 같은 도를 간직하고 있는 것이다.

| 해설 | 이 장은 알기 쉽고 행하기 쉬운 진리의 말씀, 즉 무위 자연의 도를 설교하는 노자가 그 도를 이해해 주지 않는 세상에 대하여 탄식하고 불평하는 글이다. 자기가 말하는 무위 자연의 도가 세상에서 용납되지 않을 뿐 아니라, 그들의 비웃음까지 사게 된 것을 탄식한 글은 제20·41·67장 등에도 있다.

이 장에서도 노자는 홀로 자기의 도를 지키는 철인으로서의 우수와 고독을 술회하였다. 공자가 말하기를, "나를 아는 자는 저 하늘인가."라고 하였는데 그 말을 연상케 하는 글이다.

제71장
최상의 지(知)

知不知上이요 不知知病이니 夫唯病病이라 是以不病이니라 聖人은 不病이니 以其病病이라 是以不病이니라

알면서도 알지 못한다고 하는 것이 최상이고, 알지 못하면서도 안다고 하는 것은 병이다. 대저 오직 병을 병으로 생각하기 때문에 병이 아니다. 성인에게는 병이 없는데, 그 병을 병으로 생각하기 때문에 병이 없는 것이다.

| 풀이 | 알고 있으면서도 알지 못한다고 생각하는 것이 최상이고, 알지 못하면서도 안다고 생각하는 것은 결점이다. 따라서 결점을 결점으로 자각함으로써 결점은 결점이 되지 않는 것이다. 무위의 성인에게는 결점이 없다. 자기의 결점을 결점으로서 자각하기 때문에 결국 그것은 결점으로 되지 않는 것이다.

| 해설 | 이 장에서 문제가 되는 것은 이른바 지(知)에 관한 것이다. 공자가 가르치기를, "아는 것을 안다고 하고 모르는 것은 모른다고 한다. 이것이 참으로 아는 것이다." 라고 하였는데, 공자에게 있어서 참으로 안다는 것이란 자기가 알고 있는 것과 알지 못하는 것을 분명하게 구별하여 양자를 혼동하지 않는 것이다. 그러나 노자는 공자가 알고 있다고 할 때의 그 안다는 것이란 무엇이며, 또 참으로 알고 있다고 할 때의 그 참으로란 어떠한 것이냐고 반문하는 것이다. 이렇게 반문하는 노자에게는 인간에게 있어서 가장 중요한 것(인생의 근원적인 진리)이란 지식으로는 알 수 없는 것이 아니냐 하는 의문과 어중간하게 알기보다는 차라리 아무것도 모르는 편이 살아가는 데 있어서 가장 소중한 것을 상실하지 않게 될 것이 아니냐 하는 반성이 있다.

공자가 '알지 못하는 것은 알지 못한다고 하라.'고 가르칠 때, 이 말은 노자의 '알지 못하면서도 안다고 하는 것은 병이다.' 하는 것과 거의 같은 뜻을 가진다. 그러나 아

지부지상(知不知上) : 알면서도 알지 못한다고 하는 것이 최상이라는 것. 무위 자연의 도는 근원이 매우 심원하여 인간의 지적 인식이 미치기 어렵기 때문에 '알고 있지만' 동시에 '알지 못하는' 면도 있으므로, 그 일면성을 겸허하게 반성하는 것이 최상의 지(知)라는 말.

부지지병(不知知病) : 알지 못하면서도 안다고 하는 것은 곤란한 일이니, 즉 결점이라는 것.

부유병병(夫唯病病) : 병병(病病)은 결점을 결점으로서 자각한다는 것이며, 부유(夫唯)는 다음 구의 시이(是以)에 대응하는 말.

시이불병(是以不病) : 결점이면서도 결점이 되지 않는다는 것. 제63장의 시이성인유난지 고종무난의(是以聖人猶難之 故終無難矣)를 참조할 것. 〈장자〉 천지편에 말하기를, "그 어리석음〔愚〕을 아는 자는 큰 어리석음이 아니며, 그 미혹〔惑〕을 아는 자는 큰 미혹이 아니다〔知其愚者 非大愚也 知其惑者 非大惑也〕." 라고 하였는데, 그 말과 비슷한 생각임.

는 것은 안다고 하라는 공자의 그 안다고 하는 것까지도 노자는 오히려 알지 못하는 것으로서 부정하는 것을 가르친다. 그리고 이같이 가르치는 노자는 근원적인 진리가 인간의 인식을 초월할 것이라는 사실과 그 진리 앞에서는 알고 있다고 하는 것이 동시에 알지 못하는 것이 되고, 알지 못하는 것이 동시에 아는 것이라고 하는 고차원적인 지(知), 이른바 부지지지(不知之知)를 체관하고 있다.

공자의 지(知)는 박학을 전제로 하는 지였다. 그러나 노자는 그 박학의 지를 부정하고 도의 복귀를 주장하는 것이다. 노자에게 있어서 도의 복귀란 자기의 무지를 자각하는 것이었다. 그리스의 철인 소크라테스는 말하기를, "너 자신의 무지를 알라."고 하였는데, 노자도 또한 참으로 아는 것이 '이것을 아는' 데 있지 않고, '이것을 알지 못한다.'고 하는 데 있음을 지적하는 것이다. 아무튼 노자는 공자의 지식론을 일보 전진시켰다고 볼 수 있을 것이다.

제72장
유위의 정치와 무위의 정치

民不畏威하면 則大威至니라 無狎其所居하고 無厭其所生이니라 夫唯不厭이라 是以로 不厭이니라 是以로 聖人은 自知不自見하고 自愛不自貴니라 故로

백성이 권위를 두려워하지 않으면 곧 대위(大威)가 이른다. 백성은 그 사는 곳에 친함이 없고, 그 사는 바에 만족하지 않는다. 대저 만족해 하지 않는 까닭으로 서로 싸운다. 이로써 성인은 스스로 잘 알면서도 자신을 나타내지 않고, 스스로를 사랑하면서도 스스로 존귀하다고 하지 않

는다. 그러므로 그를(형벌정치) 버리고 이를(무위 자연의 정치) 취한다.

| 풀이 | 백성들이 임금의 권위를 두려워하지 않게 되면 큰 형벌을 받게 되고, 백성들이 자기 사는 동네에서 마음놓고 살지 못하며, 또 그 생업에 만족하지 못한다. 만족해하지 못하므로 그 때문에 서로들 싸우고 빼앗는 것이다. 그러므로 무위의 성인은 자신이 많은 지혜를 지니고 있어도 이를 밖에 나타내지 않고, 자기 몸을 소중하게 여기지만 백성들을 위압하여 스스로를 존귀하게 하지 않는다. 따라서 위압과 형벌의 정치를 버리고 무위 자연의 정치를 취하는 것이다.

| 해설 | 이 장은 제74장과 마찬가지로, 백성들을 권력으로 내리누르고 형벌로써 위협하는 법가적인 유위의 정치를 비판한 것이다. 문장의 형식도 제74장과 비슷한데, 이 장이 '백성들이 권위를 두려워하지 않으면'으로 시작된 데 비하여 제74장은 '백성이 죽음을 두려워하지 않으면'으로 시작되었고, 제74장이 형벌을 큰 상처의 근원으로 보아 경계하는 것으로 결론지은 데 비하여, 이 장은 형벌정치를 배척하고 무위 자연의 정치를 택할 것을 결론으로 삼았다. 법가적인 힘의 정치에 대한 비판은 제17장에 이미 일반적 서술을 보였는데, 여기서는 그것을 좀더 구체적으로 설명하였다.

去彼取此니라

민불외위(民不畏威) : 위(威)는 군주의 권위.
대위지(大威至) : 대위(大威)는 최대의 위력, 즉 극형.
무압기소거(無狎其所居) : 압(狎)은 마음놓고 친하는 것. 소거(所居)는 사는 곳, 즉 향리를 말함. 따라서 향리에서 마음놓고 살지 못함을 뜻하는 것.
무염기소생(無厭其所生) : 여기의 염(厭)은 만족하는 것, 소생(所生)은 생업. 따라서 자기 생업에 만족을 하지 않는다는 것.
시이불염(是以不厭) : 그러므로 만족하지 않아 서로 싸우고 빼앗는다는 것.
자지부자현(自知不自見) : 자신이 명지(明知)를 가지고 있지만 그것을 남에게 나타내지 않는다는 것.
자애부자귀(自愛不自貴) : 자기 몸을 아끼지만 자신을 존귀한 존재로 하여 백성을 위압하지 않는다는 것.
고거피취차(故去彼取此) : 피(彼)는 백성을 위압하는 형벌정치·권력정치를 말하며, 차(此)는 위압적이 아닌 무위 자연의 정치를 말하는 것.

제73장
하늘의 도에 따른 정치

勇於敢則殺하고 勇於
不敢則活이니라 此兩
者는 或利或害하니 天
之所惡를 孰知其故리
오 是以로 聖人도 猶難
之니라 天之道는 不爭
而善勝하고 不言而善
應하고 不召而自來하
고 繟然而善謀하니 天
網이 恢恢하여 疎而不
失이니라

용어감즉살(勇於敢則殺) :
감(敢)은 감행(敢行), 또는
결단성의 뜻.
용어불감즉활(勇於不敢則
活) : 불감(不敢)은 결단하
지 않는 것, 신중을 기하는
것.
천지소오 숙지기고(天之所
惡 孰知其故) : 고(故)는 진
상, 또는 이유.
시이성인 유난지(是以聖人
猶難之) : 밝은 지혜를 가진
성인조차도 하늘의 뜻을 알
기는 곤란하다는 것.
불소이자래(不召而自來) :
소(召)는 초(招)와 같은 뜻
임.
천연(繟然) : 대범한 모양.
선모(善謀) : 선(善)은 무위
자연으로 이루어진다는 의
미를 포함하고 있음.

감행(敢行)하는 데 용감하면 곧 죽이고, 감행하지 않는 데 용감하면 곧 살린다. 이 양자는 혹은 이롭고 혹은 손해라고 한다. 하늘이 미워하는 바를 누가 그 까닭을 알 것인가. 이로써 성인(聖人)도 오히려 어렵다고 한다. 하늘의 도는 싸우지 않으면서 잘 이기고, 말하지 않으면서 잘 응하고, 부르지 않아도 스스로 오고, 천연(繟然)하여 잘 도모한다. 천망(天網)은 회회(恢恢)하여, 성긴 듯하나 결코 놓치지 않는다.

| 풀이 | 죄인을 다스릴 때 결단을 잘 내리면 엄벌주의로 흘러서 사람을 죽이게 되고, 결단을 내리지 않고 신중을 기하면 사람을 살리게 된다고 한다. 이러한 두 가지 태도는 인위적인 입장에서는 이롭다, 혹은 해롭다고 할 수 있다. 그러나 하늘이 어느 것을 죄로 인정하여 미워하는지, 그 진상은 아무도 모른다. 그러므로 밝은 지혜를 소유한 성인조차도 그 진상을 알기 어렵다고 하는 것이다.

따라서 하늘의 도라는 것은 싸우지 않아도 저절로 이기고, 말하지 않아도 모른 일에 잘 응대하고, 부르지 않아도 저절로 온다. 또 대범한 듯하면서도 훌륭하게 계획을 잘 세운다. 하늘의 법망은 넓고 커서 그물코가 성긴 듯하지만 어떠한 것이든 놓치는 법이 없다. 그러므로 만사를 하늘의 도에 맡기면 되는 것이다.

| 해설 | 이 장에서는 인위적인 형벌보다도 자연의 재량에 맡겨서 무위의 정치를 행해야 한다고 주장하였다. 전장이 위압에 의한 형벌정치가 무위 자연의 정치에는 미치지 못함을 주장하였고, 다음 장이 군주의 형벌의 집행을 큰 상처의 근본이라고 경계한 것과 관련된 것이다.

천망회회(天網恢恢) : 천망(天網)은 하늘이 악인을 잡기 위하여 쳐놓은 그물, 회회(恢恢)는 넓고도 큰 모양.
소이불실(疎而不失) : 그물코가 성긴 듯하나 촘촘한 그물 이상으로, 걸려든 것은 절대로 놓치지 않음.

제74장
형벌을 남용하는 권력정치

백성들이 죽음을 두려워하지 않으면 어찌 죽음으로써 이를 두렵게 하랴. 만일 백성들로 하여금 항상 죽음을 두려워하게 하여, 부정을 저지르는 자를 내가 잡아서 죽일 수 있다 한들, 누가 감히 이를 행할 것인가. 항상 사살자(司殺者)가 있어서 죽이는 것이니, 대저 사살자를 대신하여 죽이는 것을 대장(大匠)을 대신하여 나무를 찍는다고 하는 것이니, 대장을 대신하여 나무를 찍다가 그 손을 다치지 않는 자는 드물다.

民不畏死하면 奈何以死懼之리오 若使民常畏死하여 而爲奇者를 吾得執而殺之면 孰敢이리오 常有司殺者殺이니 夫代司殺者殺을 是謂代大匠斲이니 夫代大匠斲者는 希有不傷其手矣니라

| 풀이 | 백성들이 죽음을 두려워하지 않는 자포자기의 상태가 되면 어떻게 그들을 죽음으로 위협할 수가 있겠는가. 비록 백성들로 하여금 항상 죽음을 두려워하게 하고, 정도에 어긋난 자를 내가 잡아서 처형할 수 있다손 치더라도 어떻게 백성을 함부로 죽일 수 있을 것인가. 언제나 사형을 맡은 분이 하늘에 계셔서, 그가 죽이는 것이다. 따

민불외사(民不畏死) : 백성이 죽음을 두려워하지 않으면.
내하이사구지(奈何以死懼之) : 어떻게 사형(死刑)으로 위협할 수 있겠는가.
약사(若使) : 비록, 설령.
이위기자(而爲奇者) : 기(奇)는 부정.
오득집이살지(吾得執而殺

상유사살자살(常有司殺者
殺) : 사살자(司殺者)는 죽
음을 맡은 자, 사형을 내릴
수 있는 자이니, 곧 하늘.
소이불실(疏而不失)하는 천
망(天網)을 소유한 자.

부대사살자살(夫代司殺者
殺) : 사살자를 대신하여.

시위대대장착(是謂代大匠
斲) : 대장(大匠)은 목수 중
의 명인(名人), 착(斲)은 베
는 것, 깎는 것. 즉 도끼질
을 제대로 못하는 자가 능
숙한 목수의 흉내를 내면서
함부로 나무를 찍으려고 한
다는 것.

희유불상기수의(希有不傷
其手矣) : 희(希)는 희(稀)와
같은 뜻이니, 드물다는 것.

民之饑는 以其上食稅
之多라 是以로 饑하고
民之難治는 以其上之
有爲라 是以로 難治니
라 民之輕死는 以其求
生之厚라 是以로 輕死
니라 夫唯無以生爲者
는 是賢於貴生이니라

라서 사형을 맡은 분을 대신하여 백성을 함부로 죽이는
것은 마치 서투른 목수가 훌륭한 목수를 대신하여 나무를
찍는 것과 같다. 그 서투른 목수는 나무도 변변히 찍지 못
하고 손에 상처를 내기 십상이다.

| 해설 | 제72장에서 위(威)를 쓰는 형벌정치를 비판하였
고, 제73장에서 죄인을 놓치지 않는 하늘의 심판, 즉 천망
(天網)에 대하여 설명한 노자는 이 장에서는 형벌을 남용
하는 권력정치를 비판하였다. 권력자가 하늘의 심판에 맡
기지 않고 인위적인 심판을 제멋대로 행하여, 형벌이라는
도끼를 함부로 휘두르면 그것에 의하여 큰 상처를 입는
것은 오히려 권력자 자신들이라는 것을 경계하였다.

제75장
수탈 · 작위 · 집착의 병(病)

　백성들이 굶주리는 것은 그 관상(官上)이 세금을 먹음이
많음으로써, 이 때문에 굶주리는 것이다. 백성들을 다스
리기 어려운 것은 그 관상의 작위(作爲)가 있음으로써 그
때문에 다스리기가 힘든 것이다. 백성들이 죽음을 가볍게
여기는 것은 그 생(生)을 구함이 너무 두터워서 이 때문에
죽음을 가볍게 여기는 것이다. 대저 단지 생으로써 작위
함이 없는 자는 이것이 생을 귀하게 여기는 자보다 나은
것이다.

| 풀이 | 백성들이 굶주리는 것은 지배자가 많은 세금을 거두어들이기 때문이며, 백성들을 다스리기 어려운 이유는 지배자가 권모술수를 부리고 간섭을 많이 하기 때문이다. 또 백성들이 죽음을 가볍게 생각하는 것은 그들이 생에 너무 집착함으로써, 그 때문에 오히려 죽음을 재촉하는 것이다. 생에 지나치게 집착하지 않는 자는 생명을 소중히 여기는 자보다도 훨씬 나을 것이다.

| 해설 | 이 장에서는 인간의 편안한 생을 해치는 세 가지 반자연(反自然)적인 것을 경고하였다. 첫째는 위정자의 사치를 위하여 백성들한테서 가혹하게 거두어들이는 수탈(收奪)이며, 둘째는 그들의 무위의 정치에 만족하지 않는 여러 가지 작위와 간섭이며, 셋째는 백성 자신들의 생명에 대한 지나친 집착 등이 그것이다. 또한 그러한 것들은 요컨대 족함을 알지 못하고 억제되지 않는 욕망 등이 초래하는 죽음에 이르는 병이라는 것을 설명하였다.

인간이 보다 잘 살기 위해서는 생에 대한 집착을 버려야 한다. 생의 집착을 버림으로써 비로소 생의 본래적인 편안함을 얻을 수 있고, 인간사회의 영원한 평화가 실현될 수 있다고 하는 이른바 부정매개(否定媒介)의 논리이다. 즉 진정한 의미에서 생을 긍정하기 위해서는 오히려 생의 부정을 매개로 해야 한다는 노자의 역설을 설명한 것이 이 장의 논지이다.

이기상식세지다(以其上食税之多) : 상(上)은 관상, 즉 지배자를 말하며, 식세(食税)는 세금을 먹는 것. 즉 지배자들이 세금을 받아서 사치스런 생활에 낭비하는 것을 뜻함.

이기상지유위(以其上之有爲) : 유위(有爲)는 인위적인 기교를 부리는 것이니, 간섭을 하는 것.

이기구생지후(以其求生之厚) : 살려고 생에 깊이 집착하는 것.

무이생위자(無以生爲者) : 사는 것에 대하여 지나치게 집착하지 않는 것.

시현어귀생(是賢於貴生) : 현(賢)은 승(勝)과 같은 뜻으로서 이것보다 저것이 낫다는 것. 귀생(貴生)은 생을 귀하게 여겨서 집착하는 것.

제76장
유약은 생명의 근본원리

人之生也에 柔弱이나
其死也에 堅强하고 萬
物草木之生也에 柔脆
나 其死也에 枯槁니라
故로 堅强者는 死之徒
요 柔弱者는 生之徒니
라 是以로 兵强則不勝
하고 木强則共하니 强
大는 處下하고 柔弱은
處上이니라

인지생야유약(人之生也柔
弱) : 인지생야(人之生也)는
'사람이 출생하였을 때는'
의 뜻.
기사야견강(其死也堅强) :
죽었을 때는 굳고 딱딱해진
다는 것.
유취(柔脆) : 부드럽고 불룩
한 것. 중국 문학에서는 젊
은 여자를 형용하는 말로
사용되었음.
고고(枯槁) : 말라서 딱딱한
것.
견강자 사지도(堅强者死之
徒) : 사지도(死之徒)는 죽
음의 무리들, 즉 요사(夭死)
가 운명지어진 사람들.
유약자 생지도(柔弱者生之
徒) : 생지도(生之徒)는 삶
의 무리들, 즉 장수를 누릴
수 있는 사람들.
병강즉불승(兵强則不勝) :

사람이 날 적에는 유약하고, 죽으면 견강(堅强)하다. 만물의 초목이 살았을 때는 부드럽고, 그것이 죽으면 말라서 딱딱하다. 그러므로 견강한 것은 죽음의 무리요, 유약한 것은 삶의 무리이다. 이로써 병기(兵器)도 강하면 이기지 못하고, 나무도 강하면 곧 꺾이니, 강대한 것은 아래에 있고, 유약한 것은 위에 있는 것이다.

| 풀이 | 사람이 출생하였을 때는 부드럽고 연약하지만, 죽었을 때는 굳어서 딱딱하게 된다. 초목이나 그밖의 모든 것도 살아 있을 때는 모두 부드럽고 불룩하지만, 죽었을 때는 말라서 바삭바삭하게 된다. 그러므로 굳고 딱딱한 것은 죽은 자의 무리이고, 부드럽고 연약한 것은 산 자의 무리이다. 그러니까 무기도 너무 강하면 전투에서 적을 이길 수 없고, 나무도 너무 굳은 것은 부러지기 쉬운 것이다. 그러므로 모든 강대한 것은 패하여 아래에 서고, 모든 유연한 것은 승리하여 결국은 위에 서게 된다.

| 해설 | 이 장에서는 제43장의 "천하의 지유(至柔)는 천하의 지견(至堅)을 마음대로 구사한다."라는 것과 제78장의 "천하에 물보다 유약한 것은 없는데 견강을 치는 자로서 이를 능히 이길 자가 없다."라는 말 등의 논술과 관련하여 유약이 비록 부드럽고 연약하지만 끝에 가서는 승리하

니 위에 서게 되는 것은 당연한 이치라고 주장하였다. 이는 곧 유약한 것이 생명 보지의 근본원리이고, 인생의 모든 일에 있어서 유약이 의미하는 교훈을 잘 알고 그 처세에 철저한 자가 궁극적인 승리를 얻는다는 점을 설명한 것이다. 여기서도 우리는 유와 약을 주장하는 노자의 궁극적인 관심이 '삶의 무리가 되는 데' 있으며, '위에 처하는' 최종적인 승리에 있음을 주목해야 할 것이다.

병(兵)은 병기·무기, 즉 무기가 너무 견고하면 전투 중에 부러져서 패배한다는 것.
목강즉공(木强則共) : 공(共)은 절(折)과 같은 뜻. 즉 나무가 너무 견고하면 오히려 부러진다는 것.
강대처하(强大處下) : 강대한 자는 죽음의 무리이므로, 결국은 패퇴하여 아래에 서게 된다는 것을 말함.
유약처상(柔弱處上) : 유약한 자는 삶의 무리이므로, 결국은 승리하여 위에 서게 된다는 것.

제77장
천지자연의 이치

하늘의 도는 마치 활대를 펴는 것과 같다고나 할까. 높은 건 이를 누르고, 낮은 건 이를 높이고, 여유가 있는 건 이를 덜고, 부족한 건 이를 보충한다. 하늘의 도는 여유가 있는 걸 덜어 부족한 것을 보충하는데, 사람의 규범은 그렇지 않아 부족한 데서 덜어내어 여유가 있는 것에게 바친다. 누가 진실로 여유가 있어서 천하에 봉사할 것인가. 오직 유도자가 있을 뿐이다. 그러므로 성인은 큰 일을 하고도 자랑하지 않고, 큰 공을 이루고도 그 자리에 앉지 않으며, 그 현명함을 나타내려고 하지 않는 것이다.

天之道는 其猶張弓아
高者抑之하고 下者擧
之하고 有餘者損之하
고 不足者補之니라 天
之道는 損有餘하여 而
補不足하는데 人之道
則不然이라 損不足하
여 以奉有餘니라 孰能
有餘以奉天下리오 唯
有道者니라 是以로 聖
人은 爲而不恃하고 功
成而不處하며 其不欲
見賢이니라

| 풀이 | 하늘의 도는 마치 활대에 활줄을 메우는 것과 같다고 할 수 있다. 활대 가운데의 높은 부분은 누르고, 양쪽 끝의 낮은 부분은 높이며, 여유가 있는 부분을 덜어

천지도(天之道) : 천지자연의 이치.
기유장궁(其猶張弓) : 장궁(長弓)을 활대에 활줄을 메우는 것.

고자억지(高者抑之) : 활대
에 활줄을 메울 때, 활대 한
가운데의 높고 구부러진 부
분을 누르는 것을 말함.
하자거지(下者擧之) : 활대
양쪽 끝의 낮은 부분을 위
로 올려서 활줄을 붙들어
매는 것.
**유여자손지 부족자보지(有
餘者損之 不足者補之)** : 활
줄을 메울 때, 활줄의 길이
가 남거나 모자라지 않도록
조정하는 동작을 말함. 혹
은 활줄을 메우는 일 전체
에 관하여 가감한다는 뜻으
로도 풀이함.
인지도(人之道) : 인간들이
작위적으로 세운 규범. 인
간사회에 행해지고 있는 원
리. 여기의 도는 천지도의
도와는 그 뜻이 전혀 다름.
이봉유여(以奉有餘) : 봉(奉)
은 봉(捧)과 같은 뜻. 즉 봉
납(捧納)·봉사의 뜻.
숙능(孰能) : 숙(孰)은 수
(誰)와 같은 뜻. 즉 능히 할
수 있는 자가 누구냐.
유도자(有道者) : 제24·31
장의 유도자와 같은 뜻.
위이불시(爲而不恃) : 큰 일
을 하고서도 자랑하지 않는
다는 것. 제10·51장을 참
조할 것.
공성이불처(功成而不處) :
불처(不處)는 불거(弗居)와
같은 뜻. 즉 공을 세웠지만
성공한 사람의 자리에 앉지
는 않는다는 것.
기불욕현현(其不欲見賢) :
현(賢)을 승(勝)의 뜻으로

서 부족한 부분에 보충해 준다. 하늘의 도도 그와 같아서
많은 것을 덜어서 부족한 것을 보충해 주는 것이다. 그런
데 인간사회의 규범은 그와는 달리 부족한 데서 오히려
덜어내어, 지나치게 많은 자에게 바치고 있는 것이다.

이러한 상태에서 여유를 가지고 있으면서 천하를 위하
여 봉사할 수 있는 자는 누구일까. 그것은 오직 도를 체득
한 유도자일 뿐이다. 그러므로 무위의 성인은 위대한 일
을 하고서도 자기 힘으로 되었다고 자랑하지 않고, 큰 공
을 세웠다고 하여 성공자의 자리에 앉지도 않으며, 자기
의 현명함을 남에게 나타내려고 하지 않는다.

| 해설 | 이 장은 '손유여 이보부족(損有餘而補不足)'의 구
에 의하여 옛날부터 유명한 것이다. 노자는 도 앞에 존재
하는 모든 것은 평등하다고 생각하였다. 도는 일체만물을
생성화육하고, 일체만물로 하여금 일체만물로서 있게 하
는 근원적인 자이기 때문에 만물을 양육하는 어머니〔食於
母〕라든가 천하의 어머니〔天下母〕라고 불리는데, 어머니가
자기 자식에 대하여 평등한 사랑을 갖는 것처럼, 도도 또
한 만물을 차별하지 않는다. 인간을 귀히 여기고 새나 짐
승을 천대하거나, 또는 새나 짐승을 귀히 여기고 초목을
천시하지도 않는다. 하물며 사람 위에 사람을 있게 하거
나 사람 아래 사람을 두어서 나면서부터 차별을 두는 따
위의 짓은 결코 하지 않는다.

인간이 가난하다고 부르는 자도, 부자라고 하는 자도,

아름답다고 하고 추하다고 하는 자도, 또한 선인이라 불리고 불선인이라 불리는 자도, 현명하다거나 어리석다고 불리는 자도 모두 도 앞에서는 하나의 존재로서 존재하고, 인간으로서 살아갈 똑같은 몫을 갖는 것이다.

그러나 현실사회에서는 인간의 도 앞에서의 평등은 무시된다. 거기서는 인간은 귀천으로 계급이 나뉘고, 현명하고 어리석고 아름답고 추한 것으로써 가치에 상하가 생기며, 가난한 자와 부자의 차별이 있고, 강자와 약자가 대립된다. 또 강한 자는 약자를 끊임없이 학대하고, 부자는 가난한 자를 착취하고, 귀한 자는 천한 자를 욕보이고, 현명한 자는 어리석은 자에게 야유를 보내며 멸시한다. 한쪽에서는 너무 많은 부를 소유하여 온갖 사치와 향락을 누리는 반면에, 다른 쪽에서는 먹을 음식이 없고 살 집조차 없는 불행한 인간들이 거리에 넘쳐서 굶주림과 질병과 고통이 그들의 심신을 좀먹고 있는 것이다.

노자는 이같은 현실을 인간사회가 마땅히 가져야 할 자세를 잃은 천도에 어긋난 부자연이라고 보았다. 그는 현실사회의 귀천과 빈부 그 자체의 존재까지를 근본적으로 부정하는 사람은 아니다. 그러나 여유 있는 자가 부족한 자를 보충해 주기는커녕 부족한 자에게서 빼앗아가는 부자나 권력자의 사치와 정도가 지나친 것을 천도에 어긋나는 것으로서 엄하게 규탄하는 것이다.

노자의 이와 같은 사상은 제20·31·53장 중에도 나타나 있다. 이 장도 그와 같은 정치 비판과 함께 사회 비판

보아 낫다, 훌륭하다, 현명하다의 뜻으로 풀이하는 것이 좋음. 현(見)은 나타내는 것, 보이는 것.

학대(虐待) : 심하게 괴롭힘. 혹독하게 대우함.

향락(享樂) : 즐거움을 누림.

천도(天道) : ① 천지 자연의 도와 도리. ② 불교에서, 욕계·색계·무색계를 통틀어 이르는 말.

(가난한 자, 학대 받는 자, 부족한 자를 외면하는 인간사회 왜곡과 반자연에 대한 분노와 규탄)을 강조한 논술로서 후대의 사회주의적 경향을 가진 중국인들에게 큰 영향을 미쳤다.

제78장
유약의 덕

天下에 莫柔弱於水하여 而攻堅强者는 莫之能勝이니 以其無以易之니라 弱之勝强하고 柔之勝剛을 天下莫不知언마는 莫能行이니라 是以로 聖人이 云하되 受國之垢를 是謂社稷之主하고 受國不祥을 是謂天下王이니 正言은 若反이니라

천하에 물보다 유약한 것은 없으나 견강을 치는 자로서 진실로 이보다 나은 자가 없는 것은 어떠한 것으로도 이를(本姓) 바꿀 수가 없기 때문이다. 약한 것이 강한 것을 이기고, 부드러운 것이 단단한 것을 이기는 것은 천하에 모르는 자가 없지만, 진실로 실행하는 자는 없다. 그러므로 성인이 말하기를, "나라의 오욕을 인수하는 것을 사직(社稷)의 주인이라 하고, 나라의 불행을 인수하는 것을 천하의 왕이라고 한다."라고 하였다. 바른말은 일견 진실에 반대되는 것 같다.

천하막유약어수(天下莫柔弱於水) : 천하에 물보다 유약한 것은 없다는 것이니, 물을 무위 자연의 덕의 상징으로 본 것.
이기무이역지(以其無以易之) : 기(其)는 물, 무이역지(無以易之)는 물의 유약한 본성을 바꿀 수 없다는 것.
수국지구(受國之垢) : 구(垢)는 오탁(汚濁)·치욕, 수

| 풀이 | 세상에 물보다 부드럽고 연약한 것은 없지만 굳고 강한 것을 치는 데 물보다 더 나은 자는 없다. 어떠한 것으로도 그 본성을 바꿀 수가 없기 때문이다. 연약한 것이 강한 것을 이기고, 부드러운 것이 단단한 것을 이기는 것은 이 세상의 어느 누구도 모르는 자가 없는데, 실제로는 어느 누구도 그대로 실행하지 않는다. 그러므로 성인의 말씀에, "나라의 오욕을 한몸에 받는 자, 이를 나라의

주인이라 하고, 나라의 불행을 한몸에 받는 자, 이를 세계의 왕자라고 한다.”라고 하였다. 실로 바른말은 성인의 이 말과 같이 한편으로는 진실과 반대되는 것처럼 보이지만, 사실은 가장 진실에 합당한 것이다.

| 해설 | 이 장에서는 유약의 덕(유연한 처세의 위대함)을 물에 비유하여 설명한 것이다. 이 장은 그 논지도 제76장과 유사하고, 유약·견강이라는 말도 두 장에 공통적으로 있는데, 단지 제76장에서는 그것을 일반적인 처세훈으로 설명한 데 비하여, 여기서는 주로 왕자의 덕으로서 설명하고 있는 점이 다르다.

(受)는 자기 자신이 받는다는 것. 따라서 나라의 치욕을 한몸에 받는다는 것.

사직지주(社稷之主) : 사(社)는 토지의 신(神), 직(稷)은 오곡(五穀)의 신. 그런데 사직(社稷)은 ‘국가’라는 뜻으로 전의한 것.

수국불상(受國不祥) : 불상(不祥)은 불행.

천하왕(天下王) : 왕(王)은 천하의 사람이 거기에 귀일하는 최고의 지배자.

정언약반(正言若反) : 정언(正言)은 진리에 맞는 바른 말, 약반(若反)은 언뜻 보면 진리에 어긋난 것처럼 보인다는 것.

제79장
유위와 무위의 처세

큰 원한은 화해해도 반드시 남는 원한이 있으니 어찌 참으로 선처(善處)하였다고 할 것인가. 그러므로 성인은 할부(割符)의 왼쪽만을 잡아 남을 책하지 않는다. 속담에 “덕이 있는 자는 할부를 맡고, 덕이 없는 자는 철(徹)을 맡는다.”라고 하였다. 천도에는 친소(親疏)가 없어서 항상 선인에 편드는 것이다.

| 풀이 | 깊이 맺혀진 원한은 아무리 화해를 시킨다고 하더라도 반드시 그 뒤에 응어리가 남는다. 그것은 참으로

和大怨이라도 必有餘怨이니 安可以爲善이리오 是以로 聖人은 執左契하여 而不責於人이니라 有德은 司契하고 無德은 司徹이니 天道는 無親하여 常與善人이니라

화대원(和大怨) : 사람과 사람 사이에 깊이 맺힌 원한.

여원(餘怨) : 나중까지 남는

원한.

안가이위선(安可以爲善): 어찌 선처(善處)하였다고 하겠느냐. 진실로 훌륭한 방법은 아니라는 것. 안(安)은 하(何)와 같은 뜻.

집좌계(執左契): 계(契)는 옛날에 어음으로 사용하던 할부(割符). 따라서 좌계는 그 할부의 왼쪽 반.

불책어인(不責於人): 채권자가 채무자에게 심하게 독촉하지 않음.

유덕사계(有德司契): 유덕(有德)은 덕이 있는 사람, 사계(司契)는 어음을 맡거나 결제한다는 것.

무덕사철(無德司徹): 무덕(無德)은 덕이 없는 사람. 철(徹)은 중국 주(周)나라 때의 세법인데, 농지 100묘(畝)의 수확 중 그 10분의 1을 세금으로서 정부가 받는 것. 사철(司徹)은 그러한 세금 징수를 자기 구실로 삼았다는 뜻.

천도무친(天道無親): 천도(天道)는 천지 대자연의 이법, 무친(無親)은 개인적인 친소(親疎)감정이 없는 것이나 편을 들지 않는다는 것.

상여선인(常與善人): 상(常)은 항상·변함없이의 뜻이니, '도가 유구불변의 입장에 서서'라는 뜻. 여(與)는 편들다의 뜻.

잘 처리하였다고 할 수 없으므로, 처음부터 원한을 맺지 않도록 해야 한다. 그러므로 무위 자연의 성인은 어음의 왼쪽 부분(채권자가 소지하는 부분)을 가지고 있으면서 남(채무자)에게 성급하게 독촉하지 않는다. 속담에도 "덕이 있는 사람은 어음으로 결제하고(즉, 간접적으로 여유있게), 덕이 없는 사람은 현물을 징수한다(즉, 직접적으로 가혹하게)."라고 하였다. 하늘의 이법에는 어느 한쪽에 편드는 일이 없으며 긴 안목(유구불변한 도의 입장)에서 볼 때는 언제나 선인(혹은 성인)을 편들고 있는 것이다.

| 해설 | 이 장의 마지막 두 구인 '천도무친 상여선인(天道無親 常與善人)'은 옛날부터 유명하다. 이 장의 논지는 인위적인 것이 아무리 위대하게 보여도 하늘의 도에 그대로 순종하는 무위 자연의 처세에는 미치지 못한다는 것이다. 그러므로 모든 것을 하늘의 이치에 맡겨 눈앞의 공리(功利)에 현혹되지 않는 처세를 해야 함을 밝혔다.

이는 제73장의 천망회회 소이불실(天網恢恢疎而不失)의 논술과 같은 사상을 표현한 문장이다. 다만 농민의 수확을 현물로 징수하는 철(徹)의 세법과 현물을 떠나서 신용으로 거래하는 계(契)의 어음제도로써, 눈앞의 공리에 급급한 유위의 처세와 긴 안목으로 하늘의 이치를 신뢰하는 무위 자연의 처세를 비유하여 설명하고 있는 점에서 발상의 묘미를 엿볼 수 있다.

제80장
소국과민(小國寡民)의 이상사회

작은 나라에다 백성은 적어서 여러 가지 기물(器物)이 있지만 이를 사용하지 않게 하고, 백성으로 하여금 죽음을 중하게 여겨 멀리 이사하지 않게 한다. 배와 수레가 있긴 하지만 이를 탈 곳이 없고, 갑옷과 무기가 있긴 하지만 진열할 곳이 없다. 사람들로 하여금 다시 새끼를 묶어서 약속의 표시로 사용하게 하고, 그 음식을 달게 먹고, 그 의복을 아름답게 입고, 그 거처에 안주하고, 그 풍속을 즐거워 하도록 한다. 이웃나라를 서로 바라보고 닭과 개의 소리가 서로 들려도, 백성이 늙어서 죽음에 이르기까지 서로 왕래하지 않는다.

| 풀이 | 작은 나라는 백성의 수가 적다. 여러 가지 문명의 이기가 있어도 사용하지 않게 하고, 백성들에게 생명의 소중함을 일깨워서 멀리 이주하지 않도록 한다. 이리하여 배나 수레가 있어도 그것을 타는 일이 없고, 무기가 있어도 그것을 진열하여 사용하지 않는다. 백성들에게 다시 옛날처럼 새끼를 묶어서 약속의 표시로 삼게 하고, 자기 음식을 맛있게 먹고, 그 의복을 좋게 생각하며 입고, 자기가 살고 있는 곳에 정착하고, 그들의 관습을 즐기게 한다. 이웃나라가 건너편에 보이고 닭이나 개 짖는 소리가 들릴 만한 가까운 곳에 있다 할지라도 백성들은 늙어서 죽을 때까지 남의 나라에 왕래하는 일이 없다.

小國寡民하여 使有什伯之器라도 而不用하고 使民重死하여 而不遠徙니라 雖有舟輿라도 無所乘之하고 雖有甲兵이라도 無所陳之하고 使人復結繩而用之하고 甘其食하고 美其服하고 安其居하고 樂其俗이니라 隣國이 相望하고 鷄犬之聲이 相聞이로되 民至老死에 不相往來니라

십백지기(什伯之器) : 여러 가지의 기물(器物).
중사이불원사(重死而不遠徙) : 중사(重死)는 외사(畏死)와 같은 뜻이니, 생명을 귀히 여긴다는 뜻. 불원사(不遠徙)는 멀리 이사하지 않는다는 것이니, 향리에 안주한다는 뜻.
주여(舟輿) : 배와 수레.
무소진지(無所陳之) : 진열할 만한 곳이 없다는 것.
결승(結繩) : 새끼를 묶어서 약속의 표시로 삼는 것. 태고(太古)시대의 습관인데, 문자의 시작이라는 말도 있음.
인국상망(隣國相望) : 이웃

나라를 서로 건너다보아도.
불상왕래(不相往來) : 이웃 나라와 서로 왕래를 하지 않는다는 것이니, 다른 사람과 교제하지 않고 각자가 나름대로 사는 것을 말함.
유토피아(Utopia) : ① 이상적인 사회. ② 공상적인 사회 체제.
응축(凝縮) : ① 한데 엉기어 굳어짐. ② 어느 한 점으로 집중되게 함.

이기(利器) : 실제로 쓰기에 편리한 기계나 기구.

음험(陰險) : 마음씨가 음충맞고 사나움.

| 해설 | 이 장은 노자의 이상사회를 묘사한 문장으로서, 또한 옛날부터 유명한 것이다. 노자가 묘사한 소국과민(小國寡民)의 이상사회는 그의 정치적 이상을 구체적인 모델로서 제시하는 유토피아적인 성격이 강한 것인데, 그런 만큼 그의 인간이나 인간사회에 대한 생각을 가장 응축된 형태로 보여주고 있는 것이라고 할 수 있다.

그가 가장 관심을 가진 것은 인간의 편안한 생활이었으니, 이른바 문명의 진보도 기술의 발달도 아니었다. 문명의 이기(利器)는 물론 인간의 노동을 경감시키고 그 생활을 풍부하고 화려하게는 하지만, 동시에 게으름과 낭비를 일삼게 하고, 생명의 쇠퇴현상과 그 마음을 천박하게 한다. 또 무기의 발달은 적을 무찌르는 데 큰 위력을 발휘하지만, 그 위력에 의하여 자기 자신도 희생된다. 그리고 지식의 진보는 인간을 총명하게는 하지만 그 총명은 동시에 음험하고 교활한 지혜가 되어 인간이 인간을 살상하는 대립과 투쟁을 끊임없이 전개시켜 나간다. 그렇기 때문에 노자가 가장 두려워하는 것은 신통치도 못한 지식이나 어설픈 기술의 발달 때문에 인간의 편안한 생활이 오히려 침해된다는 점이며, 인간의 자연스러운 순박성이 문명의 교활한 지혜와 경박함에 의하여 파괴된다는 점이다.

노자의 이상사회가 원시적인 촌락 공동체를 모델로 하는 소국과민의 그것이라고 할 때, 그것은 〈노자〉의 대국 혹은 천하와 어떠한 관계를 갖는 것일까. 지금 그 관계를 사상으로서의 본질이라는 점에서 국한하여 생각한다면 대국 또는 천하는 짐작건대 이와 같이 원시적인 촌락 공동체를 단위로 하는 집합체로 생각하고 있었던 것이 틀림없다.

유교와는 달리 노자적 성인은 어디까지나 무위 무사와 단위 공동체의 자치에 맡기고 자기는 단지 그 대표자로서의 지위에 머무르고 있는 데 불과한 것이다.

제81장
진리의 말

진실한 말은 아름답지 않고, 아름다운 말은 진실하지 않다. 선한 자는 달변이 아니고, 달변인 자는 선하지 않으며, 지식이 있는 자는 박학(博學)하지 않고, 박학인 자는 지식이 없다. 성인은 축적(蓄積)하지 않아서 이미 남을 위하므로 자기는 더욱 여유가 있으며, 이미 남에게 주므로 자기는 더욱 많아진다. 하늘의 도는 이롭게 할 뿐 해하지 않으며, 성인의 도는 남을 위할 뿐 싸우지 않는다.

| 풀이 | 진실성이 있는 말은 아름답지 않고 아름다운 말에는 진실성이 없다. 진실로 훌륭한 사람은 말을 잘 못하고, 말을 잘하는 사람은 진짜가 아니다. 도를 깊이 체득한 자는 이른바 말단적인 지식에 넓지 않고, 따라서 말단적인 지식에만 넓은 자는 도를 깊이 체득한 자가 아니다. 무위 자연의 성인은 무엇이든 모아서 저축하지 않는다. 모두를 남을 위하여 내놓는데도 자기 것이 날로 늘어난다.

信言은 不美하고 美言은 不信하며 善者는 不辯하고 辯者는 不善하며 知者는 不博하고 博者는 不知니라 聖人不積하여 旣以爲人이나 己愈有하고 旣以與人이나 己愈多니라 天之道는 利而不害하고 聖人之道는 爲而不爭이니라

신언(信言) : 진실하여 남을 기만하지 않는 말.
미언(美言) : 외양만 번드르한 훌륭한 말.
선자(善者) : 진실로 무위 자연의 도를 체득한 사람.
불변(不辯) : 변(辯)은 웅변·달변. 혹은 변(辯)을 변(辨)으로 보아 변해(辨解)나 변증(辨證)으로 해석하기도 함.

지자불박(知者不博) : 지자
(知者)는 인간 내부의 근원
적인 것이 아닌 외부의 것
에 대한 지식을 가진 자. 불
박(不博)은 인간 내부의 근
원적인 것에 대한 영지가
없다는 뜻.
성인부적(聖人不積) : 적(積)
은 모아서 저축하는 것이
니, 장(藏)의 뜻으로 풀이
함.
기이위인(旣以爲人) : 기(旣)
는 전부·다(盡). 즉 위인
은 자기가 갖고 있는 것을
모두 남을 위하여 베푼다는
것.
기유유(己愈有) : 자기 것이
한층 더 많이 있게 된다는
것.
기이여인 기유다(旣以與人
己愈多) : 앞의 두 구와 뜻
이 같음. 즉 남에게 주는 것
에 의하여 자기 것이 한층
더 풍부해진다는 것.
이이불해(利而不害) : 이(利)
는 혜택을 준다는 것, 불해
(不害)는 위해를 가하지 않
는다는 것.
성인지도(聖人之道) : 천지
도(天之道)와 같은 뜻. 곧
무위 자연의 도.
위이부쟁(爲而不爭) : 위(爲)
는 일을 하는 것, 부쟁(不
爭)은 남의 천대나 모욕을
참으면서 자기를 주장하거
나 변명하지 않는 것. 제8
장을 참조할 것.

무엇이든지 남에게 줌에도 불구하고 자기 것은 점점 더 풍부해진다. 하늘의 도는 만물에게 혜택을 줄 뿐 결코 위해를 가하지 않으며, 성인의 도는 어떠한 일을 할 때도 모든 수모를 참으니 변명하거나 싸우지 않는다.

| 해설 | 〈노자〉의 최후에 놓여진 이 장은 지금까지 설명한 무위 자연의 생활태도, 즉 상덕(上德) 혹은 상선(上善)에 대한 논술을 격언을 빌려서 요약하였는데, 다음과 같다.

불미(不美)=겉만을 번드르하게 꾸미지 말 것.

불변(不辯)=입으로만 그럴듯하게 꾸미지 말 것.

불박(不博)=말단적인 지식에만 넓지 말 것.

부적(不積)=탐욕스럽게 독점하지 말 것.

부쟁(不爭)=다른 사람과의 사이에서 말썽을 일으키지 말것. 즉 모든 것을 유연하게 받아들일 것.

이상의 것들은 이미 앞에서 설명한 것이다. 노자는 이 같은 격언으로 요약된 체험적인 진리의 말을 그의 무위 자연의 가르침에 공감을 하는 사람들에게, 일상생활의 실천의 구체적인 지표로서 제시하였다. 동시에 자기의 저서인 〈노자〉가 세상 학자들의 저서처럼 미사여구로 꾸며져 있지 않고, 웅변적인 논증도 없으며, 박식을 자랑하지도 않았고, 진리를 독점하지도 않았으며, 남에게 도전하는 등의 투쟁적인 것이 아니라는 것, 요컨대 무위 자연의 도를 설명하는 데 알맞는 바른말과 진실한 말로 논술되어 있음을 암시하면서 〈노자〉의 결론적인 문장으로 삼았다.

동양 고전으로 미래를 읽는다 008

도덕경

초판 발행_1984년 3월 15일
개정판 중판 발행_2020년 12월 10일

역해자_노태준
펴낸이_지윤환
펴낸곳_홍신문화사

출판 등록_1972년 12월 5일(제6-0620호)
주소_서울시 동대문구 안암로50-1(용두동) 730-4(4층)
대표 전화_(02) 953-0476
팩스_(02) 953-0605

ISBN 89-7055-758-8 03140